Praxiswissen Medien

Weitere Bände in dieser Reihe:
http://www.springer.com/series/11796

Praxisrelevante Fachliteratur für die Medienproduktion ist bislang Mangelware. Die Reihe „Praxiswissen Medien" nimmt sich dieser Aufgabe an und bietet konkrete Anregungen und Antworten auf Fragestellungen, die sich in der praktischen Arbeit an Film- und Fernsehbeiträgen ergeben. Dabei reicht die inhaltliche Bandbreite von Fragen des Medienhandwerks (Dramaturgie, Ästhetik, Bildgestaltung u.ä.) über Medieninhalte (Genres, Formate u. a.) bis hin zur Medienökonomie (Filmmarketing, Film- und Fernsehförderung, Medienorganisation u.ä.). Damit sind Themen des Journalismus ebenso Gegenstand wie Ästhetik, Medientechnik, Medienrecht, Kultur und Ökonomie. Alle Bände verbindet ein hohes Maß an Nachvollziehbarkeit und damit das Angebot als konkrete Handlungsanleitung für die alltägliche Praxis

Herausgegeben von
Olaf Jacobs

Olaf Jacobs · Theresa Lorenz

Wissenschaft fürs Fernsehen

Dramaturgie · Gestaltung · Darstellungsformen

 Springer VS

Olaf Jacobs
Theresa Lorenz
Hoferichter & Jacobs GmbH
Berlin, Deutschland

ISBN 978-3-658-02422-2   ISBN 978-3-658-02423-9   (eBook)
DOI 10.1007/978-3-658-02423-9

Die Deutsche Nationalbibliothek verzeichnet diese Publikation in der Deutschen Natio-
nalbibliografie; detaillierte bibliograpische Daten sind im Internet über http://dnb.d-nb.de
abrufbar.

Springer VS
© Springer Fachmedien Wiesbaden 2014

Lektorat: Barbara Emig-Roller, Monika Mülhausen

Gedruckt auf säurefreiem und chlorfrei gebleichtem Papier

Springer VS ist eine Marke von Springer DE. Springer DE ist Teil der Fachverlagsgruppe
Springer Science+Business Media
www.springer-vs.de

Vorwort

Der Mensch will wissen und verstehen, wissen über sich und die Welt, in die er hineingeboren ist. Wissen hilft zu verstehen, sich zurechtzufinden, zu bestehen und Dinge vorteilhaft zu wenden. Wissen ist modern und quasi uneingeschränkt positiv besetzt. Von dieser positiven gesellschaftlichen Grundhaltung profitiert die Wissenschaft, ist sie landläufig doch Ort und Institution, an der neues Wissen entsteht. Die Exklusivität neuer Erkenntnisse, das Geheimnisvolle des Vordringens in neue Welten und Zusammenhänge und das Privileg des tiefer gehenden Einblicks prädestinieren Wissenschaften zum Gegenstand für eine relevante und spannende mediale Berichterstattung.

Zusammenhänge zu erkennen, Geheimnissen auf die Spur zu kommen, Erkenntnisse zu gewinnen, ihre Konsequenzen zu verstehen und bei Entdeckungen dabei zu sein, korrespondiert mit Urinstinkten des Menschen – darauf kann Wissenschaftsfernsehen aufbauen. Doch gerade diese Nähe zu den Urmustern menschlicher Psyche und Verhaltensweise steht im Widerspruch zur Komplexität und Vielschichtigkeit moderner wissenschaftlicher Forschung. Immer mehr bahnbrechende Erkenntnisse sind das Ergebnis gewaltiger aber kaum sichtbarer Berechnungen, vollziehen sich im Bereich des für das menschliche Auge Unsichtbaren oder über Zeiträume, die wegen ihrer Länge oder extremen Kürze eine unmittelbare Teilhabe unmöglich machen.

Genau dieses Spannungsverhältnis zwischen interessanten Themen auf der einen Seite und den Grenzen des Nachvollzieh- und Darstellbaren auf der anderen Seite machen Wissenschaftsfernsehen zu einem der für die Macher besonders herausfordernden und interessantesten Arbeitsfelder in den Medien. Bei kaum einem anderen Themenbereich hängt es so sehr vom handwerklichen Können des Autors ab, ob eine Geschichte nachvollziehbar, verständlich und möglichst auch noch nacherlebbar ist, wie im Wissenschaftsfernsehen, zumal es weniger um reine Wissensvermittlung als um wirkliche Einblicke in wissenschaftliche Arbeitsweisen und Ergebnisse gehen soll.

Die Tatsache, es häufig nicht mit konkreten Ereignissen oder Erscheinungen, sondern mit Themen zu tun zu haben, die in verständliche Geschichten übersetzt werden müssen, führt dazu, dass es nirgends sonst so viele Möglichkeiten gibt, ein und dasselbe Thema umzusetzen. Für Autoren bedeutet das Chance und Risiko zugleich.

Das vorliegende Buch versteht sich vor allem als Arbeitsmittel und als Anregung für all diejenigen, die Wissenschaftsthemen für einen breiten Adressatenkreis verständlich umsetzen wollen.

Es leitet zunächst die Konjunktur wissenschaftlicher Themen aus den Entwicklungen des dokumentarischen Fernsehens in den letzten Jahren her, trifft eine Einordnung von Wissens- und Wissenschaftsfernsehen im Kanon des deutschen Fernsehens und der in Europa gebräuchlichen Fernsehformen, um anschließend vor allem auf die Besonderheiten der Umsetzung abzustellen. Dabei wird auf die dokumentarischen Filmformen gründlich eingegangen, die geeignet sind, Wissens- und Wissenschaftsthemen zu transportieren und deren sichere Beherrschung themenunabhängig zunächst die Basis ist, um erfolgreich in der Komplexität der Arbeit an Wissenschaftsthemen zu bestehen.

Eine Analyse von verschiedenen aktuellen Wissenschaftsdokumentationen systematisiert abschließend das Spektrum der derzeit gebräuchlichen Formen und Erzählweisen. Die detaillierten Sequenzprotokolle dieser Analysen sowie verschiedene Aktualisierungen und Ergänzungen zum Manuskript dieses Buches finden sich im Online-Angebot des Springer Fachbuchverlages.

Die maßgeblichen Stützen dieses Buches sind der aktuelle Stand der Literatur zum Thema, die Fallanalysen aus dem aktuellen Wissenschaftsfernsehen der europäischen öffentlich-rechtlichen Rundfunkanstalten wie ZDF, BBC und ARTE sowie die Erfahrung jahrelanger produzentischer Arbeit an Wissenschafts- und Wissensfilmen für Fernsehprogramme weltweit. Wo immer die Literatur keinen Anhaltspunkt für eine eindeutige Bestimmung von Begriffen oder Werkzeugen liefert, verwenden wir die in der Praxis gebräuchlichen Begriffe, wohl wissend, dass diese zum Teil durchaus erheblich von der Belegung in den Kommunikations- und Medienwissenschaften abweichen.

Wir hoffen, dass nicht zuletzt dieses Buch dazu beiträgt, dem Leser einen systematisch begründeten Einblick in die Praxis des Wissenschaftsfernsehens zu geben, Anregungen aufzunehmen und Werkzeuge zu identifizieren, die für die individuelle Befassung mit dem faszinierenden Bereich des Wissenschaftsfernsehens nützlich sind. Die Sequenzprotokolle finden Sie unter www.springer.com/springer+vs/medien/book/978-3-658-02422-2.

Theresa Louise Lorenz
Olaf Jacobs

Inhaltsverzeichnis

Abbildungsverzeichnis

Einführung

1

Überblick

Wissenschaft hat Konjunktur in den Medien und die Gründe dafür sind vielfältig. Neue wissenschaftliche Entwicklungen sind relevant für den Alltag von Zuschauern und Lesern. Sie erklären Phänomene, klären auf, helfen mit, Entscheidungen zu treffen, antizipieren unter Umständen Zukunft und bedienen die ureigene Motivation zur Medienrezeption: einen Wissensvorsprung und damit zumindest einen möglichen Vorteil zu erlangen. Nicht zuletzt ist Wissenschaft aber auch eines der wenigen Felder, auf denen heute noch scheinbar echte Abenteuer möglich sind – von Polarexpeditionen über Marsmissionen bis zur Sichtbarmachung bisher ungesehener Vorgänge und Zusammenhänge.

Wissenschaft hat in den Medien auch deshalb Konjunktur, weil die massiv von öffentlichen Mitteln getragenen Wissenschaften gesellschaftliche Akzeptanz und Anerkennung brauchen und deshalb selbst die Medien suchen. Zu den Aufgaben und Gepflogenheiten von Wissenschaft und Forschung gehört es seit jeher, wissenschaftliche Themen, Erkenntnisse, interessante Phänomene und Entdeckungen zu publizieren. Die Veröffentlichung allein in Fachbüchern und Fachzeitschriften, die in der Regel nur von einer kleinen Gruppe von Interessierten rezipiert werden, genügt dabei seit Langem nicht mehr. Die Anerkennung wissenschaftlicher Tätigkeiten, auch in der Gesellschaft, geht mit der politischen Legitimation einher, die letztlich die Finanzierung wissenschaftlicher Forschung durch die öffentliche Hand garantiert.

O. Jacobs und T. Lorenz, *Wissenschaft fürs Fernsehen*, Praxiswissen Medien,
DOI: 10.1007/978-3-658-02423-9_1, © Springer Fachmedien Wiesbaden 2014

Auf den ersten Blick erscheint das Verhältnis von Medien und Wissenschaften also als eine klassische Win-Win-Situation. Tatsächlich ist es jedoch ein sehr viel Komplizierteres. Die breite Kommunikation von wissenschaftlichen Themen kann nur gelingen, wenn für die Ergebnisse von Forschung, Technologie und Medizin geeignete Kommunikationskanäle und Darstellungsweisen zur Anwendung kommen, die wissenschaftliche Themen für ein breites Publikum zugänglich und verständlich machen. Es kommt dabei vor allem auf anschauliche und nachvollziehbare Darstellungsweisen an, die häufig mit Vereinfachungen arbeiten, die der wissenschaftlichen Methodik zutiefst widersprechen. Dennoch sind die Medien dabei:

> [...] zweifellos verpflichtet, so *sachgerecht* und *kritisch* und vor allem *verständlich* über wissenschaftliche Vorgänge, über den Wissenschaftsbetrieb, über Forschungsprojekte, Methoden, Ergebnisse und Anwendungen zu berichten, daß diese Informationen für möglichst viele Menschen produktiv werden können (Freund und Köck 1994, S. 176. Hervorhebungen im Original).

Wissenschaftliche und populärwissenschaftliche Themen finden sich in Printmedien aller Art, im Hörfunk, in den Neuen Medien, aber auch und bevorzugt im Fernsehen. Als audiovisuelles Medium bietet Letzteres vor allem bezüglich der Wirkungsintensität Möglichkeiten, die den anderen Medien weit überlegen sind:

> Television allows for a great multitude of variation in how science is depicted or illustrated. TV allows for audio-visual stimuli; moving pictures with sounds or voice-overs. Today, computer animations even allow producers to create something out of nothing and bring it to our TV screens, allowing people to 'see' dinosaurs or 'travel through' our body (Dijck 2006, S. 47. Hervorhebungen im Original).

Aus dieser Überlegenheit gegenüber anderen Medien heraus ist es nicht verwunderlich, dass das Fernsehen für das Publikum wohl die beliebteste Quelle darstellt, um sich über Wissenschaft und technologischen Fortschritt zu informieren.

Diese Tatsache hat das Massenmedium Fernsehen einem langen Entwicklungsprozess zu verdanken. Dieser hat sich zum einen aus dem veränderten Verhältnis der Wissenschaften gegenüber den Massenmedien an sich entwickelt, resultiert aber auch aus sich verändernden Anforderungen und Darstellungskonventionen an die informierende und non-fiktionale Fernseharbeit, in der Wissens- und Wissenschaftssendungen angesiedelt werden.

> Wissenschaft im Fernsehen ist in Deutschland eine sehr ambivalente Angelegenheit. In den letzten Jahren ist die Anzahl der Wissenschaftssendungen kontinuierlich gestiegen, ihr Charakter hat sich jedoch zugleich dramatisch verändert! (Göpfert und Lange 2006, S. 38).

Darüber hinaus haben die erstaunliche und rasante Weiterentwicklung der technischen Möglichkeiten bildgebender Verfahren in der Wissenschaft und die technische Fortentwicklung des Fernsehens selbst dazu beigetragen. Wissenschaftssendungen finden sich demnach in einem weiten Spannungsfeld zwischen Publikumsinteresse, Publikumserwartung, wissenschaftlicher Arbeit und deren Ergebnissen, gesellschaftlichen Ansprüchen und einer sich verändernden non-fiktionalen Fernseharbeit wieder.

Lässt man auch noch die systemischen Eigenheiten des Fernsehens mit einfließen, sind die ökonomischen Aspekte zunehmend globalisierter Fernsehmärkte und Senderstrukturen sowie die zunehmende Fusion zwischen den Medien Bestimmungsfaktoren, die gerade das Wissenschaftsfernsehen mit seiner hohen thematischen Universalität betreffen.

Dabei steigen vor allem die Anforderungen an die wichtigsten Akteure in diesem Spannungsfeld: die Fernsehmacher, Autoren, Regisseure, Redakteure und Produzenten. Die explosionsartige Zunahme an technischen Möglichkeiten, der Vorstoß von Naturwissenschaften in Dimensionen, die dem menschlichen Auge immer stärker verborgen bleiben und die von den Wissenschaften oft nur durch den exponentiellen Anstieg von Rechenleistungen beherrschbare steigende Komplexität von Vorgängen machen den Transfer in erlebbare und nachvollziehbare audiovisuelle Erzählungen immer anspruchsvoller.

Aus diesem Grund nimmt dieses Buch konsequent die Perspektive des Fernsehmachers ein, um seine besonderen Herausforderungen zu systematisieren, Lösungswege aufzuzeigen und Anregungen zu geben. Wissenschaftlern kann es damit zum Verständnis der besonderen Problematik und des besonderen Fokus von Fernsehautoren dienen und so möglicherweise helfen, die für Medien besonders attraktiven Aspekte ihrer Arbeit zu identifizieren. Gespeist ist dieses Buch aus wissenschaftlichen Arbeiten zum Thema sowie aus mehr als 10-jähriger Erfahrung täglicher Praxis der Produktion von Wissenschaftsfernsehen.

1.1 Wissenschaft und Fernsehen – zwei grundverschiedene Arbeitsweisen

Das Prinzip des wissenschaftlichen Arbeitens besteht in einem systematischen Vorgehen, welches im Detail beschrieben und damit objektiv nachvollzieh- und reproduzierbar wird. Es stützt sich idealerweise auf mehrere Quellen und nimmt eine Pro- und Kontra-Diskussion vor, identifiziert damit ungelöste Fragen, eventuelle Widersprüche und Unstimmigkeiten zwischen Quellen und präsentiert dann schließlich ein eigenes Ergebnis. Wissenschaftliches Arbeiten hat insofern eine starke hierarchische Struktur, es führt trichterförmig von einer breiten analysierenden Ausgangsbetrachtung auf ein Ergebnis zu. Die maßgebliche Verbindung zwischen den Teilen einer wissenschaftlichen Arbeit ist die Fachlogik und eine argumentative Abfolge.

Das grundlegende Prinzip in audiovisuellen Medien ist dagegen die erzählerische Form, bei der aus Themen Geschichten entwickelt werden. Diese haben in der Regel eine Dramaturgie und setzen auf die Verbindung von Emotion und Information. Am Beginn steht üblicherweise eine konkrete Frage oder ein sachliches, bei Zuschauern zu Erstaunen und Interesse führendes Ausrufezeichen. An dieser, den Film vorantreibenden Frage, die idealerweise im Zuschauer entsteht, orientieren sich alle anderen Elemente und Informationen des Films. Das führt zu einer radikalen Vereinfachung und vor allem zur Weglassung zahlreicher Nebenaspekte. Statt des systematischen Hinarbeitens auf ein Ziel erfolgt die Erzählung hier entlang einer Kette von Fragen. Maßgeblich für die Reihenfolge ist dabei weniger eine argumentative Abfolge als vielmehr eine für Zuschauer nachvollziehbare, ihn rational und emotional ansprechende Ordnung.

Der Transfer von der wissenschaftlichen Logik hin zu der für Zuschauer nacherlebbaren Ordnung ist die zentrale Leistung von Wissenschaftsautoren. Zugleich ist diesem Punkt aber auch ein ganz erhebliches Konfliktpotenzial mit der Wissenschaft immanent.

> Der Tübinger Professor Frank Kolb machte diese Haltung bei einem Werkstattgespräch im Jahr 1998 folgendermaßen deutlich: ‚Ich persönlich habe noch nie erlebt, dass irgendein mir vertrauter Sachverhalt korrekt dargestellt wurde, es sei denn ich habe ihn selbst formuliert oder redigiert' (Göpfert und Lange 2006, S. 19. Hervorhebungen im Original).

Eine Verstärkung dieses Konflikts ist zu beobachten, seit wissenschaftliche Inhalte im Fernsehen nicht mehr nur in Form reinen Bildungsfernsehens präsentiert werden, sondern sich zunehmend Spielfilmdramaturgien zu eigen machen, als Listings, Dokutainment-Formate oder auch Shows präsentiert werden.

> Der Grund: Obwohl sich Wissenschaftler und Journalisten von ihrem Anspruch und wohl auch vom Typus her nicht unähnlich sind, unterscheidet sich ihre Art zu publizieren fundamental. Ihre Veröffentlichungen folgen ganz anderen Schemata. Die Kriterien, nach denen Journalisten arbeiten, heißen Neuigkeit, Sensation, Einfachheit, Wissenschaftler halten sich dagegen an die Kriterien Wahrheit, Genauigkeit, Methodik, Überprüfbarkeit. Kürze. Im Vordergrund wissenschaftlicher Veröffentlichungen stehen theoretische und methodische Überlegungen während journalistische Berichte stärker den Nutzen und die möglichen Anwendungen beleuchten (Göpfert und Lange 2006, S. 20).

Bezüglich des Ziels, was Wissenschaftsjournalismus ausmachen und leisten soll, herrscht dagegen weitgehende Einigkeit: die grundlegende Vermittlung von Wissen. Der Dissens besteht also hauptsächlich in der Herangehensweise und der Form. Ihn zu lösen ist dabei letztlich trivial. Der einzig legitime Maßstab dafür kann nur das Publikum sein. Fernsehmacher sind die Anwälte des Publikums. Das Publikum ist ihr Kunde, die publikumsgerechte Aufbereitung insofern das eigentliche Bestimmungskriterium. Die primäre Orientierung an dem, was für Zuschauer die beste Erzählweise ist, muss Teil der journalistischen Unabhängigkeit sein. Den fairen und respektvollen Umgang mit Protagonisten, Wissenschaftlern und wissenschaftlichen Erkenntnissen schließt das nicht aus, im Gegenteil.

Es ist zu beobachten, dass diese Erkenntnis punktuell auch von Forschern und Wissenschaftlern zunehmend akzeptiert wird und diejenigen, die die verwendeten Darstellungsweisen der Fernseharbeit zur Umsetzung wissenschaftlicher Inhalte nicht ablehnend infrage stellen, sondern die Unterschiedlichkeit der Arbeitsweisen akzeptieren, eine wesentlich höhere Präsenz ihrer Themen in den Medien erreichen. Diese Wissenschaftler suchen inzwischen aktiv den Kontakt mit den Massenmedien und möglichen Multiplikatoren und sehen die daraus resultierende Berichterstattung überwiegend positiv, teilweise sogar karrierefördernd. Dies belegte erstmals ausführlich eine im Jahr 2008 veröffentlichte Studie, für die unter der Projektleitung des Kommunikationswissenschaftlers Hans Peter Peters rund 1600 Wissenschaftler verschiedenster Fachrichtungen zu ihrem Umgang mit Medien und Journalisten befragt wurden (vgl. Peters et al. 2008).

1.2 Besondere Herausforderungen des Wissenschaftsfernsehens

Eine Informiertheit über wissenschaftliche Erkenntnisse und technischen Fortschritt gilt inzwischen als Grundlage unserer kulturellen Bildung, weshalb ein Präsentationsbedürfnis längst nicht mehr primär nur von der Forschung selbst ausgeht, sondern vielmehr eine echte Publikumsnachfrage besteht: nach Themen über aktuelle Erkenntnisse, die Darstellung von Zusammenhängen und Einblicke in sonst verborgene Welten. Das Fernsehen muss dabei jedoch nicht nur auf die gestiegene Nachfrage nach Wissenschaftsthemen eingehen, sondern zugleich auch auf eine veränderte Erwartungshaltung des Publikums gegenüber den Präsentationsleistungen.

Insgesamt wird vom Publikum bereits seit der Etablierung wissenschaftlicher Themen im Fernsehen gewünscht, dass Wissenschaftssendungen „[...] neue Entdeckungen, praktische Nutzanwendungen, aber auch die Gefahren der Forschung

zeigen [...]" (Augst et al. 1985, S. 87) sollen. Weiterhin sollen sie „[...] vor allem
lehrreich sein mit einem kräftigen Schuss an Unterhaltung. Es sollen keine Häpp-
chen geboten werden (‚Bilder aus der Wissenschaft‘), sondern umfassende Information zu einem Thema aus unterschiedlichen Perspektiven" (Augst et al. 1985,
S. 87f. Hervorhebungen im Original).

> Wissenschaftssendungen sollen leicht verständlich sein. Dabei wird vor allem
> Anschaulichkeit durch Spielszenen, Moderator und Trickfilm gefördert. [...] Im
> Einzelnen [...] die Erklärung wissenschaftlicher Ausdrücke, Veranschaulichung
> durch Graphiken und Schaubilder, Messungen und Apparate in Aktion – aber keine
> Wissenschaft, wie sie tagtäglich arbeitet [...] (Augst et al. 1985, S. 88).

Das Publikum formuliert seine Wünsche und Ansprüche also schon immer sehr
genau, was im Laufe der Jahre weg vom reinen Bildungsfernsehen hin zu auf
Unterhaltung basierenden Sendungen führte. Der Anspruch, Wissenschaft nicht
so zu zeigen, wie sie tagtäglich betrieben wird, sondern vor allem Ergebnisse und
Erkenntnisse und damit die Schlusspunkte oft jahrelanger Entwicklungen, geht
inzwischen aber noch weiter. Das Publikum wünscht, noch nie Dagewesenes zu
sehen, das mit der tatsächlichen Forschungsarbeit nur noch wenig zu tun hat.

> Unsere Gegenwart bringt als ›visuelles Zeitalter‹ nicht nur eine allgegenwärtige Bil-
> derflut im Alltagsleben mit sich, auch gegenüber den Naturwissenschaften besteht wie
> selbstverständlich die Erwartung, eine totale Sichtbarmachung der Natur leisten zu
> können – seien es die Vorgänge im menschlichen Körper, das Leben der Tiefsee oder
> die Struktur der Atome (Schirrmacher 2007, S. 109. Hervorhebungen im Original).

Die genannten Bereiche sind zwar für die Wissenschaft theoretisch nachvollziehbar
und überprüfbar, entziehen sich aber der menschlichen Wahrnehmung und den
faktischen Darstellungsmöglichkeiten der Wissenschaften und des non-fiktionalen
Fernsehens. Eine Darstellung der vom Publikum gewünschten Inhalte führt zwangsläufig in den Bereich des Fiktionalen, der zunächst sowohl mit der wissenschaftlichen als auch der non-fiktionalen Fernseharbeit unvereinbar scheint.

> Fiktion und Wissenschaft haben vordergründig nichts gemein. Das Fiktive ist das,
> ‚nur‘ Erfundene, das Ausgedachte. Wissenschaft ist das Ermittelte, das Geprüfte.
> Das eine schließt das andere aus, allerdings eben nur vordergründig. Denn Fiktion
> und Wissenschaft sind tatsächlich aufs Engste miteinander verbandelt. Das eine ver-
> mag das andere zu befruchten. Vielleicht kann man sogar so weit gehen, das eine
> ohne das andere gar nicht für möglich zu halten (Lehmkuhl 2007, S. 152. Hervorhe-
> bungen im Original).

So sind und waren nicht nur die Atom-, Gen- oder Weltraumforschungen
schon immer auf einen gewissen Grad an Fiktion und die Vorstellungskraft der

Menschen angewiesen, da sich hier nur schwerlich oder gar nicht authentische Bilder herstellen lassen. Visualisierungen in diesen Bereichen können also nie im Sinne der Wissenschaften als vollkommen authentische Belege gelten, sind aber für die Vermittlungsleistung des Fernsehens unabdingbar.

Weiterhin sind viele Phänomene und Erkenntnisse ohne teilweise oder ganz fiktive Schaubilder, Animationen und Grafiken absolut nicht darstellbar. Prozesse können durch derartige Hilfsmittel zwar nur vereinfacht veranschaulicht, jedoch gut nachvollziehbar und verständlich gemacht werden. Gleiches gilt für Phänomene und Ereignisse, die sich in laufenden Prozessen, in der nicht dokumentierten Vergangenheit befinden, auf Hypothesen beruhen oder in absehbarer Zukunft stattfinden werden und gerade deshalb für die Wissenschaften und das Publikum von hohem Interesse und Stellenwert sind.

Zusammenfassend kann gesagt werden, dass Wissenschaftssendungen bevorzugt über die Grenzen des Machbaren und Möglichen berichten sollen und wollen und manchmal sogar den Versuch unternehmen, darüber hinaus zu gehen. Davon abzuweichen hieße, die Publikumsinteressen nicht ernst zu nehmen. Ein entsprechendes Programm würde sich für den Einsatz – besonders zur Primetime – im Massenmedium Fernsehen dann nicht eignen.

1.3　Begriffsbestimmungen

Eine normative Festlegung, welche Inhalte Sendungen überhaupt zu Wissenschaftssendungen machen, gibt es nicht, da das Themenspektrum zu groß ist. Winfried Göpfert, emeritierter Professor am Institut für Publizistik- und Kommunikationswissenschaft der FU Berlin mit dem Schwerpunkt Wissenschaftsjournalismus, hat trotz dieser schwierigen Ausgangslage den Versuch unternommen, ein Kategoriensystem für Wissenschaftssendungen zu erstellen.

1. *Natural sciences*
Natural history, life science, biology, ecology, paleontology, geography, geology, earth-history, meteorology
2. *Medicine*
Medical diagnosis, medical treatment, medical technology, preventive medicine, pharmacology, veterinary medicine, health, nutrition, public health, genetics, genetic engineering
3. *Technology*
Energy, information technology, computing, biotechnology, applied sciences, industrial production techniques, technical devices, agriculture, engineering, traffic, military R&D

4. *Social sciences*
Sociology, politics, economics, market research, psychology, psychiatry (social aspects), anthropology, ethnology, education, archaeology, social geography, traffic (social aspects), technology assessment, peace studies, parapsychology (social/psychological aspects)
5. *Environment*
Natural disasters, waste management, resources exploitation, resources depletion, nature conservation, endangered species, global warming, biosphere, population growth, urban planning, hazardous substances, radiation risks
6. *Pure science*
Basic research, physics, chemistry
7. *Science in society*
History of science, scientific method, science policy and legislation, research funding, science education, lives of scientists, dissemination of scientific knowledge, public understanding of science, ethics
8. *Space*
Cosmology, astronomy, space technology
9. *Others* (Göpfert 1996, S. 363f. Hervorhebungen im Original).

Beziehen sich Sendungen auf einen oder mehrere Punkte dieser Kategorien, können sie demnach als Wissenschaftssendungen gelten. In der Praxis ist aber häufig bereits die Frage, ob einer oder mehrere dieser Punkte berührt werden, schwer zu beantworten, insbesondere dann, wenn sich Sendungen im Grenzbereich von Edutainment oder Infotainment bewegen oder beispielsweise auch bei Quizshows. Eindeutig dagegen ist, dass Wissenschaftssendungen grundsätzlich dem non-fiktionalen und dokumentarischen Fernsehen zuzuordnen sind. In die Fiktion gehen wissenschaftliche Stoffe in der Regel nur ein, wenn Biografien bedeutender Entdecker oder Wissenschaftler in Spielfilmen nacherzählt werden. Dann geht es aber im Kern um ein Schicksal oder einen Charakter und weniger um den wissenschaftlichen Erkenntnisgewinn an sich.

Über die Zuordnung zum non-fiktionalen Fernsehen hinaus kann für Wissenschaftsfernsehen auch die Zugehörigkeit zum Fernsehjournalismus unterstellt werden. Nimmt man Journalismus als die Fremdbeobachtung von Themen, das heißt also, aus der Sicht eines Interessierten, Hinterfragenden, der in einer Mittlerrolle zwischen Thema und Publikum steht, so wird das in der Regel die zutreffende Situation für die Präsentation von Wissenschaftsthemen sein. Das subjektive und persönliche Herangehen an ein Thema, was dem ebenfalls non-fiktionalen Dokumentarfilm eigen ist, der damit nicht zum klassischen Journalismus gehört, wird für Wissenschaftsthemen nur in Ausnahmefällen eine Rolle spielen.

Über Darstellungsformen innerhalb der non-fiktionalen Fernseharbeit und über Gestaltungsmittel sagt das eingangs dargestellte Kategoriensystem jedoch noch nichts aus. Auf diese wird später noch im Detail einzugehen sein.

Die quantitative Betrachtung von Wissenschafts- und Wissensinhalten im Fernsehen ergibt, dass sich als beliebteste Vermittlungsform wissenschaftlicher Inhalte im Fernsehen in den letzten Jahren, neben zahlreichen Wissens- und Wissenschafts-Magazinen, längere Wissenschaftssendungen und Dokumentations-Formate herauskristallisiert haben. Sie sind so beliebt, weil sie durch die Nutzung der verschiedenen Gestaltungsmöglichkeiten des Fernsehens (s. Kap. 3) einen hohen Grad an Anschaulichkeit erlangen können. Insbesondere die zunehmend unterhaltende Ausgestaltung und die Tatsache, dass auch non-fiktionale Darstellungsformen in der Nutzung ihrer Gestaltungsmitteln freier denn je sind, spielen dabei eine große Rolle. Die durch Gewohnheiten begründeten und sich fortlaufend entwickelnden Forderungen unserer visuell geprägten Gesellschaft lassen sich somit sehr gut erfüllen. Zudem bieten solche wissenschaftlich-dokumentarischen Sendungen hinreichend Raum für die vom Publikum geforderte ausführliche und konzentrierte Behandlung einzelner wissenschaftlicher Themen oder Themenkomplexe, um nicht zuletzt auch Information und Emotion verbinden zu können. Sie stehen damit im Gegensatz zum Magazinformat, das grundlegend mehrere Themen in knapper Form abhandelt. Besonders die im privaten Fernsehen angesiedelten Magazin-Formate verstehen sich eher auf die Erklärung von Alltagsphänomenen, die beim Publikum einen Aha-Effekt erzeugen sollen, als auf einen wissenschaftlichen und tiefgründigen Informationsanspruch. Derartige Sendungen können dann im Gegensatz zu Wissenschaftssendungen eher als Wissenssendungen bezeichnet werden.

Daraus ergibt sich jedoch auch, dass eine ausführliche Darstellungsform für die Macher wesentlich komplizierter ist, weil sie nicht mehr nur vom Thema, sondern auch von dessen konkreter Ausgestaltung lebt.

Untersuchungen zur Wirkung von audiovisuellen Medien haben ergeben, dass es bei längeren Darstellungsformen (ab 15 min) eine Dominanz des „Wie" der Darstellung über das „Was" der Darstellung gibt. Es wird letztlich damit wichtiger, wie und mit welchen Mitteln ein Thema erzählt wird, als das, was genau erzählt wird. Man erreicht in den langen non-fiktionalen Filmformen also mehr Publikum darüber, wie man einen Film gestaltet als über den ihm zugrunde liegenden Fakt.[1]

Diese Tatsache stellt besondere Anforderungen an die Autoren von wissenschaftlichem Fernsehen in den langen Formen. Daher sollen besonders die langen dokumentarischen Formen des Wissenschaftsfernsehens mit all ihren Ausprägungen, Darstellungsmöglichkeiten und sich im Verlauf der Zeit verändernden

---

[1] Selbstverständlich kann es auch hier bei besonderer Exklusivität des zugrunde liegenden Fakts Ausnahmen geben.

Gestaltungskonventionen hier Betrachtung finden. Im Kern wird es dabei um das Medium Fernsehen gehen. Die Tatsache, dass dieses häufig ein Synonym für den massenwirksamsten Teil eines crossmedialen Medienpaketes ist, wird implizit unterstellt.

Literatur

Augst, Gerhard, Hartmut Simon, und Immo Wegner. 1985. *Wissenschaft im Fernsehen – verständlich? Produktion und Rezeption der Wissenschaftssendung "Fortschritt der Technik – Rückschritt der Menschen?" unter dem Blickwinkel der Verständlichkeit.* Frankfurt am Main u.a.: Lang.

van Dijck, Jose. 2006. Picturizing science. In *Science and the power of tv*, Hrsg. Jaap Willems, und Winfried Göpfert, 47–62. Amsterdam: VU University Press, Da Vinci Institute.

Freund, Bärbel, und Wolfram Karl Köck. 1994. Wissenschaftsvermittlung durch Fernsehen zwischen Information und Unterhaltung. In *Geschichte des Fernsehens in der Bundesrepublik Deutschland. Band 3: Informations- und Dokumentarsendungen*, Hrsg. Peter Ludes, 175–201. München: Fink.

Göpfert, Winfried. 1996. Scheduled science: TV coverage of science, technology, medicine and social science and programming policies in Britain and Germany. In *Public understanding of Science 5/1996*, 361–374. http://www.polsoz.fu-berlin.de/kommwiss/institut/wissenskommunikation/media/sheduledscience.pdf. Zugegriffen: 08. Okt 2012.

Göpfert, Winfried, und Volker Lange (Hrsg.). 2006. *Medienkompetenz: Wissenschaft publik gemacht.* Herausgegeben von der Klaus Tschira Stiftung. http://www.wisskommtv.de/wp-content/uploads/2008/08/01-mfw-handbuch.pdf. Zugegriffen: 14. Aug 2012.

Lehmkuhl, Markus. 2007. Fiktion und Wissenschaft – warum beide unzertrennlich sind. In *Fakt, Fiktion, Fälschung. Trends im Wissenschaftsjournalismus*, Hrsg. Grit Kienzlen, Jan Lublinski und Volker Stollorz, 152–154. Konstanz: UVK.

Peters, Hans Peter et al. 2008. *Das Verhältnis von Wissenschaft und Massenmedien und die politische Relevanz öffentlicher Kommunikation über Wissenschaft am Beispiel der Biomedizin.* Abschlussbericht des Projekts „Integration wissenschaftlicher Expertise in medienvermittelte öffentliche Diskurse" (INWEDIS), Förderinitiative „Wissen für Entscheidungsprozesse – Forschung zum Verhältnis von Wissenschaft, Politik und Gesellschaft". Jülich: Bundesministerium für Bildung und Forschung (BMBF). http://www.fz-juelich.de/SharedDocs/Downloads/PORTAL/DE/pressedownloads/Peters_et_al_2008_%28INWEDIS_Projektbericht%29_pdf.html. Zugegriffen: 20. November 2012.

Schirrmacher, Arne. 2007. Einsicht in die Materie. Konjunkturen und Formen von Atombildern. In *Konstruieren, kommunizieren, präsentieren. Bilder von Wissenschaft und Technik*, Hrsg. A. Gall, 109–145. Göttingen: Wallstein.

Die Position der Wissenschaft im Fernsehen

2

Überblick

Die speziellen Vorgaben, Mechanismen und Produktionsbedingungen der Institution Fernsehen beeinflussen die Entwicklung und Gestaltung non-fiktionaler, dokumentarischer und damit auch wissenschaftlicher Programme ganz wesentlich. Hier wird zunächst dargelegt, unter welchen Voraussetzungen dokumentarische Fernsehprogramme überhaupt entstehen und gesendet werden. Als Ausgangsbasis wird dabei näher auf die Marktsituation des non-fiktionalen Fernsehens sowie auf die Programmgestaltung und Strukturen deutscher Sender hinsichtlich dokumentarischer und wissenschaftlicher Programme eingegangen. Weiterhin werden Trends, wie die zunehmend unterhaltende Gestaltung, Formatierung, Personalisierung, Hybridisierung und Internationalisierung von Sendungen betrachtet und diskutiert, da diese Punkte maßgeblichen Einfluss auf die Gestaltung dokumentarischer Sendungen haben. Das Kapitel schließt mit der Betrachtung der sich daraus ergebenden Konsequenzen für das moderne Wissenschaftsfernsehen.

2.1 Marktsituation des non-fiktionalen Fernsehens

In keinem anderen Land der Welt gibt es so viele Autoren, die sich mit dokumentarischen Mitteln auf unterschiedlichste Weise mit der Wirklichkeit beschäftigen. Kein anderes Fernsehsystem der Welt läßt in seinem Programm noch so viel ‚Dokumentarisches' zu wie das [...] Fernsehen in der Bundesrepublik (Bolesch 1992, S. 53. Hervorhebungen im Original).

O. Jacobs und T. Lorenz, *Wissenschaft fürs Fernsehen*, Praxiswissen Medien,
DOI: 10.1007/978-3-658-02423-9_2, © Springer Fachmedien Wiesbaden 2014

Das Non-Fiktionale ist im Fernsehen in zahlreichen Varianten zu finden. Benedikt Berg-Walz, heute Referatsleiter Medienwirtschaft der Staatskanzlei Nordrhein-Westfalen, fasste es in seiner Dissertation beispielsweise in einen weiten Rahmen und stellte zwischen den Dokumentarfilm als das eine Extrem und die Live-Sendung als das andere Extrem:

> [...] ein reich nuanciertes Feld an Programmformen: Magazin- und Nachrichten-sendungen, Talk-Shows, Bildungsprogramme und Reportagen sind [...] allesamt Teil des dokumentarischen Ganzen des Fernsehens (Berg-Walz 1995, S. 42).

In der Fernsehpraxis sieht man besonders der Entwicklung längerer dokumentarischer Fernsehformen sehr positiv entgegen:

> Längere dokumentarische Formate unterschiedlichster Art liegen im Trend, besonders bei den öffentlich-rechtlichen Programmanbietern. [...] Zwischen Arte und ARD, ZDF und Dritten, Vox und den anderen tummeln sich die Vertreter dieser Gattung unter den verschiedenen Labeln: Dokumentarfilm, Dokumentation, Feature, ‚Fake-Doku‘, essayistischer Film, Porträt, dokumentarische Filmerzählung, Langzeitbeobachtung, Collage, Reportage, Doku-Drama, ‚Hochglanzdoku‘ [...] (Ordolff 2005, S. 261. Hervorhebungen im Original).

Dies scheint allerdings eher die Ansicht von Fernseh-Journalisten zu sein. Dokumentarfilmer, welche sich selbst besonders dem langen Autoren-Dokumentarfilm zugehörig sehen, teilen diese nicht.

> Der Non-Fiktion-Bereich des Fernsehens ist vom Journalismus weitgehend okkupiert [...]. Der klassische Dokumentarfilm kommt im Fernsehen so gut wie gar nicht mehr vor. So wird oft ein Gegensatz formuliert, der etwa heißt: journalistische oder dokumentarische Filmarbeit? (Berg-Walz 1995, S. 46).

Dieser Gegensatz ist auch gegenwärtig brandaktuell und wird noch eine Rolle bei den Definitionen der einzelnen Darstellungsformen spielen. Seit Jahren herrscht deshalb die Ansicht, dass der Dokumentarfilm als langsame und hinterfragende Form des Dokumentarischen einen schweren Stand in der zunehmend von formatierten Programmen beherrschten Fernsehlandschaft hat und von jenen nahezu verdrängt wurde.[1] Dass diese Formen aber eine Vielzahl von neuen Möglichkeiten eröffnen und man sich nicht nur auf den Dokumentarfilm als einzig

---

[1] zu dieser Diskussion vgl. Berg-Walz (1995, S. 62) sowie Ruge (2003, S. 57).

wahre Form des Dokumentarischen stützen solle, merkte beispielsweise der Journalist und Dokumentarfilmer Elmar Hügler bereits im Jahr 1988 an:

> Was soll das Geseufze um die Sparte Dokumentarfilm, die ganz offensichtlich ja gedeiht? [...] Ihr Featuremacher aller Länder, vereinigt Euch, hier gibt es Arbeit, hier sucht man telegene Köpfe, politischen Verstand, Wortgewandtheit und keine Sprache von geschliffener Alltagsferne [...]. Man muß verrückt sein, wenn man bei dieser Aufbruchstimmung Düsternis verbreitet. Was aber bleibt einem, der hartnäckig dran glaubt, daß für die Dokumentation im Fernsehen der Titel Film die einzig richtige Bezeichnung wäre (Hügler 1988, S. 207f.).

Auch Werner Ruzicka, der Leiter des Duisburger Dokumentarfilm-Festivals, sieht dies ähnlich und sagt einige Jahre später, dass Produzenten die vielfältigen Möglichkeiten des Fernsehdokumentarismus nicht genug nutzen würden und die so oft befürchtete und vorhergesagte Krise allein im Kopf der Filmemacher entstehe (vgl. Iljine und Keil 2000, S. 146). Ein weiterer Punkt, der möglicherweise etwas über die Situation des Dokumentarischen im Fernsehen aussagen kann, ist die Programmgestaltung und deren Strukturen, auf die im Folgenden näher eingegangen werden soll.

2.2 Programmgestaltung und Strukturen

Die Programmgestaltung wird von den Sendern als eine Form der Unternehmensplanung und als Wettbewerbsinstrument gesehen. Sendungen werden nicht beliebig im Programm platziert und aneinandergereiht, sondern strategisch nach Senderphilosophien und -zielen zusammengestellt sowie zeitlich und inhaltlich arrangiert. Übliche Optimierungskriterien sind dabei selbstverständlich der Bezug zum Sender-Image, die Zuschauerakzeptanz in Form von Einschaltquoten[2] und, vor allem im Falle des privaten Fernsehens, das Verhältnis von Programmkosten und Programmertrag pro Stunde (Abb. 2.1).

---

[2] Zum einen ist die Einschaltquote, als Grundlage für die Werbepreise, eine Art Währung für das kommerzielle Fernsehen. Strategisch wird versucht, mit der Platzierung bestimmter Sendungen zu bestimmten Zeiten, eine besonders werberelevante Zielgruppe zu erreichen. So beeinflusst die Einschaltquote das Programmangebot sowohl inhaltlich als auch zeitlich erheblich. Sie wird aber auch von den Sendern zur Messung des Erfolges von Sendungen genutzt, der dann öffentlich gemacht wird und damit zur Imagebildung beiträgt; vgl. Bentele et al. (2006, S. 51).

Abb. 2.1 Berechnung
des Deckungsbeitrags pro
Stunde

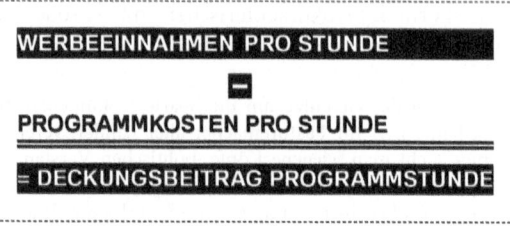

2.2.1 Grundlegendes

Je nachdem, welche inhaltliche Ausrichtung sich ein Sender zuschreibt, wird davon auch die Planung der Programme determiniert. Grundlegend unterschieden werden öffentlich-rechtliche, kommerzielle, Free- oder Pay-TV, Voll- oder Spartenprogramme[3] sowie Überregional-, Regional- und Lokalprogramme.

> Vom Programmschema hängt es ab, was das Publikum von dem jeweiligen Kanal zu erwarten lernt, ob und wie viele Zuschauer für mehrere Sendungen nacheinander an dem Programm Interesse finden, ob zur richtigen Zeit Angebote an die richtigen Leute gemacht werden, und wie sich das Publikum generell in dem dargebotenen Programmumfeld orientieren kann (Karstens und Schütte 2010, S. 131).

Weiterhin wird die Programmplanung von Jahreszeiten und Orientierung am oder Kontrastierung zum Konkurrenzprogramm beeinflusst. Die Programmplanung ist die wiedererkennbare und bewusste dramaturgische Gestaltung von Tages- und Wochenabläufen, um gewünschte Zielgruppen zu erreichen und die Erwartungen der Zuschauer zu erfüllen.[4] Die Verlässlichkeit des Programmangebots ist dabei beim Fernsehen ein besonders wichtiger Punkt, da ein gewisses Maß an Gewohnheitsbildung beim Publikum notwendig ist, um beispielsweise im Wochenrhythmus Programme gezielt einzuschalten. Das wird umso besser gelingen je verlässlicher das Angebot ist, umso klarer also Zuschauererwartungen erfüllt werden.

---

[3] Vollprogramme werden definiert als Rundfunkprogramme, die vielfältige Inhalte mit Information, Bildung, Unterhaltung und Beratung anbieten. Spartenprogramme hingegen haben im Wesentlichen immer gleichartige Inhalte und beschränken sich auf meist eine Programmart und Zielgruppe; vgl. Eick (2007, S. 24).

[4] Zur Gestaltung von Programmplänen sind nähere Informationen zu finden bei Ehlers (1997, S. 332f.) sowie vgl. Karstens und Schütte (1999, S. 164) sowie vgl. Koch-Gombert (2005, S. 133) sowie vgl. Eick (2007, S. 8).

Die Zuschauerzahlen einer Sendung hängen stark davon ab, auf welchem zeitlichen Programmplatz eine Sendung erscheint. Grob zu unterscheiden sind fünf Zeitzonen im Tagesverlauf eines Programms: „Daytime" zwischen 06.00 und 17.00 Uhr, „Access Primetime" zwischen 17.00 und 20.00 Uhr (die, in der die Fernsehnutzung auf das Abend-Niveau ansteigt), „Primetime" zwischen 20.00 und 23.00 Uhr (Hauptnutzungszeit der gesamten deutschsprachigen Bevölkerung), „Late Night" zwischen 23.00 und 01.00 Uhr und die verbleibende Nacht zwischen 01.00 Uhr und 06.00 Uhr, in der die Zuschauerzahlen auf ihr niedrigstes Niveau sinken (vgl. Karstens und Schütte 1999, S. 164). Von all diesen genannten Punkten wird auch die Platzierung allgemein dokumentarischer und wissenschaftlich-dokumentarischer Formen beeinflusst. Erst mit der verstärkten Nutzung der Möglichkeiten des zeitsouveränen Fernsehens erfährt diese Regel eine gewisse Relativierung.

2.2.2 Verschiedene Erzählweisen

Fernsehprogramme unterscheiden sich untereinander in der Erzählweise und damit der Tonalität erheblich. Die dafür maßgeblichen drei Bestimmungsfaktoren sind: die Zielgruppen zur jeweiligen Zeit, der kulturelle Hintergrund des Publikums und der Charakter des Programmanbieters.

Die genaue Kenntnis und Erreichung der Zielgruppen ist vor allem bei kommerziellen Programmanbietern relevant, da Fernsehprogramme hier letztlich vor allem der Rahmen für die das Programm finanzierende Werbung sind. Eine Affinität des durch die Programminhalte erreichten Publikums zu den in der Werbung präsentierten Produkten und Dienstleistungen ist hier also entscheidend. Die Erzählweise von Themen kann dabei einen erheblichen Einfluss darauf haben, welche Bildungs- und Einkommensschichten unter den Fernsehzuschauern erreicht werden und auch, zu welcher Altersgruppe das der Werbung „angelieferte" Publikum gehört. Bezogen auf das Wissenschaftsfernsehen bei diesen Anbietern heißt das, dass die Grenze zwischen Wissenschafts- und Wissensprogramm häufig tangiert wird, weil die Erreichung definierter Zielgruppen unter Umständen Kompromisse in der Erzähltiefe und Erzählgenauigkeit bedeutet.

Zu großen Unterschieden in der Erzählweise ein und desselben Themas führen auch kulturelle Unterschiede im Publikum, wobei hier natürlich vor allem verschiedene Sehgewohnheiten sowie verschiedene Wertemaßstäbe eine Rolle spielen. Die regionale Verbreitung von Wissenschaftsprogrammen wird deshalb mit darüber bestimmen, ob beispielsweise Moderatoren eine wichtige, führende Rolle in Filmen einnehmen, wie es im britischen sowie in asiatischen

Kulturräumen der Fall ist, oder wie der Umgang mit Untertiteln gehandhabt wird. Für Wissenschaftsfernsehen ist diese Fragestellung insofern besonders, als Wissenschaftsthemen grundsätzlich überregional verstanden und verbreitet werden können und daher die Art und Weise ihrer Präsentation über ihre tatsächliche Verbreitung entscheidend mitbestimmt. Besonders deutlich wird das bei TV-Networks wie Discovery Channel oder National Geographic, die für ihr globales Network Programme produzieren, die entweder regional modifiziert oder in einer Weise erzählt werden, die eine Art kleinsten gemeinsamen Nenner zwischen verschiedenen Kulturräumen bildet.

Ein weiteres eher formales, die Erzählweise bestimmendes Moment ist das Senderimage. So kann die Bezugsetzung zum Claim des Senders sehr weitreichende Folgen für eine notwendige optische Opulenz haben. Beispiele für solche, die Erzählweise mitbestimmenden Senderkennungen sind: „So hab ich das noch nie gesehen" beim deutsch-französischen Kulturkanal ARTE oder „Anders Fernsehen" bei 3sat.

Unterschiede in der Erzählweise sind also weit mehr als Selbstzweck. Die Beherrschung verschiedener Erzählweisen ist deshalb wichtiger Bestandteil des Handwerkszeugs von Wissenschaftsautoren, da erst durch diese eine Kompatibilität zum Medium und dadurch optimale Erreichung von Zuschauern gewährleistet werden kann.

2.2.3 Einschränkungen

Konkrete Zuschauerzahlen zu Wissenschaftsfernsehen sind nur von sehr begrenztem Aussagegehalt. Zuschauerzahlen unterliegen jahreszeitlichen Schwankungen, bei Pay-TV Programmen werden sie nicht kontinuierlich erhoben und für den ARD-Verbund beispielsweise werden sie üblicherweise nur für den Einzugsbereich der jeweiligen Landesrundfunkanstalt veröffentlicht. Wiederholungen und Mediathek-Abrufe werden nicht aufsummiert, obwohl gerade im Bereich der Wissenschaftssendungen die gezielte Nutzung der Mediatheken in besonderer Weise zu beobachten ist. Als erster Sender hat der deutsch-französische Kulturkanal ARTE begonnen, die Zahl der Mediathek-Abrufe zu kommunizieren. Es ist ersichtlich, dass Wissenschaftssendungen bis in den zweistelligen Prozentbereich der Fernsehnutzung online aufgerufen werden, selbst bei einer Verweildauer in der Mediathek von in der Regel nur sieben Tagen nach Ausstrahlung.

Hinzu kommt auch hier die Schwierigkeit der klaren Abgrenzung, was alles den Wissenschaftsprogrammen zuzurechnen ist. In der Zuschauer- und

Programmforschung wird deshalb meist nur ein Verweis auf prozentuale, aber sehr allgemeine Informationsplätze und Sendeplätze für Non-Fiktion und non-fiktionale Unterhaltung im Programmangebot gegeben, unter welche dann auch, je nach gewählter Sendungsform oder dem Inhaltsschwerpunkt, Wissenschafts-sendungen bzw. -dokumentationen fallen. Ferner sind Zahlen aus der Fern-sehforschung und aus Beschreibungen der Sender, die sich im Speziellen auf Sendeplätze von Dokumentationen beziehen, insgesamt mit Vorsicht zu betrach-ten, da „[…] nahezu alles als Dokumentation verbucht wird" (Wolf 2003, S. 32). Begriffe werden in der Praxis zunehmend vertauscht, Definitionen der einzelnen Formen, soweit es sie offiziell überhaupt gibt, scheinen kaum mehr eine Rolle zu spielen. „Selbst Redakteure bezeichnen wechselweise dieselbe Sendung als Repor-tage oder Dokumentation" (Berg-Walz 1995, S. 41). Dies kann daran liegen, dass dokumentarische Formate auch untereinander ihre Gestaltungsmöglichkeiten austauschen oder nicht ihren Definitionen entsprechend umgesetzt werden.

> Dokumentationen enthalten oft Reportage-Teile. Manche Reportage ist in Wirklich-keit eine Dokumentation. Porträts können sowohl eher reportageartig sein wie auch näher an der Dokumentation […] (Wolf 2003, S. 31).

Ein beliebter Sammelbegriff, der sich in der Praxis etabliert hat, ist daher „Doku", da er unschärfer als der Begriff Dokumentation gemeint ist und es besser erlaubt, mit verschiedenen Gestaltungsmöglichkeiten der zahlreichen Programmformate zu spielen. All die beschriebenen Ungenauigkeiten im Umgang mit den Begrif-fen des Dokumentarischen erschweren klare Abgrenzungen. Hinzu kommt, dass dokumentarische Formen unter dem Deckmantel der Hybridformen zunehmend mit verschiedenen, auch fiktionalen und eher der Unterhaltungssparte zuzurech-nenden Genres spielen.

> Insbesondere durch den Boom der Reality-Formate ist die Grenze zwischen Infor-mations- und Unterhaltungssendungen diffuser geworden. Um diesen Problem zu begegnen, wurde in der ARD/ZDF Programmanalyse 2009 erstmals für Hybridfor-mate die Kategorie ›Factual Entertainment‹ in die Programmcodierung eingeführt (Krüger 2012, S. 228. Hervorhebungen im Original).

Doch es gibt noch zahlreiche weitere Hybridformen in der Fernsehrealität, die sich (noch) nicht deutlich in Sparten und in der Fernsehforschung anerkannte Formen einordnen lassen. Wie sich die Lage tatsächlich gestaltet, ist also beson-ders aufgrund der Begriffsverwirrungen und Vermischungen nicht präzise zu bestimmen.

Aus den genannten Gründen wird die Programmgestaltung mit informieren-den und dokumentarischen Sendungen hier eher allgemein betrachtet und, wenn möglich, spezieller auf explizit wissenschaftliche Sendungen verwiesen. Für das gesamte deutsche Fernsehprogramm aber kann auch aktuell noch gelten: „Wer möchte, kann heutzutage an einem durchschnittlichen Wochentag rund 10 Stunden Wissens- oder Wissenschaftsprogramm verfolgen" (Göpfert 2006, S. 35). In diese Aussage eingeschlossen sind auch die Magazinformate, die hier nicht explizit im Fokus stehen sollen, da sie eher auf kurzen Beiträgen basieren und einem einzelnen wissenschaftlichen Thema weniger Raum zur Entfaltung bieten. Der Vollständigkeit halber finden sie dennoch Erwähnung, gerade wenn es sich um explizit wissenschaftliche Magazine handelt.

2.2.4 Das Programm

Dass ARD und ZDF im Vergleich zu privaten Vollprogrammen im Free-TV den höchsten Anteil in den Sparten der Information und Non-Fiktion haben, ist nicht neu und muss an dieser Stelle nicht weiter ausgeführt werden. Genau aus diesem Grund sind dokumentarische Sendungen in erster Linie im öffentlich-rechtlichen Programm zu finden. Ebenso scheint es zunächst wenig verwunderlich, dass die Ausstrahlungstermine für non-fiktionale Formen bei den öffentlich-rechtlichen Sendern seit den neunziger Jahren deutlich zugenommen haben „[...] doch sind diese Termine vor allem den neuen kurzen Formaten und den generischen Hybriden gewidmet. Diese Entwicklung resultiert vor allem aus der zugespitzten Konkurrenzsituation im deutschen TV-Markt, der die Sender mit so genannten ›Modernisierungsstrategien‹ begegnen" (Hachmeister und Lingemann 2003, S. 31. Hervorhebungen im Original).

Kurze, standardisierte Einzelformate werden mit klaren Reihenprofilen ›aufgerüstet‹ um dem Zuschauer einen stärkeren Aufmerksamkeitsreiz zu bieten. Vor allem das ZDF konnte zunächst mit etablierten ›brands‹ wie Sphinx oder ›Terra X‹ zeigen, wie erfolgreich gerade auch dokumentarisches Fernsehen bei gezielter Positionierung sein kann. Mit Programm-Marken wie ›exclusiv‹, ›Legenden‹ oder ›die story‹ hat die ARD mittlerweile nachgezogen (Hachmeister und Lingemann 2003, S. 31. Hervorhebungen im Original).

Laut dem Institut für empirische Medienforschung waren im Jahr 2011 bei der ARD Reportagen und Dokumentationen insgesamt mit 8,1 %, Doku-Inszenierungen und Doku-Soaps mit 2,7 % am Gesamtjahresprogramm beteiligt. Ein ähnliches Bild zeigte sich auch im ZDF, wo Dokumentationen und Reportagen mit 7,6 % und Doku-Inszenierungen gemeinsam mit Doku-Soaps mit 0,9 % zu Buche schlugen (vgl. Krüger 2012, S. 221). Blickt man jedoch insgesamt auf die prozentuale Verteilung der einzelnen Sparten, weicht das ZDF in der Sparte der non-fiktionalen Unterhaltung mit erstaunlichen 10,5 % (also 151 Minuten am Tag) deutlich von der ARD mit nur 6,2 % ab (vgl. Krüger 2012, S. 216).

Etwa ein Drittel der Sendeplätze für faktische Filmformen fand und findet sich bei den öffentlich-rechtlichen Hauptprogrammen schon immer am Nachmittag (vgl. Wolf 2003, S. 25). Da diese Sender aber auch zu einer ausgewogenen Mischung und Vielfalt von Kultur, Bildung, Information und Unterhaltung in der Primetime verpflichtet sind, war in diesen Programmen lange etwa ein Viertel aller im deutschen Fernsehen ausgestrahlten non-fiktionalen Sendungen zur Hauptsendezeit zu finden.

> Nicht umsonst sind die Öffentlich-Rechtlichen nach wie vor die einzigen Vollprogramme, die regelmäßig politische Magazine und Dokumentationen zwischen 20.00 Uhr und 22.00 Uhr ausstrahlen. Ein privat-kommerzielles Vollprogramm würde das nicht tun, wohl wissend, dass die Primetime aus der Sicht eines Großteils des Publikums ganz im Zeichen der Unterhaltung steht (Karstens und Schütte 2010, S. 133).

In der Regel werden längere dokumentarische Sendungen bei den öffentlich-rechtlichen Hauptprogrammen nicht als Serienproduktionen ausgestrahlt, sondern haben Sendeplätze, die abwechselnd mit wissenschaftlichen, kulturellen oder historischen Themen gefüllt werden. „Der Anteil mehrteiliger Dokumentationen nimmt in letzter Zeit jedoch [...] zu, besonders bei Geschichtsthemen werden immer häufiger mehrteilige Dokumentationen produziert und gesendet" (Stuber 2005, S. 107).

Die ausführliche Behandlung wissenschaftlicher Themen findet ihren Platz in der ARD also innerhalb der festen Sendeplätze für Reportagen und Dokumentationen, wobei ein Blick auf die Programmgestaltung verrät, dass dieser Themenbereich vom Sender nicht allzu stark nachgefragt wird. Weitaus häufiger sind Themen aus Kultur und Geschichte anzutreffen. Regelmäßig werden Wissenschaft und Technik dagegen in Magazinformaten verarbeitet, die bei der ARD dem allgemeinen Trend entsprechend nicht unter der Dachmarke Wissenschafts-, sondern als Wissenssendungen laufen (vgl. ARD 2012a). *W wie Wissen* ist eine Gemeinschaftsproduktion der ARD-Rundfunkanstalten BR, SWR, WDR, NDR und HR. Wurde das Magazin bis Anfang des Jahres 2006 noch auf einem Primetime Sendeplatz, mittwochs um 21.45 Uhr ausgestrahlt, findet man es vier Jahre später immer sonntags um 17.00 Uhr in der ARD. In der 30-minütigen Sendung finden meist vier, manchmal fünf unterschiedliche Themen aus Forschung, Technik und Wissenschaft Eingang (vgl. ARD 2012b). Daneben informieren im Hauptprogramm Rangar Yogeshwar und sein Team täglich ganze 145 Sekunden lang in *Wissen vor 8* über Wissenschaftliches und Wissenswertes (vgl. ARD

2012c). Moderierte Ranga Yogeshwar das Kurzformat bis 17. Oktober 2011 noch alleine, wurde die Dachmarke schließlich im wöchentlichen Wechsel um *Wissen vor 8 – Werkstatt* mit dem Physiker Vince Ebert und *Wissen vor 8 – Zukunft* mit Anja Reschke erweitert.

> Bei ‚Wissen vor acht – Werkstatt' geht es in erster Linie um naturwissenschaftliche Experimente und Phänomene des Alltags. […]Eine weitere Ergänzung bietet ‚Wissen vor acht – Zukunft' mit Anja Reschke. Die Journalistin (‚Panorama') hinterfragt zukunftsweisende Technologien und Erfindungen für die Gesellschaft von morgen (ARD 2012d. Hervorhebungen im Original).

Ab Sommer 2013 wird zudem der Musiker Thomas D mit einer eigenen Rubrik, *Wissen vor acht – Natur*, das Team unterstützen. Er: „[…] erklärt […] die heimische Tier- und Pflanzenwelt mit ihren besonderen Eigenschaften, zeigt spannende Naturphänomene, beantwortet Fragen rund um Umwelt und Umweltschutz und gibt hilfreiche Tipps, was jeder selbst für die Natur tun kann" (ARD 2013). Seit 2006 ist im ARD-Programm auch eine 90-minütige Wissenschafts-Show zu finden, die vom Südwestrundfunk produziert wird. In unregelmäßigen Abständen wurden bisher 17 Sendungen von *Die große Show der Naturwunder* mit Frank Elstner und Ranga Yogeshwar gesendet, weitere Ausgaben sind in Planung. Zu Gast im Studio sind immer vier Prominente, die durch Gespräche und Quizfragen in das Geschehen eingebunden werden.

> Die Show wagt einen spannenden Blick in das spektakulärste Labor der Welt, in dem seit Jahrmillionen probiert, experimentiert und getestet wird. […] Unglaubliche Einblicke in die Welt der Tiere und Pflanzen und spektakuläre Experimente im Studio bringen uns die Wunder der Natur und ihre technische Anwendung auf spannende Weise nahe. Die Show zeigt, wie Forscher die Geheimnisse der Natur enträtseln und für unser tägliches Leben nutzbar machen (ARD 2012e).

Eine weitere Show im wissenschaftlichen Bereich ist das Wissensformat *Kopfball*, die seit ihrem Entstehungsjahr 1989 einen Wandel von einer Live-Sendung, in der die Zuschauer Fragen der Moderatoren beantworten sollten, zunächst zu einer Art Quizshow mit Kandidaten und letztlich zu einem auf von Zuschauern zugesandten Fragen basierenden Format erfuhr. Produziert wird die Sendung vom WDR, die Erstausstrahlung erfolgt im Hauptprogramm der ARD am Sonntag zwischen 11.00 und 11.30 Uhr.

Die Landesrundfunkanstalten der ARD bieten den Zuschauern in ihren Programmen zusätzlich jeweils eigene Wissenssendungen an. Der BR sendet seit dem Jahr 2003 immer montags um 22.00 Uhr das sehr erfolgreiche Wissensmagazin *Faszination Wissen*. In *Faszination Wissen* werden Fragen zu wissenschaftlichen

Themen vor Ort bei Forschern und Forschungseinrichtungen „ermittelt", die Forschungsergebnisse werden dann im Studio vom Moderator hinterfragt und in die Lebensumwelt der Zuschauer eingeordnet. „Gunnars wichtigste Erkenntnis: Forscher sind auch Menschen. Menschen mit Fragen, die über unser Leben und Überleben entscheiden können" (BR 2013). Im hr kann man sich mittwochs um 21.00 Uhr in der Sendung *Alles wissen* beispielsweise erklären lassen: „[...] warum der Himmel blau ist, [...] ob es das Wetterphänomen Kugelblitz wirklich gibt, oder [...], wie das Sauerkraut in die Dose kommt [...]" (hr 2013). Weitere wöchentliche Sendungen finden sich im SWR donnerstags von 22.00 bis 22.30 mit dem Wissenschafts-Magazin *Odysso*, das vorwiegend medizinische Themen abhandelt oder im WDR immer dienstags um 21.00 Uhr das langjährige Format *Quarks & CO*, das Wissenschaft als Unterhaltung auffasst. „Deshalb fährt die Sendung alles auf, was das Fernsehen zu bieten hat: spannende Experimente, abenteuerliche Selbstversuche, überzeugende Grafiken und faszinierende Computeranimationen" (WDR 2013). Zuletzt soll noch die von den Anstalten WDR, SWR und in Zusammenarbeit mit BR-alpha produzierte Sendung *Planet Wissen* erwähnt werden. Sie kann als crossmediales Produkt verstanden werden, da die Sendung über ein eigenes Internetportal verfügt und immer wieder Hinweise auf weiterführende und interaktive Bildungsportale im Internet gibt. Für dieses Konzept wurde die einstündige Dokumentations- und Wissenschaftssendung, die immer Werktags um 15.00 ausgestrahlt wird, bereits 2004 mit dem Grimme Online Award ausgezeichnet. Speziell für Kinder gibt es im Wissenschaftsbereich der ARD Sendungen wie das Magazin *Wissen macht Ah!* oder die Reportagereihe *Will wills wissen*. Die Erstausstrahlung beider Sendungen übernimmt der KiKA. In der ARD werden sie dann erst im Frühprogramm am Wochenende gesendet.

Das ZDF wirbt auf seiner Unternehmenswebseite mit hochwertigen zeitgeschichtlichen und wissenschaftlichen Dokumentationen, die Hintergrundwissen vermitteln sollen (vgl. ZDF 2012a). Insgesamt scheint das ZDF zukünftig längeren dokumentarischen Formen einen höheren Stellenwert zuzurechnen, denn im Jahr 2011 wurde das Dokumentations- und Reportageformat *ZDFzoom*, das von politischen bis hin zu Umweltthemen ein breites Spektrum abdeckt, aus dem Nachtprogramm geholt. „Der ZDF-Doku-Platz ist jetzt der Mittwochabend um 22.45 Uhr" (ZDF 2011), verkündete Chefredakteur Peter Frey im Zusammenhang mit der Modernisierung des ZDF-Gesamtprogramms. Ein weiterer dokumentarischer Sendeplatz findet sich dienstags um 20.15 Uhr, der mit unterschiedlichen Produktionen besetzt wird und am gleichen Wochentag um 22.15 Uhr die Sendung *37 Grad*. Letztere Dokumentationssendung beschäftigt sich wöchentlich in erster Linie mit außergewöhnlichen Menschen oder mit Menschen in besonderen Lebenssituationen. Die ausgesprochen wissenschaftliche Sendung *abenteuer forschung* findet sich im ZDF anschließend dienstags um 22.45 Uhr im Programm. Das 30-minütige Magazin muss sich den Sendeplatz jedoch im monatlichen Rhythmus mit anderen Sendungen teilen (vgl. ZDF 2012b). Einen wöchentlichen Sendeplatz dagegen hat sonntags um 19.30 Uhr *Terra X*, welches das Programm des ZDF nun seit gut 30 Jahren bereichert. Die unter dieser Dachmarke gesendeten Dokumentationen und Dokumentationsreihen mit einer Dauer von 45 Minuten decken ein breites Spektrum von Wissenschafts-, Geschichts-, und Naturdokumentationen ab, aber auch fiktionale Dokumentationen sind hier gern gesehene Bestandteile des Programms (vgl. ZDF 2012c). Zuvor, gegen 18.30 Uhr, ist seit Juni 2011 das Wissensmagazin *Terra Xpress* programmiert.

> Während sich ›Terra X‹ in Hochglanzdokumentationen den großen Themen der Kultur- und Weltgeschichte zuwendet, liegt der Schwerpunkt von ›Terra Xpress‹ auf alltagspraktischen Themen. Fragen, die aus eigenen Erlebnissen entstehen, das Staunen, Rätseln oder auch Ärgern über etwas, das einem selbst passiert oder begegnet und worüber man mehr wissen will: Das ist die Wissenssuche, die sich ›Terra Xpress‹ auf die Fahne geschrieben hat (ZDF 2012d, Hervorhebungen im Original).

Die seit Jahren erfolgreiche Magazinsendung *ZDFHistory* mit zeitgeschichtlichen und geschichtlichen Themen wird ebenfalls wöchentlich am Sonntag gegen 23.30 gesendet (vgl. ZDF 2012e).

Auch wenn die bisher genannten Sendeplätze für längere dokumentarische Sendungen zunächst recht zahlreich erscheinen, lässt sich innerhalb der öffentlich-rechtlichen Sendeanstalten eine weitere interessante Entwicklung beobachten. So wandern zahlreiche non-fiktionale Sendungen und lange dokumentarische Formen vermehrt in die Kultur- und Drittprogramme ab. Sie sind in erster Linie prägende Elemente des europäischen Kultursenders ARTE und des von den vier öffentlich-rechtlichen Fernsehanstalten ZDF, ORF, SRG und der ARD gemeinsam gestalteten Senders 3sat.

Bei ARTE wurden im Jahr 2010 pro Woche durchschnittlich 23 Stunden dokumentarische Erstausstrahlungen und 40 Stunden Wiederholungen gesendet. Sieht man sich das aktuelle Programmschema an, so kann dies mit kleinen Abweichungen auch immer noch gelten. An allen Wochentagen, rund um die Uhr sind Magazine, Reportagen, Dokumentation und hybride dokumentarische Formen mit verschiedenen Themenschwerpunkten programmiert. Dem Themenschwerpunkt Wissenschaft wird jedoch nur ein geringer Anteil der Sendezeit zugestanden, was an der generell eher kulturlastigen Ausgestaltung des Senders liegen mag (vgl. ARTE 2012a). Im Jahr 2010 allerdings führte ARTE eine fast schon revolutionäre Programmierung durch, die den Wissenschaften zunächst eine besondere Stellung verlieh. Im Januar 2010 wurde die sogenannte „zweite Primetime" eingeführt, „[…] zu der zwei neue documentary-slots[5] gehören: Einmal ein neuer wöchentlicher Sendeplatz für die Wissenschaftsdokumentation am Freitagabend, der wegen des großen Interesses des jüngeren Publikums zu einem regelmäßigen Rendezvous gemacht wurde.[…] Ein zweiter neuer Sendeplatz im ARTE-Programmschema 2010 ist der Popkultur gewidmet, am Donnerstagabend" (Gottschalk 2010, S. 35). ARTE trat damit zunächst bewusst nicht in die seit Jahren allgemein vorherrschende Konkurrenzsituation der Sender untereinander ein.

Da die Sender sich in ihren Planungen auch auf die Programme der Konkurrenz einstellen, hat sich so etwas wie eine Rangfolge der Wochentage ergeben. Am Freitag zum Beispiel strahlen die privaten Sender hauptsächlich Unterhaltungsformate, vor allem Comedy aus. Diese Programmfarbe färbt auch auf andere ab: Am Freitag haben Dokumentationen auf allen Sendern die geringste Chance auf Ausstrahlung (Wolf 2003, S. 20).

Nach zwei Jahren allerdings rückte ARTE von dieser Programmierung dann auch wieder ab. Im Programmschema ab dem Jahr 2012 findet sich der Sendeplatz für Wissenschaft zwar immer noch nahe der Primetime, nämlich am Donnerstagabend gegen 22.00 Uhr, insgesamt damit aber auf einem schlechteren Slot. Der freitägliche Sendeplatz wurde, wie bei allen anderen Sendern, für die Unterhaltung freigemacht. Auf das Interesse jüngerer Zuschauer zielt man allerdings dennoch, da vor dem dokumentarischen Wissenschaftssendeplatz gezielt internationale Erfolgsserien programmiert wurden (vgl. ARTE 2012a, S.19). Ein weiterer Sendeplatz für wissenschaftliche Dokumentationen findet sich am Vormittag des Wochenendes, der jedoch abwechselnd mit Wissenschaft, Geschichte und Entdeckungen gefüllt wird. Zuletzt muss noch das Wissensmagazin *X:enius* erwähnt werden:

[…] das von Montag bis Freitag jeweils um 8.25 Uhr, 13.00 Uhr und 17.55 Uhr ausgestrahlt wird. Abwechslungsreich und spielerisch handelt es sich um Roadmovie, Schatzsuche und Wissenschaftssendung zugleich. In 26 Minuten Sendezeit führt eine klare Fragestellung zu einem alltagsbezogenen Thema wie ein roter Faden durch die Sendung (ARTE 2012b).

Das Programm von 3sat bietet dem Zuschauer ebenso wie ARTE eine große Anzahl an non-fiktionalen und dokumentarischen Sendungen durchgehend an

---

[5] „slot" ist in der Fernsehpraxis eine Bezeichnung für die Positionierung einer Sendung, also ihren Sendeplatz.

allen Wochentagen. Meist mit dem Nachmittagsprogramm beginnend, finden sich bis in die späte Primetime Magazine, Reportagen und Dokumentationen mit Kultur-, Natur-, Reise-, Politik- oder Wissenschaftsschwerpunkten (vgl. 3SAT 2012a). Im Vergleich jedoch zu Kultur- und Gesellschaftsthemen sowie (Spiel-) Filmen nehmen Sendungen mit Wissens- und Wissenschaftsschwerpunkten relativ wenig Sendezeit in Anspruch (vgl. 3SAT 2012b). Zu ARTE allerdings hat 3sat insgesamt einen deutlichen Vorsprung an Sendezeiten für wissenschaftliche und technische Themen.

2012 findet sich im Programm von 3sat die tägliche, populärwissenschaftliche Sendung *nano*. Sie ist ein speziell auf wissenschaftliche Inhalte ausgelegtes Magazinformat, das montags bis freitags von 18.30 Uhr bis 19.00 Uhr gesendet wird. Als weitere Sendungen mit wissenschaftlichen Inhalten werden die Wissenschaftsreihe *hitec* und die Sendung *scobel* aufgeführt (vgl. 3SAT 2012c). *hitec* wird sonntags um 15.30 Uhr ausgestrahlt und behandelt als 30-minütige Dokumentationsreihe vertieft wissenschaftlich-technische Entwicklungen (vgl. 3SAT 2012d). *Scobel* hingegen wird als „offenes journalistisches Format" bezeichnet, bei dem zwischen den Formaten und Genres des Gesprächs, des Films, der Reportage, des Magazins oder auch der Dokumentation gewechselt wird (vgl. 3SAT 2012e). Aber auch in der Primetime ist bei 3sat ein Sendeplatz für technische und wissenschaftliche Entwicklungen zu finden. 45 Minuten lang, immer donnerstags um 20.15 Uhr:

> [...] sucht die Wissenschaftsdoku ungewöhnliche Zugänge zu Themengebieten, abseits des vorherrschenden Meinungskonsenses. All das in der dem jeweiligen Thema angemessenen Umsetzung: ob Reportagekamera oder Blue Chip-Optik, hochwertiger CGI oder Spiel mit grafischen Elementen – erlaubt ist, was den Standpunkt unterstützt (3SAT 2012f).

In Form von ganzen Thementagen, Themenwochen oder als abendfüllendes *3sat thema* im Zusammenspiel mit der Sendereihe *Wissen aktuell*, kann sich der Sendeanteil wissenschaftlicher Themen dann nochmals beträchtlich erhöhen (3SAT 2012g).

Beim kommerziellen, beziehungsweise privaten Fernsehfunk[6] werden klassische Geschichts-, Kultur- oder Wissenschafts-Dokumentationen sowie Reportagen kaum nachgefragt. Meist, weil sie selten hohe Einschaltquoten und damit Werbeeinnahmen erbringen, aber auch, weil es dort kaum redaktionelle Kompetenzen für sie gibt. Sind sie doch im Programm zu finden, handelt es sich um eingekaufte

---

[6] Der kommerzielle Rundfunk finanziert sich überwiegend durch die Ausstrahlung von Werbesendungen und ist damit an massenattraktiven Programmen ausgerichtet; vgl. dazu Bentele et al. (2006, S. 126).

Serien- bzw. Formatproduktionen, die einen hohen Wiedererkennungswert bieten und so bestimmte Zuschauergruppen ansprechen.[7] Explizit wissenschaftliche Themen finden in den meisten privaten Programmen ihren Platz nur in wöchentlichen Magazin-Sendungen, wie beispielsweise im Format *Welt der Wunder* des Sender RTL II. Der Sender beschreibt das Magazin auf seiner Internetseite folgendermaßen:

> Jeden Sonntag präsentiert RTL II in ‚Welt der Wunder' atemberaubende Naturphänomene, faszinierende Aufnahmen aus dem Tierreich, großartige Visionen und einzigartige Forschungsergebnisse. Aufwändige Drehs und Inszenierungen nehmen den Zuschauer mit auf eine Reise in andere Welten, in die Vergangenheit oder die Zukunft. Unter Einsatz von mehrfach prämierten 3D-Animationen bietet ‚Welt der Wunder' Forschung zum Anfassen und ein Fernseherlebnis für die ganze Familie (RTL II. 2013. Hervorhebungen im Original).

Sat.1 strahlt einmal wöchentlich, montags um 22.15, das Magazin *Planetopia* aus, das sich in erster Linie mit Themen aus Forschung und Technik beschäftigt. *Planetopia* bezeichnet sich selbst als populäres Wissensmagazin, das viel Wert auf Unterhaltung in seinen Reportagen legt (vgl. Planetopia 2013). Für andere dokumentarische Formen ist bei allen privaten Sendern allerdings ein anderer Trend zu beobachten.

> In den Privatprogrammen wurde den klassischen journalistischen Formen schon immer weniger Gewicht gegeben, stattdessen erhielten neue Formen der Inszenierung von Themen und privaten Lebenssituationen den Vorrang. Diese Formen bieten den Sender mehr Möglichkeiten, Themen nach eigenen Kriterien der Zielgruppenoptimierung auszuwählen und seriell in Staffeln zu produzieren, ohne dabei von […] der gesellschaftlichen Realität abhängig zu sein (Krüger 2012, S. 220).

Doku-Soaps und Doku-Inszenierungen wie *Daniela Katzenberger – natürlich blond* (VOX), *Alexa – Ich kämpfe gegen ihre Kilos* (Sat.1) oder *Die Kochprofis – Einsatz am Herd* (RTL II) werden stark nachgefragt und durchgängig an allen Wochentagen, auch auf Primetime Sendeplätzen programmiert. So entfiel im Jahr 2011 beispielsweise bei RTL rund ein Drittel der Gesamtsendezeit, also 514 Minuten am Tag, auf non-fiktionale Unterhaltungsangebote. Ein ähnliches Bild zeigte sich bei Sat.1, wo die Zuschauer gut 443 Minuten am Tag non-fiktionale Unterhaltungsformate genießen dürften. Eine leichte Abweichung zeigte sich nur bei ProSieben, wo der Anteil non-fiktionaler Unterhaltung nur auf 16,4 %, also auf 236 Minuten am Tag entfiel (vgl. Krüger 2012, S. 217). Im Gegensatz zu

---

[7] Zu diesem Thema vgl. Stuber (2005, S. 107) sowie vgl. Wolf (2003, S. 18).

allen anderen privaten Programmen kann ProSieben zudem mit einem täglichen Wissensmagazin aufwarten: Galileo. Allerdings wird der Sendung des Öfteren der Vorwurf gemacht, der tatsächliche Gehalt in den einzelnen Beiträgen der Sendung sei zu gering und beinhalte ab und an auch falsche Informationen (vgl. Süddeutsche.de 2012).

> Ganz so drastisch sieht Klaus Meier das nicht. Nach Meinung des Medienexperten von der Universität Darmstadt vermittelt *Galileo* seit 1998 spaßig Wissen und ist aufgrund des Erfolgs ein Trendsetter geworden. Aber die Sendung sei ans Medium und an die Zielgruppe, nicht an die Relevanz der Informationen gebunden. ,Thematisiert wird nur, was sich als Story in spannenden Bildern zeigen lässt und was als relevant für den Alltag der Zuschauer vermutet wird', erläutert Meier. (Zickgraf 2009. Hervorhebungen im Original).

Innerhalb verschiedener Rubriken, wie beispielsweise *100 Sekunden, 15 Mythen in 15 Minuten* oder *Galileo Experiment,* versucht die Sendung, den Zuschauern Geschichtliches, Technisches und Wissenschaftliches näher zu bringen. Außerhalb der täglichen Sendezeit zwischen 19.05 und 20.15 Uhr werden in unregelmäßigen Abständen und unterschiedlichen Programmzeiten Ableger der Sendung, wie *Galileo Big Pictures, Galileo Mystery* oder *Galileo History,* gesendet.

Eine tatsächliche Ausnahme innerhalb der privaten Programme ist der Sender VOX. Dokumentationen und Reportagen, bevorzugt mit gesellschaftlich relevanten Themen besetzt, beschreibt VOX im Jahr 2012 auf seiner Unternehmensseite als „willkommene Programmalternative" (vgl. VOX 2012). Dazu gehören Formate wie die vierstündige *große Samstags-Dokumentation* oder die zweistündige *Samstags-Dokumentation.* Zusätzlich veranstaltet VOX teils bis zu zwölf Stunden andauernde Dokumentations-Schwerpunktprogramme. Wissenschaftliche Themen finden ihren Platz meist innerhalb der beschriebenen Samstagssendeplätze. Schwerpunkte bilden dabei Reportagen und Dokumentationen wie beispielsweise die *VOX-Reportage* oder eingekaufte Sendungen aus dem erheblich wissenschaftslastigen Format *BBC Exklusiv.*

> So genannte Themenabende mit Dokumentationen und einem speziell darauf abgestimmten Spielfilm erreichen bei VOX in der Zielgruppe der 14- bis 49-Jährigen immerhin durchschnittlich einen Marktanteil von 6,3 Prozent. Trotz der starken Spielfilm-Konkurrenz auf den Nachbarprogrammen. Da ist es nicht überraschend, dass der Nachrichtensender N24 im Gegenzug in den USA große Pakete mit Dokumentationen aufkaufte und sie jetzt im Abendprogramm sendet (Göpfert und Lange 2006, S. 39).

Und damit ist man bei der Sonderrolle der Nachrichtensender bezüglich der Übertragung von non-fiktionalen und dokumentarischen Sendungen angekommen. Sie programmieren zwischen den üblichen, meist stündlichen Nachrichtensendungen auch zahlreiche weitere informationsorientierte Programme. Vorreiterrollen im deutschen Fernsehen nehmen dabei der von der RTL-Group betriebene Sender n-tv sowie der von der ProSiebenSat.1Media AG gegründete Sender n24 ein. Um Eigenproduktionen handelt es sich bei den ausgestrahlten non-fiktionalen und dokumentarischen Programmen, wie das Zitat bereits deutlich machte, meist allerdings nicht.

Die öffentlich-rechtlichen Programme vernachlässigten diese Sparte lange Zeit, ziehen inzwischen aber mit den digitalen Informationsspartenkanälen tagesschau24 und ZDFinfo nach. Letzterer spielt bei der Ausstrahlung non-fiktionaler und dokumentarischer Programme nochmals eine Sonderrolle, da sie hier weitaus mehr Berücksichtigung finden als bei *tagesschau24*.

Weitere Spartenkanäle der öffentlich-rechtlichen und privaten Fernsehanstalten werden hier aus der Betrachtung ausgeschlossen, da es in der Natur der Sache liegt, dass Kanäle wie ZDFneo, ZDFkultur, Phoenix und EinsPlus fast rund um die Uhr mit non-fiktionalen und dokumentarischen Formaten programmiert werden. Meist handelt es sich dabei um Wiederholungen der bereits zuvor in den Hauptkanälen ausgestrahlten Sendungen und nur sehr selten, wie bei der außerordentlich wissenschaftlichen und von ZDFneo selbst produzierten Sendung *Leschs Kosmos*, um Erstausstrahlungen. Der Astrophysiker Harald Lesch bringt dem Publikum in seiner sonntagnächtlichen viertelstündigen Sendung komplexe philosophische oder physikalische Sachverhalte näher. Dominik Hoferer, Redakteur bei der Technik-Zeitschrift „Chip", beschreibt die Sendereihe folgendermaßen:

> Wenn Professor Harald Lesch [...] vor der Kamera steht und erklärt, was die Welt im Innersten zusammenhält, werden selbst komplizierteste Themen für jeden verständlich. [...]Ohne aufwendige Animationen oder atemberaubende Aufnahmen vom Universum erklärt ein sympathischer Mann den Zuschauern, was es mit schwarzen Löchern auf sich hat. Oder er thematisiert, warum die Produktion des unscheinbaren Baustoffs Zement der Umwelt mehr schadet als der weltweite Flugverkehr. Das Geheimnis von *Leschs Kosmos* ist die Schlichtheit, die sich durch die ganze Sendung zieht (Hoferer 2012. Hervorhebungen im Original).

Über digitales Pay-TV sind weiterhin Kanäle wie Planet-TV, Discovery, National Geographic Channel oder History Channel zu empfangen, die den Zuschauer rund um die Uhr mit dokumentarischen Sendungen versorgen.

Da all diese zuletzt genannten Sender jedoch kaum Einfluss auf den gesamtdeutschen Fernsehmarkt und die Konkurrenzsituation zwischen öffentlich-rechtlichen und privaten Sendern haben, werden sie hier nicht näher betrachtet. Ein etwas anderes Bild, besonders von den Betreibern der Pay-TV-Kanäle, wird sich im anschließenden Kapitel zeigen, in dem es um Produzenten und Auftraggeber dokumentarischer und damit auch wissenschaftlicher Formen gehen wird.

2.3   Fernsehen als Auftraggeber und Produzent dokumentarischer Inhalte

In den meisten Fällen werden Sendungen von Produktionsfirmen im Auftrag der Sendeanstalten hergestellt und dann über diese verbreitet. Die Ausstrahlungsrechte erwirbt der Sender exklusiv. Neben solchen Auftragsproduktionen finden sich in den Angeboten der Sender auch Eigenproduktionen. Sie werden komplett von der ausstrahlenden Anstalt mit eigenen Produktions- und Finanzmitteln hergestellt. Eine weitere Möglichkeit ist der Einkauf von Ausstrahlungs-Lizenzen von Fremdproduktionen anderer in- oder ausländischer Sendeanstalten bzw. Produktionsfirmen. Fremdproduktionen tragen in erster Linie zur Vielfalt des Programms bei und unterstützen den Wettbewerb. Der Hauptgrund für den Einkauf ist meist aber ein anderer:

> Umfangreiche, aufwendige Filmserien aus dem Bereich der großen naturwissenschaftlichen Themen werden aus Kostengründen häufig in England, Japan bzw. Nordamerika eingekauft. Der Sender, ein Produzent oder ein vom Sender eingekaufter Autor kürzt die gekauften Filme auf deutsche Norm und adaptiert sie für ein hiesiges Publikum, [...]. Die öffentlich-rechtliche Anstalt bzw. der private Sender schmückt sich dann mit fremden Federn [...] (Voigt 2003, S. 25).

Arbeiten Sendeanstalten mit externen Produktionsfirmen oder anderen Sendern gemeinsam an der Entwicklung bzw. Herstellung und werden die Kosten geteilt, handelt es sich um Ko-Produktionen. Erlöse und Rechte werden in diesem Fall ebenfalls geteilt. Beteiligt sich ein Sender jedoch nur an den Kosten, handelt es sich um eine Ko-Finanzierung.[8]

Der Anbieter-Markt für dokumentarische (und allgemein non-fiktionale Programme) ist nahezu unüberschaubar. Eine vollständige Betrachtung aller Anbieter kann durch ihre Vielzahl in dieser Arbeit schlichtweg nicht geleistet werden. Im Folgenden sollen daher nur die auf dem deutschen Fernsehmarkt wichtigsten Vertreter betrachtet und die erfolgreichsten nationalen und internationalen Anbieter kurz vorgestellt werden.

---

[8] Zu der Aufteilung und Zusammenarbeit bei Filmproduktionen von Sendern und Produktionsfirmen geben nähere Auskunft Voigt (2003, S. 17) sowie vgl. Bentele et al. (2006, S. 277) sowie vgl. Koch-Gombert (2005, S. 161ff.).

Für den speziellen Bereich längerer dokumentarischer Formen ist zu beobachten, dass sich sowohl national als auch international in erster Linie öffentlich-rechtliche Sendeanstalten und deren Tochtergesellschaften für die Herstellung und Verbreitung dieser Inhalte zuständig zeigen. Dies kann darin begründet sein, dass diese Sender zum einen noch immer in der Tradition der Grundversorgung stehen und sich somit dazu verpflichtet sehen. Zum anderen haben sie durch die früheren Bildungsprogramme Erfahrungen, die sie weiterentwickeln konnten und teils auch in eigene Tochterfirmen auslagerten.

Anfangs waren Redaktion und Produktion bei den öffentlich-rechtlichen Sendeanstalten noch in einem Haus, heute arbeiten die Senderredaktionen oft mit freien Produktionsfirmen zusammen, von denen viele allerdings auch Tochterfirmen sind. […]Solche Verflechtungen und damit einen entsprechend großen Apparat für die Produktion haben Privatsender nie gehabt – sie arbeiten fast von Beginn an mit Auftragsproduzenten (Eick 2007, S. 14).

Besonders die im Jahr 1993 gegründete ZDF-Tochtergesellschaft ZDF Enterprises ist im Bereich der Eigen- und Ko-Produktionen sehr engagiert und seit Jahren regelmäßig unter den 20 größten Non-Fiction-Anbietern Deutschlands zu finden. Auf den Rängen davor findet man Unternehmen wie die Spiegel TV GmbH oder die Focus TV Produktions GmbH, die jedoch in erster Linie nicht im Kernbereich längerer dokumentarischer Formen, sondern eher im Magazinbereich tätig sind (Vgl. Lingemann 2006, S. 40).

Die ARD ist durch ihr Gemeinschaftsprogramm wesentlich dezentraler ausgestaltet als das ZDF, weshalb Eigenproduktionen nur selten vorkommen. Die ersten Programme mit ihren Lokal- und Tochterprogrammen geben meist Aufträge an Produktionsfirmen, kaufen Fremdproduktionen ein oder stellen Produktionen mittels der Tochtergesellschaft ARD Degeto her. Auftragsproduktionen, besonders im Rahmen wissenschaftlicher Dokumentationen, werden dann beispielsweise, auch in Koproduktion mit den Tochterprogrammen der ARD, von Firmen wie Colourfield hergestellt, die neben der Tangram Filmproduktion, Odyssee Film, Lichtblick Film oder Filmpool mit zu den wichtigsten deutschen Produzenten im Kernbereich Dokumentation zählt (vgl. Hachmeister und Lingemann 2003, S. 27; vgl. Gottschalk 2010, S. 34).

Der Sender ARTE nimmt eine Sonderstellung ein. ARTE investiert mit rund 70 Millionen Euro im Jahr etwa ein Drittel seines gesamten Programmbudgets in dokumentarische Programme und tritt sowohl als Auftraggeber als auch Ko-Produzent in Erscheinung. Ko-Produktionen werden häufig mit unterschiedlichen öffentlich-rechtlichen Sendern realisiert, allerdings tritt ARTE dann in der Regel als On-Top-Finanzierer auf und übernimmt die Erstausstrahlung (Vgl. Hachmeister und Lingemann 2003, S. 32).

Wissenschaftliche Dokumentationen, die auf dem privaten Sender VOX zu finden sind, stammen bevorzugt aus dem Hause BBC. BBC ist eine britische Rundfunkanstalt, die mit ihren gebührenfinanzierten Hörfunk- und Fernseh- programmen nach dem Zweiten Weltkrieg Vorbild für das öffentlich-rechtliche Fernsehprogramm in Deutschland war. Über BBC Worldwide und BBC Ger- many, kommerziellen Tochtergesellschaften, verkauft die BBC ihre Programme auch weltweit. BBC und ZDF Enterprises arbeiten in letzter Zeit zunehmend als Ko-Produzenten.

Bei Discovery, Planet und National Geographic handelt es sich zum einen um Spartensender, die in Deutschland über das digitale Pay-TV zu empfangen sind, zum anderen sind sie als Anbieter mit ihren Muttergesellschaften (lediglich Pla- net-TV ist konzernunabhängig) international federführend, wenn es um die Her- stellung von dokumentarischen Programmen geht. Nur selten geben sie Aufträge an deutsche Unternehmen ab oder treten mit ihnen im Rahmen von Ko-Produk- tionen in Verbindung (vgl. Hachmeister und Lingemann 2003, S. 33). Bei Wis- senschaftsdokumentationen aus dem Hause National Geographic kann man, um ein Beispiel zu nennen, Folgendes erwarten:

> A combination of reporting and visualization (both photography and video) offers viewers an almost personal experience of something they would other- wise never know about, let alone see and experience. Communication and pro- gram development are aimed at this 'experience'; there is often little attention paid to theoretical and scientific facts behind the amazing discoveries. Perhaps, in this way, the National Geographic brings science to the people without people realizing it's actually science (Willems und Bos 2006, S. 15. Hervorhebungen im Original).

Diese Produktionen werden bevorzugt von deutschen Nachrichten-Sendern wie n-tv oder N24 eingekauft.

Je nachdem, welche Stellung die Sender oder Produzenten im Produktions- prozess einnehmen, wirkt sich dies auf die Gestaltung der dokumentarischen Sendungen aus. Sie werden zudem stark von den Produktions-und Erfolgsbedin- gungen und Vorgaben der Institution Fernsehen beeinflusst:

> [...] die von den Leitlinien der Programmpolitik, über redaktionelle Vorstellungen und Normen bis hin zur Orientierung an Zielgruppen, Zuschauererwartungen und Einschaltquoten die dokumentarischen Präsentationsformen weitgehend geprägt haben (Heller und Zimmermann 1990, S. 9f.).

Einschaltquoten sind dabei das wichtigste Instrument der Erfolgsmessung. Was eine hohe Einschaltquote aufweisen kann, gefällt der breiten Masse. In den letzten

Jahren zählen dazu vermehrt unterhaltende, formatierte, personalisierte und hybridisierte Sendungen. Auf ihre Eigenschaften und ihren Einfluss auf das Dokumentarische soll im Folgenden näher eingegangen werden.

2.4   Trends im dokumentarischen Fernsehen

Wie bereits mehrfach erwähnt, unterliegen auch dokumentarische beziehungsweise non-fiktionale und damit wissenschaftliche Sendungen, sich stetig verändernden Ansprüchen und Forderungen, die zum Einen vom Publikum erwünscht sind, sich zum Anderen auch aus grundlegenden Weiterentwicklungen des Fernsehmarktes ergeben. Auf diese soll im Folgenden näher eingegangen werden.

2.4.1   Verbindung von Information, Wissen und Unterhaltung

Unterhaltung nimmt in der heutigen Zuschauererwartung eine immer größere Rolle ein. Das Fernsehen hat sich in ein Unterhaltungsmedium verwandelt und reines Bildungsfernsehen rückt mehr und mehr in den Hintergrund. Dokumentarische Sendungen, gerade solche, die zur Hauptsendezeit[9] ausgestrahlt werden sollen, müssen den Ansprüchen eines breiten Publikums gerecht werden. Die Zuschauer bestehen darauf, immer Neues, noch nie Dagewesenes in einer ansprechenden Form präsentiert zu bekommen, und das Fernsehen erfüllt den Zuschauern diesen Wunsch gerne (vgl. Berg-Walz 1995, S. 65f.). Gerade durch das vermehrte Hinzufügen unterhaltender Elemente konnten sich dokumentarische Sendungen in letzter Zeit auf dem Fernsehmarkt etablieren. Es ist davon auszugehen, dass:

> […] Elemente wie Personalisierung, Prominenz und Dramatik das Interesse zahlreicher Zuschauer steigern und ihre Neigung erhöhen, sich die entsprechenden Informationssendungen anzuschauen […]. Unterhaltsamkeit kann hinsichtlich informationsorientierter Sendungen somit mit Attraktivität, Aufmerksamkeitserzeugung und der Übernahme fiktionaler Elemente und nicht-fiktionale Sendeformen gleichgesetzt werden (Wegener 2000, S. 59).

---

[9] Die Hauptsendezeit wird auch als Primetime bezeichnet. Unter Primetime wird in dieser Arbeit die abendliche Hauptsendezeit zwischen 20 und 23 Uhr verstanden. Sie hat im Tagesverlauf üblicherweise die höchsten Einschaltquoten.

Da dokumentarische Programme und damit auch Wissenschaftssendungen in der Programmforschung und -analyse dem informierenden und bildenden Sektor zugesprochen werden, sehen sie sich immer öfter auch aus den eigenen Reihen dem Vorwurf ausgesetzt:

> Vielleicht mögen die Informationsprogramme somit attraktiver werden, aber dem Verständnis von Hintergründen und Zusammenhängen, der rationalen Reflexion, sind die ‚neuigkeits- und ereigniswarmen Happen' mit ‚eingebauten Show- und Gimmick-Elementen' sicherlich nicht zuträglich (Berg-Walz 1995, S. 60. Hervorhebungen im Original).

Inzwischen haben aber viele Wissenschaftler erkannt, dass eine breitenwirksame Präsentation von Wissenschaft mit Unterhaltsamkeit einhergehen und damit die Legitimationsleistung gegenüber der Öffentlichkeit und Politik gesteigert werden kann. In den letzten Jahren hat sich im Rahmen der Wissenschaftskommunikation daher der Begriff der Wissenschaftspopularisierung, also der verständlichen und unterhaltsamen Aufbereitung wissenschaftlichen Wissens, manifestiert. „Wurde früher aus der Sicht des Wissenschaftlers berichtet, so wird heute Wissenschaft eher aus der Perspektive des Laien präsentiert" (Göpfert 2006, S. 29). Gleichzeitig wird durch die Popularisierung auch die Relevanz des Wissens verdeutlicht (vgl. Kohring 1997, S. 189). Das eigentliche Ziel, die Vermittlung von Wissen, darf dabei nicht aus den Augen verloren werden. „Unterhaltsamkeit von Wissenschaft schließt jedoch nicht grundsätzlich das Erreichen dieses Ziels aus. Auf das Mischverhältnis von Unterhaltsamkeit, Fakten- und Prozeßvermittlung und Aufklärung wird es je nach den Inhalten ankommen" (Stamatiadis-Smidt 1999, S. 73).

Christian Bauer argumentierte für dokumentarische Sendungen mit wissenschaftlichen Inhalten während seiner Zeit als Dokumentarfilmer und Produzent ähnlich und konstatierte:

> Ich sehe überhaupt keinen Konflikt zwischen Unterhaltung und Dokumentarischem. Dokumentarisches Fernsehen kann unterhaltend sein, darf unterhaltend sein und muss heute auch unterhaltend sein. Wir müssen uns nicht verbiegen auf diesem Sendeplatz, was die Inhalte anbetrifft. […] Wir machen tatsächlich auch keine Wissenschaft, sondern Unterhaltung mit inhaltlichem Anspruch. Im Vordergrund steht, das ist kein Geheimnis, große Zuschauermengen zu gewinnen und zu halten (Bauer 2003, S. 104).

Um dokumentarischen Sendungen eine Chance im Fernsehprogramm zu geben, muss also das Kriterium der Unterhaltung erfüllt werden. Dafür wurden vom Fernsehen weitere verschiedene Voraussetzungen geschaffen, wie eine zunehmende Formatierung, die auf bestimmte Gestaltungsweisen ausgerichtet sein kann, eine zunehmende Personalisierung und die Hybridisierung, die sich, wie anschließend aufgezeigt werden soll, erheblich auf die Stil- und Ausdrucksmittel sowie Erzählweisen des Dokumentarischen auswirken.

2.4.2   Formatierung

Die Formatierung ist für viele Sender zu einem unerlässlichen Mittel der Programmorganisation geworden. Der Begriff an sich kann aber auf verschiedene Weisen verstanden werden.

Zum einen kann ein Format als eine bestimmte Darstellungsform, wie beispielsweise eine Reportage, ein Doku-Drama oder eine Dokumentation gesehen werden. Hier deckt sich der Formatbegriff mit dem Genrebegriff und ordnet jeder Darstellungsform eine genormte Sendungslänge zu. Es handelt sich hierbei um die einfachste Formatierungsregel, die damit grundsätzlich das Einpassen von Sendungen in einen strikt zu planenden Programmablauf erleichtert. Über die Jahre haben sich für nahezu alle Darstellungsformen bestimmte Standard-Maße durchgesetzt. „So hat sich als Normalmaß für die Fernsehreportage das 30-Minuten-Format etabliert. Dokumentationen haben dagegen meist eine Länge von 45 Minuten. Größere Umfänge werden vor allem dem Dokumentarfilm zugemessen" (Wolf 2003, S. 24). Diese Zahlen gelten jedoch in erster Linie für den deutschen Fernsehmarkt. International werden beispielsweise Dokumentationen mit einer Dauer von etwa 52 Minuten definiert (vgl. Wolf 2003, S. 24). Dieser Aspekt wird noch im Kapitel zur Internationalisierung behandelt werden. In der Programmplanung bedeutet der Begriff des Formats weiterhin die Festlegung, mit welche Filmen und Sendungen bestimmte Sendeplätze gefüllt werden, die zum Erreichen gewünschter Quoten geeignet scheinen.

Zum anderen etablieren sich seit etwa Mitte der achtziger Jahre, und damit seit der Einführung des kommerziellen Rundfunks, auch zunehmend Sendungen, deren wesentliche Bestandteile Elemente serieller, wiedererkennbarer Produktionen sind. Format meint hier in erster Linie ein übergeordnetes Programm-Konzept, welches sich über längere Reihen, Serien oder Mehrteiler erstreckt. Die meist vorbestimmten Inhalte werden in eine vorgegebene Struktur und Präsentationsart gefügt (vgl. Hickethier 1999, S. 204f.; vgl. Hißnauer 2011, S. 169). Weiterhin:

> [...] umfasst das F.[ormat] [...] auch Aussagen über das Erscheinungsbild, die optische und akustische Kennzeichnung (Logos) sowie die Vermarktung des Produkts

durch Festlegung von Sendezeiten und Zielpublikum. Auf dieser Grundlage werden
Fernseh-F.[ormate] zu international vermarktungsfähigen Marken (Bentele et al.
2006, S. 74. Ergänzungen in Klammern durch die Verfasser).

Solche Formatsendungen sind vordergründig auf hohe Quoten und Marktan-
teile ausgerichtet. Das Sehverhalten der Zuschauer wird durch die Formatierung
zunehmend beeinflusst. Sind dem Rezipienten bestimmte Formate, deren Inhalte
und Sendeplätze bereits vertraut, kann dieser leichter Programme wiederfinden
und sich für ein seinen Sehgewohnheiten angepasstes Programm entscheiden.
Die Formatierung kann also dazu beitragen, Zuschauer an bestimmte Sender und
Sendeplätze zu binden (vgl. Wolf 2003, S. 60f.; vgl. Koch-Gombert 2005, S. 30;
vgl. Eick 2007, S. 49).

Beliebt sind Formate vor allem in den Genres der Quiz- und Gameshows (das
beliebteste Beispiel ist hier *Wer wird Millionär*), im Reality-TV und in Daily-
Soaps (vgl. Koch-Gombert 2005, S. 211). Aber auch klassische dokumentarische
Sendungen bleiben von dieser Art der Formatierung nicht verschont, was zunehmend kritisch beobachtet wird.

> Als Bedrohung scheint nunmehr nicht so sehr das Verschwinden der Sendeplätze,
> sondern der wachsende Formatierungsdruck. […] Denn auf der Jagd nach hohen
> Einschaltquoten kopiert das öffentlich-rechtliche Fernsehen erfolgreiche Sendefor-
> mate […] wo immer es sie findet und setzt die eigenen Redaktionen und damit auch
> die Filmemacher unter einen rigorosen Formatierungs- und Quotendruck. […] Der
> Verlust von Originalität und Qualität der Sendungen, der damit in Kauf genommen
> wird, trifft die journalistische Hintergrundberichterstattung und den investigativen
> Journalismus ebenso wie den dokumentarischen Autorenfilm (Zimmermann 2005,
> S. 50).

Ein bestimmter Stil wird von der Redaktion festgelegt und muss eingehalten werden. Im ZDF gilt dies beispielsweise bereits seit Längerem für Sendungen wie
Terra X[10] oder *ZDF History*, die formatiert mit immer gleichen Erzählweisen, Re-
Enactments und Animationen arbeiten und damit Standards gesetzt haben. „Historische Sachverhalte werden dramaturgisch zugespitzt und in einer Weise

---

[10] *Terra X* wurde bereits 1990 von Werner Schwaderlapp (damals Hauptabteilungsleiter
der ZDF-Programmplanung und heute Direktor des Instituts für Medien Management an
der Fresenius Hochschule in Köln) im Sinne einer formatierten Sendung beschrieben, aber
nicht explizit als solche bezeichnet. *Terra X* hatte seiner Aussage nach schon damals eine
wiedererkennbare Programmfarbe, durch die immer wiederkehrende Darstellung der Themen in Form eines Reiseberichts; vgl. Schwaderlapp (1992, S. 133).

aufbereitet, bei der die Wiedererkennbarkeit im Programmdschungel eine wichtige Rolle spielt" (Ordolff und Witzke 2005, S. 273f.).

Die Arbeitsbedingungen von Dokumentaristen und Journalisten werden von dieser Art der Formatierung also erheblich beeinflusst. Ihrem oftmals künstlerischen Anspruch können sie nicht mehr frei nachgehen, sondern sie müssen sich vorgegebenen Standards fügen. „Ein bekannter englischer Science-Produzent von der BBC hat gesagt: ‚The documentary is dead, the format lives'. Das ist vielleicht etwas übertrieben" (Kersken 2003, S. 143. Hervorhebungen im Original). Jedoch bedeutet die Formatierung zunächst eine weitgehende Einschränkung in der Wahl der Themen und der Gestaltungsfreiheiten für die Filmemacher. Claas Danielsen, Leiter des Internationalen Leipziger Festivals für Dokumentar- und Animationsfilm, sieht die fortschreitende Formatierung der Programme daher vor allem für Autoren problematisch:

> Sie werden sich mehr in Fachkräfte verwandeln, die auf Bestellung Filme realisieren. […] Das widerspricht der Tradition des Autorenfilmers, wie wir sie in Deutschland seit den sechziger Jahren haben: Ein Autor hat eine Idee oder ein Anliegen, er bearbeitet sein Thema und sucht einen Sender, mit dem er es realisieren kann. Formate werden anders hergestellt, man muss die vorgegebenen Zutaten verwenden und strengen Regeln folgen. Wer das beherrscht, ist ein effektiver Lohnarbeiter für das Fernsehen (Danielsen 2003, S. 109).

Weiterhin hat die Formatierung zur Entwicklung neuer, sogenannter hybrider Formen beigetragen, wie schon die Beispiele aus der ZDF-Fernsehpraxis zeigen.

> Einerseits sind also viele dokumentarische Sendungen in den letzten Jahren in Formate verwandelt, eingegrenzt und sendeplatzspezifisch definiert worden. Dokumentarische Genres haben sich als Formate ausdifferenziert und abgelagert. Zu den klassischen Genres wie Reportage und Feature sind neue wie Doku-Soap oder die dokumentarische Serie hinzugekommen. Zugleich sind Entgrenzungen auf erzählerischem und ästhetischem Feld zu beobachten (Wolf 2003, S. 56f.).

Mit der zunehmenden Formatierung wurden neue Potenziale des Dokumentarischen entdeckt und somit veränderten sich auch die Anforderungen an Ästhetik und Dramaturgie der Sendungen. Wie sich diese Entgrenzungen genau darstellen, soll das später folgende Kapitel zur Hybridisierung zeigen. Doch nicht alle Filmemacher sehen die seit Langem voranschreitende Formatierung so kritisch. So schrieb Thomas Riedelsheimer, Filmemacher und Kameramann, bereits im Jahre 1999 an Thomas Schadt als Antwort auf eine Umfrage, dass er sich immer, egal für welches Genre und Format, als Dokumentarfilmer sehe. „Für mich spiegelt sich darin mehr eine Haltung als ein Format. Deshalb habe ich auch kein

Problem mit neuen Erzählformen oder technischen Möglichkeiten" (Haus des Dokumentarfilms 1999, S. 63). Die Kunst besteht also darin, sich verändernden Bedingungen anzupassen, ohne einer bestehenden Arbeitshaltung untreu werden zu müssen. Die Formatierung könnte in diesem Sinne als eine Art Bereicherung und Herausforderung gesehen werden, der sich Dokumentarfilmer und Filmemacher non-fiktionaler Formate künftig zu stellen haben.

2.4.3 Personalisierung und Emotionalisierung

Menschen interessieren sich am meisten für andere Menschen. Deswegen arbeiten Journalisten oft mit dem Mittel der Personalisierung. Sie suchen nach Beispielen, erzählen kleine Geschichten, interviewen Betroffene und wollen den Forscher gern portraitieren, zumindest zitieren. Damit werden auch immer Emotionen angesprochen, zum Beispiel Sympathie, Antipathie, Angst, Freude oder Mitgefühl (Göpfert und Lange 2006, S. 76).

Die Thematik der Personalisierung ist im Fernsehen sehr ambivalent. Zum einen erfordert die Komplexität mancher Themen schlichtweg eine Reduzierung auf konkrete Beispiele und Personen. Zum anderen wird der emotionale Aspekt, der damit oft in Zusammenhang steht, sehr kritisch gesehen. Gerade durch evozierte Emotionen kann es passieren, dass Informationen einfach überdeckt werden. Aber Emotionen sind oftmals der Hauptantrieb für Menschen, sich überhaupt mit einem Thema auseinanderzusetzen. Fühlt sich der Zuschauer nicht nur mit den präsentierten Personen, sondern auch mit einem Thema selbst emotional verbunden und kann er es mit seinen möglichen Auswirkungen sogar in seine Lebensumwelt einbinden, hat es eine große Chance auf langfristige und immer wiederkehrende Auseinandersetzung. Aus diesem Grund:

[…] spielen Emotionen doch gerade bei Forschungsnachrichten in den Medien eine große Rolle. Seien es negative Emotionen bei Berichten über die Strahlung beim Mobilfunk, seien es positive über Tiere, Babys oder Sex. Positive wie negative Emotionen, das wissen wir durch die Gehirnforschung seit Jahren, sind unsere stärkste Triebfeder (Göpfert und Lange 2006, S. 76).

Es muss also im Einzelfall entschieden werden, wie stark die Personalisierung und Emotionalisierung in einer Sendung zum Tragen kommt. In jedem Fall aber sollte darauf geachtet werden, dass die zu vermittelnden Informationen nicht komplett überdeckt werden und in den Hintergrund treten, sondern die personalisierte Darstellung eher einen Anreiz zur Auseinandersetzung mit der Thematik bietet.

2.4.4 Hybridisierung

„Ein neues Schlagwort macht die Runde: Hybridformen liegen im Trend der Zeit. Gemeint ist damit die fröhlich praktizierte Kreuzung von scheinbar unvereinbaren Elementen: Dokumentation mit erfundener Geschichte, Reportagematerial mit Seriendramaturgie etc." (Ordolff und Witzke 2005, S. 276). Die Grenzen zwischen Fiktionalem und Dokumentarischem werden zunehmend fließend und es findet eine Annäherung der Gattungen und Genres statt. Zu dieser Entwicklung haben in erster Linie die Kommerzialisierung der Fernsehinformation und die veränderten Zuschauererwartungen in Hinsicht auf zunehmend unterhaltende Sendungen beigetragen. Die Aufmerksamkeit der Zuschauer wird aktuell vornehmlich durch visuell und inhaltlich reizverstärkte Inhalte erreicht. Ganz neu sind solche Versuche allerdings nicht, „[...] denn Mischformen aus Dokumentation und Fiktion hat es seit Beginn der Filmgeschichte und insbesondere in medialen Umbruchphasen immer wieder gegeben" (Zimmermann 2001, S. 6). Bereits Filmemacher wie Robert Flaherty, Walter Ruttmann oder John Grierson vermischten gezielt dokumentarische Filmaufnahmen mit Re-Enactments oder fiktionalen Spielszenen, „[...] um zu einer poetischen Intensivierung, Spannungssteigerung und Zuspitzung des Geschehens zu gelangen" (Zimmermann 2001, S. 6).

Die Hybridisierung kann auf unterschiedlichste Weise stattfinden und die Liste der Hybridformen reicht von Doku-Dramen über Doku-Soaps bis hin zu fiktiven Dokumentationen, auf deren Eigenschaften im Abschn. 3.5 noch differenzierter eingegangen werden wird. In erster Linie kann für die Hybridisierung festgehalten werden: „Für die Fernsehdokumentation bedeutet dies die Behandlung von ernsten Themen aus der Wirklichkeit in einer unterhaltenden, dramaturgisch geschickten Verpackung" (Berg-Walz 1995, S. 41f.).

Wie die Hybridisierung aber letztendlich ausgestaltet wird, ist von Format zu Format und von Sender zu Sender unterschiedlich. „Die Redaktion der WDR-Reihe ‚die story' beispielsweise will das erzählerische Moment als zentralen Bestandteil des Formats etablieren. Nicht allein das investigative Potenzial eines Themas zählt, sondern auch seine narrative Bewältigung" (Wolf 2003, S. 67f Hervorhebungen im Original). Die Problematik, die sich aus dieser Entwicklung ergibt, besteht in erster Linie darin, dass gerade Autoren aus dem dokumentarischen Journalismus mit Erzählformen konfrontiert werden, die ihrer bisherigen Arbeitsweise vollkommen fremd sind.

Diese Tendenz ist international. In der Wissenschaftsabteilung der BBC wurden Autoren in die Seminare des Drehbuch-Gurus Robert McKee geschickt. Dort sollten sie, so John Lynch, Wissenschaftschef des Senders, die Grundlagen des Erzählens im Drama lernen: Anfang und Ende, Klimax und plotpoints. Natürlich gebe es auch Autoren, die diese strikte Konzentration aufs Erzählen nicht akzeptieren. Sie, so Lynch lakonisch, könnten dann eben keine Filme mehr machen (Wolf 2003, S. 68).

Die Schulungsmaßnahmen umfassen dabei nicht nur das Erlernen von Erzähl-strukturen, sie empfehlen den Autoren auch, sich weiterer Gestaltungselemente fiktionaler Genres zu bedienen. Investigative Themen werden beispielsweise gerne mit den Gestaltungsmitteln klassischer Kriminalfilme präsentiert. „Die Inszenierung beruft sich oft auf klassische Spielfilmmuster wie in Kriminalfilmen oder im ‚Film Noir': Treffen mit Informanten an geheimen Orten, Bahnhöfe als Drehorte, Hotelhallen als Treffpunkte mit Interviewpartnern etc." (Berg-Walz 1995, S. 41. Hervorhebungen im Original).

Zunehmend werden auch fiktionale Geschichten oder zumindest teilweise frei erfundene Geschichten in die Form des Dokumentarischen gebracht und mit dessen Gestaltungsmitteln präsentiert. Die Entwicklung ist noch lange nicht an ihrem Ende angelangt und auch die hybriden Darstellungsformen, auf die in dieser Arbeit noch näher eingegangen wird, sind nicht als normativ oder gar vollständig zu betrachten. „Die Grenzen zwischen fiktionalen und nicht-fiktionalen Filmformen werden der-zeit im Fernsehen neu definiert – mit offenem Ausgang" (Wolf 2003, S. 58).

Werner Filmer, langjähriger stellvertretender Chefredakteur beim WDR Köln und ehemaliger Hauptabteilungsleiter Kultur und Wissenschaft, sah die Hybri-disierung bereits vor Jahren als Folge des zunehmend erlebnisorientierten Fern-sehens, welches zwangsläufig zur Veränderung des Dokumentarischen beiträgt. Daher dürfe man, seiner Ansicht nach, die Methoden, mit denen dokumentari-sche Formen heute arbeiten, nicht so sehr infrage stellen.

> Letztlich liegt die Qualität jedes dokumentarisch arbeitenden Fernsehmachers darin, ob und wie es ihm gelingt – ich zögere -, die Wirklichkeit zum Sprechen zu bringen bzw. sie wiederzugeben, sie zu erzählen, sie deuten zu helfen. Sein Streben danach definiert seinen Rang, wobei zu berücksichtigen ist, daß es viele Wege zum Wirk-lich-Realen, zum Authentischen gibt; ›zur Wahrheit‹ scheue ich mich zu sagen (Hel-ler und Zimmermann 1990, S. 129. Hervorhebungen im Original).

Ungeachtet zahlreicher Kritik wird die Aufweichung der Genre-Grenzen von immer mehr Filmemachern als Bereicherung und Chance gesehen, sich auf etwas Neues einlassen und auf neuen Wegen kreativ werden zu können.

2.4.5 Internationalisierung

> Unter marktökonomischen Perspektiven ist dokumentarische Arbeit auf lange Sicht gewinnträchtiger, als es die meisten Spielfilmproduktionen sind. […] [W]enn Filme

einen Weltvertrieb haben, kann man damit rechnen, dass sie besser laufen und mehr Rückflüsse erzeugen als die meisten Spielfilmproduktionen (Wolf 2003, S. 54. Ergänzung in Klammern durch die Verfasser).

Aus diesen Gründen wollen Produzenten und Sender ihre Produktionen zunehmend auch auf dem internationalen Markt anbieten. Sie sehen die Internationalisierung in erster Linie als Chance, neue Einnahmequellen zu generieren. Der Produzent Christian Bauer kritisierte in diesem Zusammenhang jedoch, dass man sich auf das internationale Geschäft noch nicht genug eingestellt habe. Manche Filme werden noch immer in zwei Versionen, einer deutschen und einer internationalen Fassung, produziert und dadurch entstünden eher Probleme als Vorteile.

> Jedenfalls bedeutet es jedes Mal Mehrarbeit. Und es hat dramaturgische Konsequenzen. Man muss mit mehr Optionen drehen. Man stopft nicht einfach ein paar Bilder mehr rein oder macht die Szenen kürzer. Manchmal muss man erzählerisch noch einmal neu ansetzen, oder den ganzen Film vielleicht anders rhythmisieren. Diese Umschneidungen sind mitunter komplexer als man sich das zu Beginn denkt (Wolf 2003, S. 105).

Ein internationaler Vertrieb bedeutet ferner, gewisse Dinge auszuschließen. „Regionale oder lokale Themen, auch spezifische soziale und kulturelle Stoffe scheiden für den internationalen Markt in der Regel von vornherein aus" (Wolf 2003, S. 63). Soll eine internationale Vermarktung stattfinden, muss sie also, grob formuliert, von Beginn an mitgedacht werden. So sollten beispielsweise Experten aus unterschiedlichen Ländern zu Wort kommen, damit auch Zuschauer aus verschiedenen Ländern die Inhalte in ihre Lebensumwelt einordnen können (vgl. Kersken 2003, S. 144f.). Class Danielsen hält den internationalen Markt unter Beachtung bestimmter Konventionen, die besonders in Zusammenhang mit der Hybridisierung stehen, an sich jedoch für sehr zukunfts- und erfolgsträchtig:

> Viele Filme auf dem internationalen Markt arbeiten mit Mischformen, so genannten hybriden Formen. Da gibt es Tierfilme mit starken wissenschaftlichen Elementen oder historische Projekte, die durch [...] sogenannte Re-Enactments, angereichert ein höheres ‚Production Value' erhalten. Wer international arbeiten will, muss bestimmte Dramaturgien übernehmen, wie sie im Spielfilm verwendet werden. Klare Identifikation mit den Protagonisten, spannungsgetriebene Geschichten (Wolf 2003, S. 111. Hervorhebungen im Original).

Wie das vorherige Zitat deutlich macht, müssen dokumentarische Produktionen also immer mehr Standards genügen, die aus dem fiktionalen Bereich bekannt sind. Somit ist es nicht verwunderlich, dass sich auch die Kosten für solche Produktionen immer mehr denen fiktionaler Programme annähern. Die altbewährte Aussage, non-fiktionale Programme seien kostengünstiger herzustellen als fiktionale Programme, gilt längst nicht mehr. Aus diesem Grund wird gezielt die Zusammenarbeit mit ausländischen Produzenten gesucht, dies aber nicht nur unter ökonomischen Aspekten:

> Es ist eine Flucht nach vorn. Ich weiß, dass die ökonomischen Mittel für bestimmte Filme anders nicht zu bekommen sind. Ich finde es spannend, mit Leuten aus anderen Ländern über Projekte zu reden und zu schauen, wie die es machen. [...] Nur wer diesen Schritt ins internationale Geschäft geht, ist auch im eigentlichen Sinne ein Produzent (Wolf 2003, S. 105).

Auch die öffentlich-rechtlichen Sender haben das Potenzial des Internationalen erkannt und arbeiten inzwischen länderübergreifend. Allerdings kritisiert Uwe Kersken, Geschäftsführer bei der Gruppe 5 Filmproduktion GmbH: „Tatsächlich sind die Produktionen, etwa von BBC oder Discovery, sehr teuer und der deutsche Input ist dabei so gering, dass sie gar nichts zu sagen haben. Das ist Schein-Koproduktion. BBC oder Channel 4 recyceln so ihre großen Programme" (Kersken 2003, S. 144). Gerade deutsche Sender und Produktionsfirmen müssen sich also noch besser auf die Bedingungen des internationalen Marktes einstellen, um sich auf diesem zu etablieren und erfolgreich bestehen zu können.

2.5   Konsequenzen für modernes Wissenschaftsfernsehen

Der Markt des Wissenschaftsfernsehens ist in Bewegung, sowohl seitens der Programmanbieter als auch aufseiten der Rezipienten. Unterstellt man, dass Wissenschaft ein wichtiger gesellschaftlicher Innovationstreiber ist, so ergibt sich schon daraus, dass das Publikum innovative Darstellungsformen und Erzählweisen immer für die der Wissenschaft angemessene Präsentationsform halten wird. Das Bedürfnis von Menschen, Neues zu sehen und zu erfahren ist gerade in diesem Themenbereich so ausgeprägt, weil das vermeintlich Alte mutmaßlich überholt und ohne Relevanz ist. Man kann insofern sagen, dass Wissenschaftsprogramme viel stärker als beispielsweise History-Formate einer Verfallsfrist unterliegen. Während eine mittelmäßige Dokumentation über die Geschichte des Ersten Weltkrieges auch nach vielen Jahren nichts von ihrer Gültigkeit verloren hat und unter Umständen wiederholt werden kann, ist eine aufwendig gemachte Science-Doku über neue Entwicklungen in der Hirnforschung schon binnen weniger Jahre überholt und in Primetime-Programmen nicht mehr einsetzbar.

In der Umkehrung heißt das: in keinem anderen Themenbereich ist es so wichtig, dass Fernsehen modern produziert wird und erscheint. Aktuell findet diese Modernität unterschiedliche Indikatoren. Ein gewisser Trend sind Überraschungen. Zuschauer in einem ihnen bekannten Bereich abzuholen und von da ausgehend in Welten und Teileaspekte zu führen, die sie so nicht erwartet hätten oder die gar den eigenen Blick auf die Dinge infrage stellen, ist ein besonders Erfolg versprechendes Prinzip, weil es auf eine konsequente Verbindung von Emotionalität und Sachinformation setzt. Die Überraschung besteht dabei vor allem in einem besonderen, häufig besonders tiefen Einblick in Zusammenhänge.

Ein weiterer Aspekt ist die Ausdifferenzierung, die Isolation einzelner Phänomene aus Alltagszusammenhängen. Diese Herangehensweise macht Wissenschaftsphänomene und damit Wissenschaftsfernsehen zum Teil des Alltags seines Publikums und verleiht ihm dabei eine hohe Relevanz. Die Ausdifferenzierung von wissenschaftlichen Fragestellungen aus Alltagssituationen macht Wissenschaft allgegenwärtig, nimmt ihr das Ferne, Abstrakte und Abgehobene. Es ist eine Herangehensweise, die besonders für jüngeres Publikum offensichtlich zu einer hohen Affinität führt.

Daran anknüpfend ist eine weitere Eigenheit von modernem Wissenschaftsfernsehen klar erkennbar. Es reicht nicht mehr aus, große übergreifende und grundsätzlich interessante Themen zu verfilmen, es müssen vielmehr klare, begrenzte Themen definiert und diese in Geschichten übersetzt werden. Das geschieht entweder durch Personalisierung oder durch klare Dramatisierung durch eine filmtreibende Frage oder eine filmführende Hauptfigur, die dem Zuschauer Identifikation bei ungewisser Erwartung bietet.

Modernes Wissenschaftsfernsehen unterliegt neben diesen sachlich und inhaltlich motivierten besonderen Herangehensweisen aber auch formalen Trends, die Zuschauergewohnheiten Rechnung tragen und insofern ebenfalls Indikatoren für die Modernität eines Programms darstellen. Die Präsentation von Wissenschaftsthemen in Reihen und damit in einer hohen programmlichen Kontinuität und Zuverlässigkeit gehört ebenso dazu, wie die Unterscheidbarkeit durch eine eigene Ästhetik und auch klare Markierungen durch Logos, individualisierte Schriften in allen Insertierungen und wiederkehrende ästhetische Elemente.

Darüber hinaus ist eine technologische „state of the art" Umsetzung für Wissenschaftsprogramme fraglos relevant. Das betrifft insbesondere den Umgang mit Grafiken, Animationen, Spezialeffekten und Visualisierungen. Hier können Wissenschaftsprogramme vor allem dann als modern gelten, wenn ein organischer Brückenschlag zwischen Inhalt und Umsetzung gelingt. Zugleich ist dieser Aspekt allerdings besonders problematisch, da hier am stärksten Verfallszeiten angelegt werden. Die Wahrscheinlichkeit, dass eine 3D Animation „alt" aussieht ist wesentlich höher, als dass Zuschauer den Eindruck haben, den wissenschaftlichen Fakt schon seit Jahren zu kennen. Insofern ist insbesondere bei Wissenschaftssendungen, die für einen langen Einsatz konzipiert werden, hier unbedingt mitzudenken, dass eine Reihe über die großen Erfindungen des vorletzten Jahrhunderts sicher inhaltlich von langem Bestand sein wird, sie je nach Wahl der Gestaltungsmittel jedoch Verfallszeiten erhält. Es ist in aller Regel also ein Abwägungsprozess zwischen Modernität und Nachhaltigkeit, der gerade im Wissenschaftsfernsehen zu treffen ist.

Und schließlich sind gerade Wissenschaftsmedien Vorreiter in Sachen Multi-Plattform Produktion und Distribution. Das ergibt sich wiederum aus der organischen Verbindung zwischen Inhalt und modernen Formen, doch auch daraus, dass hier die Differenzierung zwischen den einzelnen Plattformen ungewöhnlich spät erfolgen kann. Die Darstellung komplexer wissenschaftlicher Zusammenhänge erfordert einen Großteil der Autorenleistung im ersten logischen Entwicklungsschritt, nämlich der Transformation vom Fachinhalt hin zur konkreten nacherzählbaren und für Publikum mit erlebbaren Geschichte. Verständnis, Selektion und Aufbereitung des zugrunde liegenden Materials sind als der maßgebliche Teil der Autorenleistung dabei zunächst ganz weitgehend medienunabhängig und auch unabhängig vom späteren Verbreitungsweg. Die Ausdifferenzierung, in welchem Medium, Fernsehen, Hörfunk, Online oder vielleicht in Games die Präsentation erfolgt, geschieht vergleichsweise spät, sodass ein wesentlicher Teil der Wertschöpfung übergreifend erfolgt, was zu hohen Synergien zwischen den Medien führt und Wissenschaft logisch zu einem besonders geeigneten Gegenstand für Multi-Plattform-Präsentationen macht.

▶ **Zusammenfassung** Das Dokumentarische befindet sich auf dem deutschen Fernsehmarkt insgesamt nicht in einer so prekären Situation, wie es von manchen Filmemachern behauptet wird. Allerdings müssen sich dokumentarische Sendungen den sich stetig verändernden Bedingungen anpassen, die von der Institution Fernsehen mit Blick auf die Zuschauererwartungen immer wieder neu verhandelt und konstatiert werden. Daraus ergeben sich auch veränderte Arbeitsbedingungen für die Produzenten dokumentarischer Programme. Nicht jeder von ihnen kann oder will sich von alten Ansichten und selbst gestellten Ansprüchen an das Genre trennen und sich auf neue Möglichkeiten einlassen. Allgemein geht der Trend auf dem deutschen Fernsehmarkt hin zu einer Zunahme informierender und dokumentarischer Sendungen. Ihre Platzierung innerhalb der Programme steht allerdings auch aktuell auf einem anderen Blatt. Der Trend, dokumentarische Programme zunehmend in die öffentlich-rechtlichen

Spartenprogramme zu verschieben oder durch die Häufung von Wiederholungen in diesen Programmen dort zu konzentrieren ist eine klar erkennbare Entwicklung, die Chancen und Risiken bietet. Die Programmierung dokumentarischer Sendungen zur Hauptsendezeit macht diese Programme zu zuverlässigen Transporteuren und Distributionswegen und erhöht die Verfügbarkeit von dokumentarischem Programm im Free-TV erheblich. Innovationstreiber sind diese Programme jedoch nicht, da sie sich primär aus Übernahmen aus den Muttergesellschaften oder aus Lizenzankäufen speisen, an denen es nahezu keine redaktionelle Mitwirkung gibt. Die Wertschöpfung dieser Programme besteht also in der Auswahl, der Programmierung und der Kombination von Sendungen. Wollen dokumentarische Programme aber nicht in Nischen verschwinden und sollen sie auch auf dem internationalen Markt erfolgreich sein, müssen sie sich den Anforderungen des Fernseh-Marktes stellen und diese auch umsetzen. Dazu zählen zunehmende Unterhaltsamkeit, Formatierung, Personalisierung und Hybridisierung. Besonders die Hybridisierung eröffnet dem Dokumentarischen immer wieder Möglichkeiten, sich in einer neuen Gestalt zu zeigen und den Zuschauer auf seine Inhalte neugierig zu machen.

Die ökonomische Seite dieser Entwicklung besteht darin, dass der notwendige Produktionsaufwand steigt. Da die Einnahmen der Sender nicht proportional steigen und damit auch kein höheres Budget zur Verfügung steht, ergibt sich die Notwendigkeit, Produktionskosten durch Ko-produktionen zwischen verschiedenen Sendern zu teilen oder Programme so herzustellen, dass sie über verschiedene Verwertungsstufen und Distributionskanäle auszuwerten sind und somit aus verschiedenen Quellen Beiträge zur Refinanzierung geleistet werden. Die Möglichkeit dazu erfordert inhaltlich und ästhetisch eine Antizipation in der Phase der Projektentwicklung.

In welchen Darstellungsformen sich das Dokumentarische im Moment im deutschen Fernsehprogramm präsentiert, soll im anschließenden Kapitel aufgezeigt werden.

Literatur

3SAT. 2012a. Internetseite mit der Übersicht zu allen angebotenen Dokumentationen von 3sat. http://www.3sat.de/page/?source=/dokumentationen/135378/index.html. Zugegriffen: 22. Nov 2012.

3SAT. 2012b. 3sat *Programmschema*. http://www.3sat.de/service/Programmschema.pdf. Zugegriffen: 22. Nov 2012.

3SAT. 2012c. Unternehmenswebseite, *3sat – anders Fernsehen*. http://www.3sat.de/page/?source=/specials/unternehmen/138541/index.html. Zugegriffen: 22. Nov 2012.

3SAT. 2012d. Internetseite der Sendung *hitec*. http://www.3sat.de/page/?source=/hitec/150907/
index.html. Zugegriffen: 22. Nov 2012.

3SAT. 2012e. Internetseite der Sendung *scobel*. http://www.3sat.de/page/?source=/
scobel/120547/index.html. Zugegriffen: 22. Nov 2012.

3SAT. 2012f. Wissenschaftsdoku – Sendungsprofil. http://www.3sat.de/page/?source=/
wissenschaftsdoku/sendungen/160582/index.html. Zugegriffen: 22. Nov 2012.

3SAT. 2012g. Internetseite zu den Wissensabenden *Wissen aktuell*. http://www.3sat.de/pag
e/?source=/specials/101934/index.html. Zugegriffen: 22. November 2012.

ARD. 2012a. Internetseite *Mehr Wissen*. Übersicht Wissenssendungen. http://www.daserste
.de/information/wissen-kultur/w-wie-wissen/mehr-wissen/index.html. Zugegriffen: 20.
Nov 2012.

ARD. 2012b. Internetseite der Sendung *W wie Wissen*. http://www.daserste.de/informa-
tion/wissen-kultur/w-wie-wissen/index.html. Zugegriffen: 20. Nov 2012.

ARD. 2012c. Internetseite der Sendung *Wissen vor 8*. http://www.daserste.de/information/
wissen-kultur/wissen-vor-acht/index.html. Zugegriffen: 20. Nov 2012.

ARD. 2012d. Internetseite der Sendung Wissen vor 8. Hintergrund. http://www.daserste
.de/information/wissen-kultur/wissen-vor-acht/hintergrund/index.html. Zugegriffen:
20. Nov 2012.

ARD. 2012e. Internetseite der Sendung *Die große Show der Naturwunder*.
http://www.swr.de/naturwunder/ueberuns/-/id=3218014/nid=3218014/did=4270776/
19v2cp8/index.html. Zugegriffen: 23. Dez 2012.

ARD. 2013. Internetseite der Sendung *Wissen vor 8*. *Natur*. Thomas D kommt ins Team.
http://www.daserste.de/information/wissen-kultur/wissen-vor-acht/sendung/thomas-
d-100.html. Zugegriffen: 28. Feb 2013.

ARTE. 2012a. ARTE *Programmschema*. http://download.www.arte.tv/permanent/u6/pdf/2
012_programmschema_de.pdf. Zugegriffen: 17. Nov 2012.

ARTE 2012b. Internetseite der Sendung *X:enius*. http://www.arte.tv/de/Ueber-X-
enius/6336872,CmC=6331804.html. Zugegriffen: 17. Nov 2012.

Bauer, Christian. 2003. Ich will mit den Möglichkeiten der Formate spielen. In *Alles Doku – oder
was?* Hrsg. Fritz Wolf, 101–108. Düsseldorf: Landesanstalt für Medien Nordrhein-Westfalen.
http://www.lfm-nrw.de/fileadmin/lfm-nrw/Pressemeldungen/allesdoku-kompl.pdf. Zugegriffen: 19. Okt 2012.

Bentele et al. 2006. *Lexikon Kommunikations- und Medienwissenschaft*. Wiesbaden: VS.

Berg-Walz, Benedikt. 1995. *Vom Dokumentarfilm zur Fernsehreportage*. Berlin: Verlag für
Wissenschaft und Forschung. Zugleich: Berlin: Hochschule der Künste, Dissertation.

Bolesch, Cornelia. 1992. Zu Situation des Dokumentarfilms im Fernsehen (Thesen). In *Dokumentarfilm als «Zeichen der Zeit*. *Vom Ansehen der Wirklichkeit im Fernsehen*, Hrsg. Rüdiger Steinmetz und Helfried Spitra, 2., überarbeitete Aufl., 53–55. München: Ölschläger.

BR. 2013. Internetseite der Sendung *Faszination Wissen*. http://www.br.de/fernsehen/baye-
risches-fernsehen/sendungen/faszination-wissen/faszination-wissen110.html. Zugegriffen: 22. Jan 2013.

Danielsen, Claas. 2003. Class Danielsen im Gespräch mit Fritz Wolf. Autoren werden sich
in Fachkräfte verwandeln, die Filme auf Bestellung realisieren. In *Alles Doku – oder was?*
Hrsg. Fritz Wolf, 109–117. Düsseldorf: Landesanstalt für Medien Nordrhein-Westfalen.
http://www.lfm-nrw.de/fileadmin/lfm-nrw/Pressemeldungen/allesdoku-kompl.pdf.
Zugegriffen: 19. Okt 2012.

Ehlers, Renate. 1997. Programmplanung im Haifischbecken. In *ABC des Fernsehens. Reihe praktischer Journalismus Bd 28*, Hrsg. Ruth Blaes und Gregor Alexander Heussen, 330–337. Konstanz: UVK.

Eick, Dennis. 2007. *Programmplanung, die Strategien deutscher TV-Sender*. Konstanz: UVK.

Gottschalk, Peter. 2010. El Dorado für den Dokumentarfilm. Arte in der Diskussion. In *Realität oder Doktale. Filmemacher auf Umwegen. Die Dokumentation zu Dokville 2010*, Hrsg. Haus des Dokumentarfilms und Thomas Schneider, 34–35. Stuttgart: Haus des Dokumentarfilms. http://161815.webhosting62.1blu.de/files/pdf/Dokville2010_Dok u.pdf. Zugegriffen: 05. Okt 2012.

Göpfert, Winfried. 2006. Wissenschaftsjournalismus heute. In *Wissenschaftsjournalismus heute: ein Blick auf 20 Jahre WPK*, Hrsg. Christiane Götz-Sobel und Wolfgang Mock, 29–36. Düsseldorf: VDI.

Göpfert, Winfried, und Volker Lange. 2006. *Medienkompetenz: Wissenschaft publik gemacht*. Herausgegeben von der Klaus Tschira Stiftung. http://www.wisskommtv.de/wp-content/uploads/2008/08/01-mfw-handbuch.pdf. Zugegriffen: 14. Aug 2012.

Hachmeister, Lutz, und Jan Lingemann. 2003. Die Ökonomie des Dokumentarfilms. In *Dokumentarisches Fernsehen, eine aktuelle Bestandsaufnahme*, Hrsg. Georg Feil, 18–41. Konstanz: UVK.

Haus des Dokumentarfilms (Hrsg.). 1999. *Der Dokumentarfilm als Autorenfilm, eine Umfrage des Hauses des Dokumentarfilms*. Stuttgart: Haus des Dokumentarfilms.

Heller, Heinz-Bernd, und Peter Zimmermann (Hrsg.). 1990. *Bilderwelten, Weltbilder. Dokumentarfilm und Fernsehen*. Marburg: Hitzeroth.

Hickethier, Knut. 1999. Genre oder Format? Veränderungen in den Fernsehprogrammformen der Unterhaltung und Fiktion. In *Mattscheibe oder Bildschirm. Ästhetik des Fernsehens*, Hrsg. Joachim von Gottberg, 204–215. Berlin: Vistas.

Hißnauer, Christian. 2011. *Fernsehdokumentarismus, theoretische Näherungen, pragmatische Abgrenzungen, begriffliche Klärungen*. Konstanz: UVK.

Hoferer. 2012. *„Leschs Kosmos" – Die unendliche Weite der Wissenschaft*. Goethe-Institut e. V., Online-Redaktion. http://www.goethe.de/ins/ru/lp/kul/dur/wis/med/de9262477.htm. Zugegriffen: 24. Jan 2013.

hr. 2013. Internetseite der Sendung *Alles wissen*. http://www.hr-online.de/website/fernsehen/sendungen/index.jsp?rubrik=19102. Zugegriffen: 24. Jan 2013.

Hügler, Elmar. 1988. Randbemerkung. In *Fernsehkritik. Kritiker und Kritisierte*, Hrsg. Karl Otto Saur und Rüdiger Steinmetz, 207–210. München: Ölschläger.

Iljine, Diana, und Klaus Keil. 2000. *Der Produzent: das Berufsbild des Film- und Fernsehproduzenten in Deutschland; Versuch einer Definition*, 2., überarbeitete Aufl. München: TR-Verlagsunion.

Karstens, Eric und Jörg Schütte. 1999. *Firma Fernsehen: wie TV-Sender arbeiten; alles über Politik, Recht, Organisation, Markt, Werbung, Programm und Produktion, Originalausgabe*. Reinbek: Rowohlt.

Karstens, Eric, und Jörg Schütte. 2010. *Praxishandbuch Fernsehen. Wie TV-Sender arbeiten*, 2., aktualisierte Aufl. Wiesbaden: VS/GWV.

Kersken, Uwe. 2003. Für eine gute Idee gibt es überall Sendeplätze. In *Alles Doku – oder was?* Hrsg. Fritz Wolf, 143–148. Düsseldorf: Landesanstalt für Medien Nordrhein-Westfalen. http://www.lfm-nrw.de/fileadmin/lfm-nrw/Pressemeldungen/allesdoku-kompl.pdf. Zugegriffen: 19. Okt 2012.

Koch-Gombert, Dominik. 2005. *Fernsehformate und Formatfernsehen. TV-Angebotsent-wicklung in Deutschland zwischen Programmgeschichte und Marketingstrategie.* München: M-Press Meidenbauer.

Kohring, Matthias. 1997. *Die Funktion des Wissenschaftsjournalismus: ein systemtheoretischer Entwurf.* Opladen: Westdeutscher Verlag.

Krüger, Udo Michael. 2012. Profile deutscher Fernsehprogramme – Tendenzen der Angebotsentwicklung. *Media Perspektiven*2012 (4):215–236. http://www.media-perspektiven.de/uploads/tx_mppublications/04-2012_Krueger.pdf. Zugegriffen: 08. Aug 2012.

Lingemann, Jan. 2006. Abenteuer Realität. Der deutsche Markt für dokumentarische Filme. In *Dokumentarfilm im Umbruch. Kino – Fernsehen – Neue Medien*, Hrsg. Peter Zimmermann und Kay Hoffmann, 35–56. Konstanz: UVK.

Ordolff, Martin. 2005. *Fernsehjournalismus.* Konstanz: UVK.

Ordolff, Martin, und Bodo Witzke. 2005. Die Bedeutung des Tons. In *Fernsehjournalismus*, Hrsg. Martin Ordolff, 261–280. Konstanz: UVK.

Planetopia. 2013. Internetseite *Die Sendung*. http://www.planetopia.de/die-sendung.html. Zugegriffen: 24. Jan 2013.

RTL II. 2013. Internetseite der Sendung *Welt der Wunder*. http://www.rtl2.de/73581.html. Zugegriffen: 24. Jan 2013.

Ruge, Gerd. 2003. Boom oder nicht Boom – das ist keine Frage. In *Dokumentarisches Fernsehen, eine aktuelle Bestandsaufnahme*, Hrsg. Georg Feil, 57–63. Konstanz: UVK.

Schwaderlapp, Werner. 1992. Die Perspektiven des öffentlich-rechtlichen Fernsehens. In *Fernsehtheorien. Dokumentation der GFF-Tagung 1990*, Hrsg. Knut Hickethier und Irmela Schneider, 127–135. Berlin: Sigma Bohn.

Stamatiadis-Smidt, Hilke. 1999. Die Schatzkammer der Wissenschaft öffnen. In *Muss Wissenschaft hinein ins Leben?* Hrsg. BBAW Berlin-Brandenburgische Akademie der Wissenschaften, Schriftenreihe Gegenworte. Hefte für den Disput über Wissen 1999 (3), 73–76. Berlin: Akademie-Verlag. http://edoc.bbaw.de/volltexte/2007/519/. Zugegriffen: 23. Sep 2012.

Stuber, Andre. 2005. *Wissenschaft in den Massenmedien. Die Darstellung wissenschaftlicher Themen im Fernsehen, in Zeitungen und in Publikumszeitschriften.* Aachen: Shaker. Zugleich: Universität Karlsruhe, Dissertation.

Süddeutsche.de. 2012. *Unterhaltung geht vor. „Shitstorm" gegen ProSieben-Magazin.* http://www.sueddeutsche.de/medien/shitstorm-gegen-prosieben-magazin-zu-viele-patzer-bei-galileo-1.1437327-2. Zugegriffen: 23. Jan 2013.

Voigt, Jürgen. 2003. *Dokumentarfilm im Fernsehen. Überlegungen zu einem facettenreichen Genre.* Hamburg: Univ. Hamburg.

VOX 2012. Unternehmenswebseite *Unternehmensprofil.* http://www.vox.de/cms/service/service_navigation/ueber_vox/unternehmensprofil.html. Zugegriffen: 23. Nov 2012.

WDR. 2013. Internetseite der Sendung *Quarks & Co.* http://www.wdr.de/tv/quarks/zursendung/. Zugegriffen: 23. Jan 2013.

Wegener, Claudia. 2000. Wenn die Information zur Unterhaltung wird oder die Annäherung des „factual television" an das „fictional television". In *Information, Emotion, Sensation: wenn im Fernsehen die Grenzen zerfließen*, Hrsg. Ingrid Paus-Haase, Dorothee Schnatmeyer und Claudia Wegener, 46–61. Bielefeld: GMK.

Willems, Jaap, und Mark Bos. 2006. Motives for scientists. In *Science and the power of TV*, Hrsg. Jaap Willems und Winfried Göpfert, 13–28. Amsterdam: VU University Press, Da Vinci Institute.

Wolf, Fritz. 2003. *Alles Doku – oder was?* Düsseldorf: Landesanstalt für Medien Nordrhein-Westfalen   (LfM).   http://www.lfm-nrw.de/fileadmin/lfm-nrw/Pressemeldungen/allesdoku-kompl.pdf. Zugegriffen: 19. Okt 2012.

ZDF. 2011. ZDF. Jahrbuch 2011. Peter Frey, Chefredakteur: *Traditionsformate modernisieren. Wie das Hauptprogramm erneuert wird.* http://www.zdf-jahrbuch.de/2011/programme_des_jahres/frey.php. Zugegriffen: 23. Sep 2012.

ZDF. 2012a. Unternehmenswebseite *Programm einer starken Senderfamilie.* http://www.unternehmen.zdf.de/index.php?id=13. Zugegriffen: 20. Nov 2012.

ZDF. 2012b. Internetseite der Sendung *abenteuer forschung.* http://abenteuerforschung.zdf.de/ZDF/zdfportal/web/ZDF.de/Abenteuer-Forschung/2942254/5988324/73b7f6/Abenteuer-Forschung.html. Zugegriffen: 19. Nov 2012.

ZDF. 2012c. Internetseite der Sendung *Terra X. Unterseite Terra X – Der immer junge Jubilar. Die Sendereihe im Wandel der Zeit.* http://terra-x.zdf.de/ZDF/zdfportal/web/ZDF.de/Terra-X/2942428/22947822/19e82f/Terra-X-der-immer-junge-Jubilar.html. Zugegriffen: 19. Nov 2012.

ZDF. 2012d. Internetseite der Sendung *Terra Xpress.* http://terra-xpress.zdf.de/ZDF/zdfportal/web/ZDF.de/Terra-Xpress/2942540/5445262/2c7c6c/Terra-Xpress.html. Zugegriffen: 23. Nov 2012.

ZDF. 2012e. Internetseite der Sendung *ZDF History.* http://history.zdf.de/ZDF/zdfportal/web/ZDF.de/ZDF-History/2942352/5989332/66c8c0/ZDF-History.html. Zugegriffen: 23. Nov 2012.

Zickgraf, Arnd. 2009. *Bildung in den Medien: Fluch oder Segen?* Goethe-Institut e. V., Online-Redaktion. http://www.goethe.de/wis/fut/bko/de4936091.htm. Zugegriffen: 24. Jan 2013.

Zimmermann, Peter. 2001. *Hybride Formen. Neue Tendenzen im Dokumentarfilm.* Goethe-Institut: München.

Zimmermann, Peter. 2005. Vom Autoren-Dokumentarfilm zum Format-Fernsehen von heute. In *Die Verteidigung des Realen. 25 Jahre Arbeitsgemeinschaft Dokumentarfilm,* Hrsg. Arbeitsgemeinschaft Dokumentarfilm und Elfriede Schmitt, 40–53. Frankfurt a. M.: AG DOK.

Die dokumentarische Gattung 3

Überblick

In diesem Kapitel soll es darum gehen, das Dokumentarische zunächst allgemein durch seine Grundeigenschaften, eine Annäherung an den Begriff des Dokumentarfilms und schließlich das dokumentarische Fernsehen mit den wichtigsten (längeren), non-fiktionalen Darstellungsformen näher zu beschreiben, um es anschließend für das Wissenschaftsfernsehen zu präzisieren. Als Basis dienen zunächst die Definitionen aus medienwissenschaftlicher Fachliteratur. Dabei zu beachten, dass diese zum Teil erheblich von den in der Tagespraxis des Wissenschaftsfernsehens gebräuchlichen abweichen.

3.1 Grundeigenschaften des Dokumentarischen

Das Dokumentarische hat bei den Rezipienten in Bezug auf seine Glaubwürdigkeit einen sehr hohen Stellenwert. Diese Annahme gründet auf der Apparathaftigkeit von Filmbildern, in denen die Realität akkurat festgehalten zu werden scheint. Daher wurden dem dokumentarischen Film lange Zeit Eigenschaften eines unbestechlichen, neutralen Beobachters zugeschrieben, der vollkommen wertfrei und objektiv „Bilder nach der Natur, Aufzeichnungen physischer Objekte in ablaufender Zeit [...]" (Koch 2003, S. 216) produziere.[1] „Auch heute noch wird mit dem Begriff ‚Dokumentarfilm' die Vorstellung verknüpft, dass er nichts anderes zeige

---

[1] Zu dieser Thematik vgl. auch Arriens (1999, S. 7) sowie Ertel und Zimmermann (1996, S. 9).

O. Jacobs und T. Lorenz, *Wissenschaft fürs Fernsehen*, Praxiswissen Medien,
DOI: 10.1007/978-3-658-02423-9_3, © Springer Fachmedien Wiesbaden 2014

als die abgefilmte Wirklichkeit" (Berg-Walz 1995, S. 62. Hervorhebungen im Original). Gleiches gilt auch für non-fiktionale Präsentationsformen des Fernsehens wie Features, Reportagen, Magazine oder Nachrichten. Auf diese wurde die dem Dokumentarfilm zugeschriebene Glaubwürdigkeit übertragen. Damit scheint das Dokumentarische klar von anderen Filmformen abgrenzbar zu sein.

> Wann immer man versucht, den Dokumentarfilm allgemeingültig zu definieren, taucht in den Texten der Theoretiker unvermeidlich das Wort Fiktion auf. Es scheint unmöglich, das Dokumentarische nicht aus der Opposition zu einem bekannten Genre heraus zu definieren. Man muß allerdings zugeben, daß sie für gewöhnlich zum gegenteiligen Ergebnis führt, weil auch der Begriff der Fiktion nicht eindeutig definiert ist und sich aus verschiedenen Ausdrücken zusammensetzt, die mit ihm frei assoziiert werden: Erzählung, Objektivität, Realität (Jost 1998, S. 195).

Unter dem Begriff der Fiktion wird generell etwas nicht real Existierendes, also Ausgedachtes, verstanden. Fiktionale Filme, und damit sind zunächst einmal Spielfilme gemeint, erheben im Gegensatz zu dokumentarischen Filmen nicht den Anspruch, sich unmittelbar auf die Wirklichkeit zu beziehen (vgl. Ward 2005, S. 6f.). Stellen beispielsweise Schauspieler Personen dar, die sie im Alltag nicht tatsächlich sind (vgl. Hickethier 2007, S. 181), so handelt es sich ohne Frage um einen fiktionalen Film. Dem Zuschauer ist „[…] durchaus bewußt, daß es sich um eine für ihn arrangierte Darstellung handelt" (Berg-Walz 1995, S. 55).

Dem Publikum wird im dokumentarischen Film zwar suggeriert, dass er es nicht mit einer Darstellung, sondern mit einem Realitätsbild zu tun hat. Die Frage, die sich jeder Dokumentarist aber in diesem Zusammenhang stellen muss, ist jedoch die nach der tatsächlichen Realität des Gefilmten. Eva Hohenberger fasst diese Problematik treffend zusammen: „Wo keine Kamera steht, ereignet sich auch nichts mehr" (Hohenberger 1988, S. 33).

> Das vorfilmisch Reale ist ja nicht einfach da, […] sondern wird in der Begegnung der Realität Film mit der nichtfilmischen Realität erst hergestellt. Dabei ist die Einflußnahme beiderseitig denkbar und kann genauer nur in der Analyse des jeweiligen Films festgestellt werden. In Gang gebracht wird das Wechselspiel indes von der Realität Film […] (Hohenberger 1988, S. 37).

Allein die Anwesenheit der Kamera oder ein Interview, welches ohne die Kamera nie stattgefunden hätte, beeinflussen bereits die Realität und das Verhalten der gefilmten Personen.

Es ist zudem nicht auszuschließen, dass ein gewisses Maß an Subjektivität in alle dokumentarischen Formen einfließt. Über Geschehnisse wird meist aus der subjektiven Wahrnehmung des Autors heraus berichtet, und ebenso subjektiv findet die Auswahl von Ausschnitten aus der Realität für die Filmaufnahmen statt, zu denen im Speziellen der Filmemacher Zugang hat.[2] Als Konsens aus diesen Tatsachen lässt sich schließen: „Der sogenannte Dokumentarist versucht zu zeigen, was er für die Wirklichkeit hält, was er in die Wirklichkeit hineinliest und was er von der Wirklichkeit wahrnimmt" (Leiser 1994, S. 37).

Auch Thomas Schadt, unter anderem selbst Filmregisseur und Kameramann, sieht dies ähnlich. Für ihn gehe es im Dokumentarischen nicht um absolute Objektivität und die Darstellung purer Realität, sondern um Glaubwürdigkeit in der Gesamtheit (vgl. Leiser 1994, S. 37). Glaubwürdigkeit zeigt sich eher in der Haltung und im Umgang des Filmemachers mit der Realität. Lässt der Autor den Zuschauer die Intentionen, die ihm bei der Filmherstellung zugrunde lagen, erkennen und schafft er es, diese mit dramaturgischen Techniken zu verfestigen, stellt sich während der Rezeption beim Zuschauer das Gefühl der Authentizität ein.[3] Unterstützt wird diese Ansicht auch von Martin Bauer, Produzent und Autor. Er schreibt: „Von ‚Objektivität' redet inzwischen niemand mehr, aber [...] ‚authentisch' und ‚glaubwürdig' stehen noch auf der Liste der Attribute, die den Dokumentarfilm von dem unterschieden sollen, was sonst über Leinwände und Monitore läuft" (Haus des Dokumentarfilms 1999, S. 5. Hervorhebungen im Original). Trotz all dieser Einschränkungen: Non-fiktionale Filme folgen immer einer Spur aus der Realität, sie orientieren sich an ihr. Viele der Inhalte können auch außerhalb des Filmischen vorgefunden und gegebenenfalls überprüft werden. „Die Gebäude, die wir sehen, existieren, die Menschen, die wir sehen und hören, leben oder haben wirklich gelebt, die Geschichten, die uns erzählt werden, sind tatsächlich geschehen – sind zumindest nicht gänzlich frei erfunden" (Schellong 2007, S. 134f.).

Der Verweis auf Referenzobjekte in der Wirklichkeit und deren glaubwürdige Darstellung sind also vielmehr als Charakteristika des Dokumentarischen zu verstehen als der Verzicht auf filmsprachliche Mittel (vgl. Arriens 1999, S. 37f.). Aus diesem Grund beschreibt Thomas Schadt alle Formen des Dokumentarischen bevorzugt als „Realitätsfilme".

> Der Realitätsfilm *dokumentiert* ein Stück *Realität* mit *filmischen* Mitteln, mit bewußt gestalteten Kamerabildern; mit genau gehörten und sorgfältig erfaßten O-Tönen; mittels einer Montage, die ihren Schnittrhythmus nicht einem Zeitgeist

---

[2] Zu der Haltung der Filmemacher vgl. Rabiger (2000, S. 16), Huber (2001, S. 2) sowie Hißnauer (2011, S. 27).

[3] Zu den Themen der Glaubwürdigkeit und Authentizität im Dokumentarischen vgl. Berg-Ganschow (1990, S. 85); Schadt (2003, S. 176); Kriwaczek (1997, S. 42); Heller (1994, S. 92); Steinmetz (1995, S. 168) sowie Hißnauer (2011, S. 121f.).

nachempfindet, sondern ihn von Gehalt und Inhalt des Film (-Materials) ableitet;
weiter definiert sich der *Realitätsfilm* über eine filmische Dramaturgie, eine filmische Erzählform, die Film in seinen Spannungsbögen als etwas Ganzes begreift und
strukturiert und nicht als bloße zusammenhanglose Aneinanderreihung von Einzel-
szenen, die durch darüber gesprochene Texte zusammengehalten werden (Haus des
Dokumentarfilms 1999, S. 67. Hervorhebungen im Original).

Mit den Begriffen „filmische Dramaturgie" oder „filmische Erzählform" eröffnet
Schadt ein weiteres Feld, das oftmals zur Unterscheidung fiktionaler und dokumentarischer Filme herangezogen wird: die Narration.

Als Narration wird die Erzählung verstanden, die ein Medientext seinem Rezipienten bereitstellt. Da der Begriff der Erzählung aber häufig mit Fiktion gleichgesetzt
wird, wird dem Dokumentarischen Narrativität meist abgesprochen (vgl. Ward
2005, S. 7f. sowie vgl. Hißnauer 2011, S. 41f.). Dieses Problem erkannte auch Eva
Hohenberger bereits im Jahre 1988 und kritisierte schon damals, dass die Ansicht
Dokumentarfilme könnten und sollten nicht narrativ sein, schlichtweg falsch sei.

Rouch selber hat einmal gesagt, ,ich denke, einen Film zu machen, heißt, eine
Geschichte zu erzählen' [...] Immer wird die vorfilmische Realität in eine erzählte
Geschichte verwandelt und zwar nicht [...] durch die Auswahl eines ohnehin
erzähldramaturgisch geeigneten Gegenstands, sondern durch den spezifischen Einsatz filmischer Mittel (Hohenberger 1988, S. 258. Hervorhebungen im Original).

Nicht nur fiktionale Filme erzählten Geschichten und seien somit narrativ, die
Problematik liege hier nur in der Auslegung des Begriffs der Narration. Sie wird
meist gleichgesetzt mit dem klassischen Erzählkino Hollywoods. „Das Reale
jedoch erzählt keine Geschichten, nur der Mensch eignet sich das Reale in Form
von Geschichten an [...]" (Hohenberger 1988, S. 79).

Narrativität hilft dem Menschen nicht nur in Filmen, das Gesehene und Erlebte
besser einordnen und verstehen zu können, sondern jeder versieht tagtäglich sein
Leben und Erlebtes mit narrativen Strukturen, um sich besser orientieren zu können
(vgl. Koch 2003, S. 220). Das Versehen von Geschehnissen mit narrativen Strukturen liegt also in der Natur des Menschen selbst und kann daher nicht als Eigenschaft
des Fiktionalen oder gar für das Dokumentarische abträglich gesehen werden.

Selbst wenn man sich an die bloße Chronologie hält, die ja das Rückgrat vieler [...]
Erzählungen ist, fiktionalisiert die Abgeschlossenheit des Textes gegenüber der
Nicht-Abgeschlossenheit des Realen das erzählte Ereignis. Anfang und Ende sind
willkürliche Setzungen, wobei das Ende den Anfang determiniert: im fiktionalen
Film erweist sich das Rätsel nur deshalb als gestellt, weil es am Ende gelöst werden
kann, im dokumentarischen Film erweist sich ein Unwissen nur deshalb als produziert, weil es am Ende durch Wissen ersetzt werden kann (Hohenberger 1988, S. 80).

Aber wo ist nun die Grenze zwischen fiktionalen und dokumentarischen Filmen zu ziehen? Und ist diese Grenzziehung tatsächlich notwendig? Dem Dokumentarischen wird eine andere soziale Funktion zugeschrieben als dem Fiktionalen. Dokumentarische Filme dienen der Wissensvermittlung, Aufdeckung und Besprechung eines Themas aus der Realität (vgl. Grassl 2006, S. 20f.).

They record social and cultural phenomena they consider significant in order to inform us about these people, events, places, institutions, and problems. In so doing documentary filmmakers intend to increase our understanding of, our interest in, and perhaps our sympathy for their subjects. They may hope that through this means of informal education they will enable us to live our lives a little more fully and intelligently (Ellis und McLane 2006, S. 2).

Das Dokumentarische darf also nicht als absoluter Gegenpol zu fiktionalen Filmen gesehen werden und ihm die Verwendung filmgestalterischer Mittel, die auch in fiktionalen Filmen Anwendung finden, nicht abgesprochen werden (vgl. Ward 2005, S. 11). Das gilt in besonderer Weise für das Wissenschaftsfernsehen, bei dem sich die Notwendigkeit der Nachinszenierung und der Visualisierung häufig allein dadurch ergibt, dass darzustellende Sachverhalte filmisch kaum darstellbar sind. Dennoch gilt es, auch innerhalb der verschiedenen Darstellungsformen des Dokumentarischen Unterscheidungen in der Umsetzung der hier genannten Punkte zu machen. Die Sorgfalt im Umgang damit ist Teil der notwendigen journalistischen Sorgfalt von Fernsehautoren und schafft zugleich eine belastbare Grundlage sowohl für redaktionelle Vereinbarungen wie auch zwischen Autor und Publikum. Umso klarer das erzählerische Prinzip offen gelegt wird, desto klarer ist auch für den Zuschauer, auf welche Art der filmischen Erzählung er sich einlässt und mit welchem Maß an Authentizität er es zu tun haben wird.

3.2 Gliederungsprinzipien der dokumentarischen Genres

3.2.1 Einführung

Eine der maßgeblichen Gestaltungsmöglichkeiten im non-fiktionalen Fernsehen ist die Genreentscheidung, also die Frage, ob eine Geschichte als Porträt, Reportage, Bericht oder vielleicht als Erklärstück erzählt werden soll.

Diese Entscheidung muss sehr früh, möglichst bei der Themenverabredung fallen, da sie weitreichende Konsequenzen für alle Stufen des Herstellungsprozesses hat und die konkrete Erscheinung des Beitrages prägt.

Abb. 3.1 Reize
zur Erlangung der
Aufmerksamkeit des
Publikums

Zunächst ist diese Entscheidung aber auch ganz maßgeblich für die Dramaturgie der Fernsehsendung, in welcher der Beitrag eingesetzt werden soll. Aus folgendem Grund:

Fernsehen bietet vier Möglichkeiten, Reize beim Publikum zu setzen, die zunächst zu einem Moment der Aufmerksamkeit führen, an dem dann eine spannende Geschichte ansetzen kann. Diese Reize seien gemäß Abb. 3.1 systematisiert und erklärt:

- Inhaltliche Reize, in der Regel für Zuschauer relevante und für ihn auch unmittelbar als relevant erkennbare Themen. Solche inhaltlichen Reize sind besonders geeignet im Regionalen sowie bei klar definierbaren Zielgruppen, wie es beispielsweise Modelleisenbahner oder Heimwerker wären.
- Optische Reize, also inhaltlich oder thematisch beeindruckende Bilder, sind Effekte, auf die unter anderem das Boulevardfernsehen setzt.
- Akustische Reize, also Symbolgeräusche wie Sirenen, Hundegebell, Warntöne, Ansagen oder anderweitig Aufmerksamkeit erregende Geräusche und Töne.
- Formal-ästhetische Reize, und damit solche, die durch Abhebung vom sonstigen Programmumfeld entstehen, indem Kameraführung, Erzählweise, Farbe oder Montage unterschiedlich gewählt sind.

Genau in dieser letzten Gruppe, den formal-ästhetischen Reizen, sind die Genres relevant. Eine konsequent mit den Mitteln der Reportage erzählte Geschichte hebt sich deutlich von einem Bericht und dieser wiederum von einem Porträt ab. Obwohl natürlich auch alle Mischformen zwischen den Genres funktionieren, gewinnt eine Sendung erst durch Klarheit in den Gestaltungsformen auch eine formal-ästhetische Attraktivität. Aus diesem Grund sind Verabredungen wie „ein bisschen reportagig" oder ähnlich unscharfe Festlegungen wenig geeignet, attraktive Programmverabredungen zu treffen.

Die Entscheidung für ein journalistisches Genre ist im Fernsehen die Entscheidung für eine Filmform und durchaus zu vergleichen mit der Frage nach Drama, Komödie oder Thriller in der Fiktion. Da beim journalistischen Fernsehen jedoch eine journalistische Absicht und ein mit der Realität verbundenes Thema die

Basis sind, besteht die redaktionelle Leistung hier vor allem darin, das für das jeweilige Thema angemessene Genre zu finden.

3.2.2 Systematik der Genres

3.2.2.1 Die Erzählziele der Genres

Die Einteilung in Genres ist nicht Selbstzweck sondern daran orientiert, dem Zuschauer in der bestmöglichen Art und Weise eine Geschichte und damit Fakten und Zusammenhänge zu präsentieren. Die maßgebliche Abgrenzung zwischen den Genres erfolgt daher anhand ihrer unterschiedlichen Wirkungsabsichten beim Zuschauer, den sogenannten Erzählzielen.

Diese lassen sich für die einzelnen Genres wie folgt definieren:

- Nachricht: Die Nachricht hat das Ziel, den Zuschauer mit der Neuigkeit oder Besonderheit unmittelbar vertraut zu machen.
- Erklärstück: Das Erklärstück hat das Ziel, dem Zuschauer ein Verständnis von Hintergründen und Zusammenhängen zu ermöglichen, die nicht zu seinem normalen Wissens- und Erlebnisraum gehören.
- Reportage: Die Reportage hat das Ziel, den Zuschauer in die Lage zu versetzen, sich ein Bild von einem Ereignis oder Vorgang zu machen, als wäre er selbst dabei gewesen.
- Dokumentarfilm: Der Dokumentarfilm hat das Ziel, dem Zuschauer eine ihm sonst verborgene Welt (aus der Sicht des Autors) zu eröffnen.
- Porträt: Das Porträt hat das Ziel, den Porträtierten in seinen Facetten und Widersprüchen für den Zuschauer erlebbar zu machen.
- Feature: Das Feature hat das Ziel, eine These oder Frage anhand unterschiedlicher Beispiele für den Zuschauer nachvollziehbar zu präsentieren und zu diskutieren.
- Dokumentation: Die Dokumentation hat das Ziel, durch möglichst objektive Informationen aus unterschiedlichen Perspektiven und Blickwinkeln dem Zuschauer die Bildung einer Meinung zum dokumentierten Sachverhalt zu ermöglichen.
- Bericht: Der Bericht als die Kurzform der Dokumentation hat das Ziel, ein Ereignis oder Sachverhalt aus unterschiedlichen Positionen sachlich so darzustellen, dass sich der Zuschauer eine eigene Meinung bilden kann.

Die Entscheidung für ein Genre fällt in Abhängigkeit vom angestrebten Ziel und hat konkrete handwerkliche Konsequenzen für alle an der Produktion beteiligten Gewerke. Sie muss innerhalb des Teams daher mindestens ebenso sorgfältig kommuniziert werden wie Thema und Geschichte.

3.2.2.2 Genreeinteilung

Grundsätzlich sind die Genres in zwei Hauptgruppen zu differenzieren und den im Fernsehen möglichen Gliederungsprinzipien unterzuordnen, nämlich Hierarchie und Dramaturgie. Während in den hierarchisch gegliederten Genres die maßgebliche Neuigkeit und im dramaturgischen Sinne damit die Veränderung, an der Spitze des Beitrages steht, richtet sich die Reihenfolge der Informationen in den dramaturgisch gegliederten Genres danach, wie sie von Zuschauern am besten nach- und miterlebbar sind. Die Entscheidung für ein dramaturgisches Genre bedeutet insofern die Entscheidung für die Präsentation aller journalistischen Informationen in einer erlebbaren Ordnung. Es ist unmittelbar einsichtig, dass die dramaturgischen Genres dem Medium Fernsehen besonders angemessenen sind. Dennoch gibt es natürlich gerade in Sendungen, die einer besonderen Aktualität unterliegen oder die einen starken inhaltlichen Reiz für Zuschauer bieten, gute Gründe, auch hierarchisch gegliederte Genres zu verwenden. Ein zusätzliches Argument könnte sein, dass die hierarchische Gliederung eine besonders zeitökonomische Form ist, Neuigkeiten zu präsentieren.

Aus der Zuordnung ergibt das in Abb. 3.2 gezeigte Schema.

Im nächsten Schritt ist eine Unterteilung innerhalb dieser Hauptgruppen zu treffen. Diese muss sich, schließlich ist das für den Zuschauer das Entscheidende, wiederum daran orientieren, welche Wirkung im Zuschauer erreicht werden soll.

Sinnvolle Ordnungsprinzipien sind dabei die, welche von der sachlichen zur emotionalen Darstellung oder von der objektiven zur subjektiven Darstellungsweise reichen.

Die Veranschaulichung dieses Zusammenhangs zeigt Abb. 3.3. Sie führt zu einem System, welches jedem Genre seinen festen Platz in einem Raster der journalistischen Genres zuweist und welches einen ersten Indikator dafür liefert, welches Genre bei welcher journalistischen Absicht am besten verwendbar ist.

Es ist damit unmittelbar ersichtlich, wie wichtig die Genreverabredung zu Beginn des Produktionsprozesses eines journalistischen Beitrages ist. Ist es redaktionelle Absicht, möglichst objektiv und nüchtern über eine neue Entwicklung in einem politischen Skandal zu berichten, ist das in der Reportage als einem emotionalen und subjektiv vom Reporter geprägten Genre kaum möglich. Umgekehrt ist eine Geschichte über beispielsweise den letzten Gewürzgurkenhersteller einer Region mit den sachlichen Mitteln des Berichts wegen des geringen inhaltlichen Anreizes wohl weit weniger Erfolg versprechend als mit den Mitteln von Porträt oder Reportage, um hier vor allem auf ein echtes Erlebnis beim Zuschauer zu setzen.

Ist die Entscheidung für ein Genre gefallen, folgt die Umsetzung des Filmbeitrages einer jeweils genrespezifischen Modifikation der Fernsehdramaturgie.

Abb. 3.2 Gliederungsprinzipien der journalistischen Genres

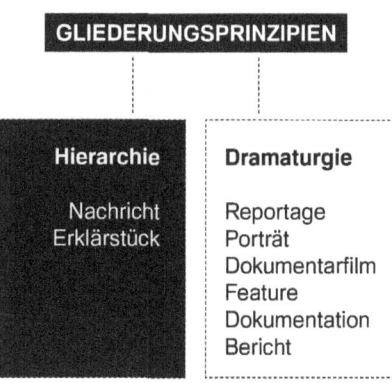

Abb. 3.3 Ordnungsprinzipien der dramaturgisch gegliederten Genres

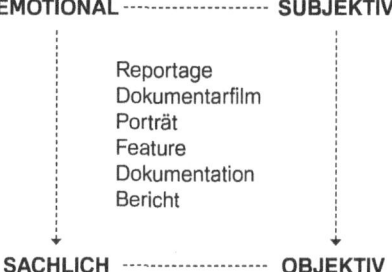

3.3 Darstellungsformen des Dokumentarischen

Was ein Dokumentarfilm sei und was er leisten könne im Unterschied zu anderen dokumentarischen Formen, darüber gehen die Meinungen unter den Filmemachern weit auseinander (Wolf 2003, S. 93).

Eine grundlegende Unterscheidung von Dokumentarfilm und anderen dokumentarischen Formen ist von Bedeutung, da nur so später längere wissenschaftlich-dokumentarische Sendungen mit ihren spezifischen Eigenschaften eingeordnet werden können. Deshalb soll hier zunächst der Versuch einer allgemeinen Unterscheidung des Dokumentarfilms von anderen dokumentarischen Formen erfolgen. Später werden die fernsehgenuinen Formen differenziert betrachtet und eine Annäherung an ihre Begrifflichkeiten vorgenommen. Normative Beschreibungen

lassen sich in medienwissenschaftlicher Literatur kaum finden, da die Spann-
weite, was dokumentarisch sein kann, generell zu weit gefasst ist und den einzelnen Darstellungsformen, je nach Veröffentlichung, oft unterschiedliche
Eigenschaften zugeschrieben werden. Der Dokumentarfilm soll im Folgenden als
gleichwertig neben anderen existierenden dokumentarischen Darstellungsformen
Beachtung finden. Die Verwendung der entsprechenden Begriffe ist hier primär
der Fernsehpraxis entnommen. Sie kann zum Teil zwischen einzelnen Sendern
oder Redaktionen abweichen, das dahinter liegende Prinzip und die für die
Umsetzung maßgeblichen Prinzipien sind jedoch weitgehend identisch.

3.3.1 Dokumentarfilm und Fernsehdokumentarismus

> Zum ersten Mal benutzt wurde der Begriff Dokumentarfilm 1922 für den Film ‚Nanuk
> der Eskimo‘ (Nanook of the North) von Robert Flaherty, der das Leben eines Eskimos
> jenseits des Polarkreises zeigt (Ordolff 2005, S. 264. Hervorhebungen im Original).

In diesem Zusammenhang wurde natürlich das englische Wort „documentary"
benutzt, dessen Begrifflichkeit nicht zwischen Dokumentarfilm und anderen
dokumentarischen Formen unterscheidet: „[...] es steht für alles Nicht-Fiktio-
nale – vom Magazinbeitrag über die von Produktmanagern gestylten ‚National
Geographic'-Programme bis zum ‚Grand Format' auf ARTE" (Haus des Dokumentarfilms 1999, S. 27. Hervorhebungen im Original).

Im allgemeinen Sprachgebrauch wird heute der Begriff „Dokumentarfilm"
gerne als Oberbegriff für jegliche Formen des Dokumentarischen und Non-Fiktionalen gebraucht. In der Fernsehpraxis steht der Begriff dagegen eher für den langen
Autorenfilm, der mit einer Laufzeit von mehr als 45 Minuten subjektiv angelegt ist
und seinen Platz überwiegend im Nachtprogramm hat. Andere dokumentarische
Formen werden hier generell unter dem Begriff der Dokumentation gefasst. Selbst
für Dokumentarfilmer und Medienwissenschaftler stellt eine trennscharfe Definition der Begrifflichkeiten aufgrund der ungesicherten Quellenlage und verschiedener Methoden ein Problem dar.[4] Aus diesem Grund wird eine Unterscheidung

---

[4] Thomas Schadt führte im Jahre 1998 für das Haus des Dokumentarfilms eine Umfrage
mit dem Titel „Der Dokumentarfilm als Autorenfilm" unter Dokumentarfilmern und Film-
Theoretikern durch, in der sich diese zum Verständnis und der Lage des Dokumentarfilms
äußern konnten. Vielen Antworten ist dabei eine Unsicherheit in ihren Definitionsver-
suchen zum Dokumentarfilm anzumerken. Vgl. auch Heller (1990, S. 15); Zimmermann
(1990, S. 99); Heller und Zimmermann (1990, S. 7).

nicht als allgemeingültig und vollständig aufgefasst werden dürfen, sondern erlangt ihren Wert immer erst durch einen jeweilig vorliegenden Kontext. Grundlegend ist zu sagen, dass sich der Dokumentarfilm und andere dokumentarische Formen bereits in ihren Entstehungsgeschichten unterscheiden. Die Entstehung des Dokumentarfilms liegt, wie bei allen großen Filmformen, in der Zeit der Erfindung der bewegten Bilder und des Kinos. Mit Entwicklung und Ausdifferenzierung der Fiktionsproduktion gelangte der Dokumentarfilm schnell zu einer eigenständigen Filmform mit unterschiedlichsten Themenbereichen und eigenständigen Erzähl- und Darstellungsweisen (vgl. Hickethier 2007, S. 181).

Mit der Entstehung und Verbreitung des Fernsehens wanderte der Dokumentarfilm aus den Kinos in das Fernsehen ab und war schließlich ab den 1970-er Jahren fast nur noch dort zu finden (vgl. Hickethier 2007, S. 186). Doch genau hier ist die Schwierigkeit in der Trennung der Begrifflichkeiten zu suchen:

> Allein der Ausgangbegriff ‚Dokumentarfilm' muß fragwürdig erscheinen. Medienhistorisch ursprünglich im Kontext der genuinen Filmproduktion als globaler Gegenbegriff zum Fiktionsfilm entstanden, verlor er in dem Maße seine Genrekonturen, in dem das Fernsehen sowohl produktions- wie distributionsästhetisch ein breites Spektrum medienspezifisch neuer dokumentarischer Filmformen ausbildete […]. Gleichwohl findet der Begriff immer noch Verwendung (Heller und Zimmermann 1990, S. 7. Hervorhebungen im Original).

Der Dokumentarfilm existiert aber selbstverständlich auch heute noch als eigenständige Form im Fernsehen und kann in manchen Punkten von den zahlreichen fernsehgenuinen Formen deutlich unterschieden werden.

> Es zeichnen sich aber in jenen Filmen, die sich mit den kulturellen, sozialen, wirtschaftlichen und politischen Entwicklungen auseinandersetzen und als Dokumentarfilme konzipiert und begriffen worden sind, bereits früh […] Tendenzen ab, die sich im Hinblick auf Zielsetzung, Arbeitsmethode, Form, Thematik und Rezipientenbezug vom Gros des Fernsehdokumentarismus unterscheiden (Zimmermann 1990, S. 105).

Der Dokumentarfilm kann als eine Art „Autoren-Film"[5] bezeichnet werden, der Themen ausführlich und kritisch hinterfragt sowie mit der Handschrift und einer

---

[5] Unter dem Begriff „Autorenfilm" sind Filme zu verstehen, bei denen Themenauswahl, Umsetzung und die Gestaltung des ganzen Films in einer Hand liegen. Der Filmemacher ist gleichzeitig Autor und Regisseur und muss sich keinen Vorgaben, wie beispielsweise bei formatierten Programmen, beugen. Vgl. Haus des Dokumentarfilms (1999, S. 18); Brief von Susanne Binninger.

gewissen Subjektivität und Persönlichkeit des Filmemachers versehen wird. „Alles ist möglich, von extremer formaler Selbstbeschränkung bis hin zu fast beliebiger essayistischer Breite. Beim Dokumentarfilm geht es weder um bestimmte Themen-festlegungen noch um bestimmte Macharten [...]" (Ordolff 2005, S. 265f.). Diese Subjektivität liegt auch begründet in einem Anspruch, den Dokumentarfilmer seit-her an sich selbst richten: künstlerisch mit der Realität umzugehen. „Der Dokumen-tarfilm als oppositionelles Genre, politisch und ästhetisch, im Tempo und in der Anmutung, unformatiert und ausschließliches Produkt des Autors – aus dieser Posi-tion heraus wird häufig die Diskussion um das Genre geführt" (Wolf 2003, S. 94).

Ein weiterer wesentlicher Punkt sind die Produktionsbedingungen der unter-schiedlichen dokumentarischen Formen, die sich auch aus Sicht der Filmemacher extrem unterscheiden:

> Eine Besonderheit vieler Dokumentarfilme liegt schon darin, daß sie nicht nur vom oder für das Fernsehen produziert worden sind, sondern als Werk frei arbeitender Fil-memacher und Teams auch unabhängig von oder in Kooperation mit diesem entstan-den und primär als Filme konzipiert worden sind, die auch außerhalb des Fernsehens über Initiativen und Filmverleihe vertrieben werden (Zimmermann 1990, S. 105).

Bereits der Begriff „Dokumentarfilm" an sich enthält ein weiteres Kriterium, das ihn von anderen dokumentarischen Darstellungsformen unterscheidet. Wie der Begriff aussagt, handelt es sich um einen „Film". Laut dem deutschen Filmförde-rungsgesetz sind darunter in Deutschland programmfüllende, in sich zusammen-hängende Werke zu verstehen, die in der Regel mindestens 79 Minuten lang sind und damit Spielfilmlänge haben (vgl. FFG 2010, § 15 I). Alle anderen dokumenta-rischen Formen kommen kaum über Längen von bis zu 45 Minuten im nationa-len und 52 Minuten im internationalen Bereich hinaus. Kann ein Thema in diesen Formen nicht ausreichend behandelt werden, wird es als Reihe oder Serie verpackt.

Doch der Dokumentarfilm im Fernsehalltag „[...] hat sich nach Aussage vieler Experten selbst überlebt [...]" (Berg-Walz 1995, S. 16) und hat „[...] in der Konkur-renz mit journalistischen Genres einerseits und semidokumentarischen Mischfor-men andererseits trotz der Vielzahl dokumentarischer Sendeplätze einen schweren Stand im Fernsehen" (Haus des Dokumentarfilms 1999, S. 2). Die Entwicklung unserer Gesellschaft hin zur Informationsgesellschaft, die immer und überall mit einer rasanten Geschwindigkeit informiert sein will, hat zur Verdrängung des lang-samen, hinterfragenden Dokumentarfilms beigetragen.[6] Ganz verschwunden ist er

---

[6] Zur Frage der Lage des Dokumentarfilms: vgl. Feil (2003, S. 18); Hachmeister und Linge-mann (2003, S. 19) sowie Hißnauer (2011, S. 91).

aus unserem Fernsehalltag jedoch nicht. Das Fernsehen hat nur „[...] dessen Inno-vationspotential weitgehend genutzt und gleichzeitig auf seine Produktionsbedin-gungen und Standards abgestimmt. Es hat ihn nicht verdrängt, sondern ihn integriert" (Zimmermann 1990, S. 109). Man könnte fast so weit gehen zu sagen, der Dokumentarfilm habe den Anschluss verpasst. So sieht es auch Peter Krieg, der selbst Dokumentarfilmer ist. Er bezeichnet den Dokumentarfilm als das einzige Schlafmittel, welches man mit den Augen einnehmen könne und bei dessen Ankündigung der Zuschauer aus Notwehr zur Fernbedienung greife (vgl. Zimmer-mann 1996, S. 52).

> Das Verschwinden des Dokumentarfilms aus dem Kino und seine drohende Verar-beitung zu Fast-Food-Infotainment im Fernsehen hängen auch von Veränderungen im Verhalten der Zuschauer ab, die mit der Fernbedienung durch eine rasch wach-sende Zahl von Fernsehkanälen zappen und per Einschaltquote Form, Platzierung und Produktion dokumentarischer Sendungen beeinflussen (Ertel und Zimmer-mann 1996, S. 10).

Zu dieser Art Sendungen zählen die bereits erwähnten formatierten Programme, wie Magazine oder Reportagen, aber auch Dokumentationen. Deren zunehmende Formatierung erleichtert die Unterscheidung zum Dokumentarfilm, sie stehen dadurch jedoch auch in der Kritik.

> Formate stehen eben aus ihrer Struktur heraus nicht quer, sondern schwimmen im Programmfluss mit. Formate sollen nicht etwas in Frage stellen, sondern dem Zielpublikum nach dem Munde reden. Formate wollen nicht im Hort der Aufklä-rung festsitzen, sondern sich auf dem Marktplatz der Unterhaltung tummeln (Wolf 2003, S. 94).

Zudem wird kritisiert, dass der für den Dokumentarfilm geltende Wirklichkeits-und Authentizitätsanspruch für viele der fernsehbasierten Formen nicht mehr uneingeschränkt gilt, da sie sich dem Fiktionalen gegenüber zunehmend öffnen und die Grenzen fließend werden.

> Aufgerieben zwischen journalistischen Formen der Dokumentation, des Fea-tures und der Reportage auf der einen Seite sowie inszenierten Formen des Doku-Dramas, Doku-Fakes, Doku-Soaps bis hin zum Spiel- und Experimentalfilm auf der anderen Seite, droht dem Genre des *Dokumentarfilms* der Tod durch perfekte Untrennbarkeit und wachsendes Mißtrauen des Zuschauers an dokumentierter Realität (Haus des Dokumentarfilms 1999, S. 3. Hervorhebungen im Original).

Neben der Formatierung steht also auch die fortschreitende Hybridisierung und damit zunehmende Entwicklung schwer zu verortender dokumentarischer

Formen in der Kritik vieler Dokumentarfilmer. Diese seien mit „[...] dem sorgfältig entwickelten *Grand Format*, nur noch in seltenen Fällen in Verbindung zu
bringen" (Hachmeister und Lingemann 2003, S. 19. Hervorhebungen im Original).

3.3.2 Dokumentarischer Fernsehjournalismus

> Für die meisten Fernsehjournalisten geht es bei diesen Genres um den medialen
> Transport realen menschlichen Lebens und tatsächlich geschehener Ereignisse. Die
> journalistisch-dokumentarische Qualität solcher Filme liegt darin, dass alle Aussa-
> gen von Dritten auf ihre Faktizität überprüft werden können (Ordolff 2005, S. 262).

Im Gegensatz zu Dokumentarfilmern im Sinne von Autoren werden Journalisten
eher als Vermittler betrachtet, die den dargebotenen Inhalt nicht interpretieren
sollen. Die sachliche Information steht hierbei im Vordergrund (vgl. Witzke und
Rothaus 2010, S. 77). „Der Dokumentarfilm ist zwar auch Information, aber nicht
nur. Seine Kompetenz ist umfassender: Sie gilt der Kultur des Menschen, seinen
Lebensgefühlen, Lebensweisen und Widersprüchen, seinen Weltbildern, den psy-
chischen Schicksalen [...]" (Berg-Walz 1995, S. 45). Dokumentarfilmer dürfen
Inhalte interpretieren und künstlerisch aufarbeiten, während subjektive Sichtweisen im dokumentarischen Journalismus oftmals als unerwünscht gelten. Grundsätzlich schließen sich die beiden Aspekte jedoch nicht aus, sondern werden
heute auch vermischt. Das Spektrum im dokumentarischen Fernsehjournalismus
reicht von tatsachenbetonten bis hin zu meinungsbetonten Formen.

> Fällt es schon schwer eine konsequent stichhaltige Definition des Dokumentarfilms
> zu finden, so verstärken sich die Probleme beim dokumentarischen Fernsehen: Das
> Fernsehen hat mit der Übernahme und Weiterentwicklung verschiedener Traditio-
> nen des Dokumentarfilms die Unschärfe des Begriffs beibehalten (abgesehen davon,
> daß darüber hinaus das Fernsehen ein breites Spektrum medienspezifisch neuer
> dokumentarischer Filmformen entwickelt hat, wie zum Beispiel Nachrichten, Maga-
> zine, Features oder Live-Übertragungen) (Berg-Walz 1995, S. 59).

Da bereits schon jetzt gesagt werden kann, dass wissenschaftliche Themen vermehrt in langen dokumentarischen Formen verarbeitet werden und nicht
zwangsweise an eine Tagesaktualität gebunden sind, ist für eine abschließende
Verortung nicht die Betrachtung aller dokumentarischen Darstellungsformen
wichtig. Auch innerhalb der Definitionen wird weitestgehend auf die Beschreibung der für längere Wissenschaftssendungen relevanten oder gerade durch die
Hybridisierung für sie nutzbar gemachten Gestaltungsmöglichkeiten Wert gelegt,
weshalb sich die Definitionen in ihrer Ausführlichkeit unterscheiden können.

3.4 Grundgenres des dokumentarischen Fernsehens

Die Fernsehpraxis ist vor allem von einer Fülle von Entscheidungen geprägt, die zum Teil unter erheblichem Zeitdruck fallen und in der Regel ein Produkt betreffen, das es zum Zeitpunkt der Entscheidung nur als Idee gibt. Die Entscheidungen müssen klar und unmissverständlich mit den an der Produktion Beteiligten kommuniziert werden. Eine eindeutige Begrifflichkeit ist dafür essenziell. Dabei ist es zunächst völlig unerheblich, zu welchem Themengebiet ein Programm hergestellt werden soll. Die Einteilung in Genres und die damit verbundenen Begrifflichkeiten sind ein universelles Handwerkszeug, welches hier als Voraussetzung erläutert werden soll, um anschließend in die Besonderheiten für die Umsetzung von Wissenschaftsthemen zu vertiefen. Die nachfolgende Unterscheidung der Genres hat sich in der Praxis herausgebildet und wird an geeigneten Stellen mit Inhalten aus der Medienwissenschaft unterlegt.

3.4.1 Nachricht

Die Nachricht hat das Hauptziel, die Zuschauer über Neuigkeiten zeitökonomisch zu informieren und das Verständnis für Sachverhalte oder handelnde Personen zu ermöglichen.

Sie ist die knappste journalistische Form, die von einer Art reiner Überschrift bis zum Nachrichtenfilm von 4 oder 5 Minuten Länge reichen kann.

Die Nachricht zählt zu den am meisten vorkommenden und genutzten Informationsquellen im Fernsehen. Sie vermitteln dem Zuschauer innerhalb einer Nachrichtensendung neue, tagesaktuelle Sachverhalte und relevante Geschehnisse in einer sehr kurzen und sachbezogenen Form. Dabei sollte eine Nachricht auf folgende, in der journalistischen Praxis verfestigten, sieben Fragen eine Antwort geben können:

- Wer?
- Was?
- Wann?
- Wo?
- Wie?
- Warum?
- Woher?

Die Anordnung der Beantwortung kann allerdings variieren, da die einzelnen Informationen je nach Thema und Inhalt in ihrer Bedeutung unterschiedlich wichtig sein und unterschiedlich gewichtet werden können. Als Grundregel gilt: Die wichtigste Information, der Aussagekern, steht am Anfang der Nachricht. Weitere Informationen folgen in abnehmender Wichtigkeit. Weiterhin sollte ein Nachricht im Idealfall nicht nur die genannten Basisinformationen liefern, sondern diese Informationen auch in einen größeren Rahmen einbetten, Zusammenhänge herstellen und Auswirkungen verdeutlichen (vgl. Häusermann und Käppeli 1994, S. 159ff.).

Kriterien der Nachricht Die Nachricht gehört zu den ganz klar sachlichen Genres. Sie setzt auf eine extreme Verknappung. Filmische Elemente spielen nur im Ansatz eine Rolle. Da es primär um das Verständnis von Sachverhalten geht, sind die zum Verständnis notwendigen Fakten relevant, Informationen, die eher für das Miterlebbare stehen, haben in der Nachricht keinen Platz.

Subjektive Äußerungen des Journalisten gehören ebenso wenig zur Nachricht wie persönliche Wertungen oder gar Kommentierungen. Zu behaupten, die Fernsehnachricht sei objektiv, wäre dennoch falsch, denn natürlich führt die Auswahl von Bildern, Tönen und Texten zu einer bestimmten Wirkung, die bereits dann anders ist, wenn ein anderer Autor Bilder und Töne zum gleichen Sachverhalt auswählt oder auch nur in einer anderen Reihenfolge präsentiert.

Dramaturgie der Nachricht Nachrichten haben eine sehr strenge Dramaturgie. Der Hauptunterschied zu den erzählenden Genres ist, dass die Nachricht mit der Neuigkeit – im Sinne der Dramaturgie also mit der Veränderung – beginnt. Erst darauf folgt die Herausforderung, vor der die Hauptfigur stand, dann folgen die Nebenfiguren und anschließend die Vorgeschichte und unter Umständen das Umfeld. Es findet also eine Verbreiterung der transportierten Information statt, die in ihrem Umfang abhängig von der zur Verfügung stehenden Sendezeit ist.

Die knappste Form der Nachricht besteht nur aus einer, dann in der Regel von einem Sprecher gelesenen Veränderung. Umso mehr Sendezeit zur Verfügung steht, umso mehr Elemente kommen hinzu. Die Reihenfolge der hinzutretenden Elemente ist aus der folgenden Abb. 3.4 ersichtlich.

Trotz dieser einfachen Gliederung muss die Nachricht im Fernsehen mehr als eine Auflistung von Fakten sein. Filmische Elemente, die Emotionen und Erleben bei Zuschauern ermöglichen, sollten ebenso Berücksichtigung finden wie auch Identifikationspunkte und Attribute von Personen.

Gestaltungsmittel der Nachricht Die Gestaltungsmittel in der Nachricht sind in mehrerlei Hinsicht begrenzt. Zum einen werden Nachrichtenbilder in der Praxis häufig von Videoagenturen geliefert oder zunehmend auch von zufälligen Zeitzeugen

Abb. 3.4 Hierarchische
Gliederung mit
Verbreiterung der
transportierten Information

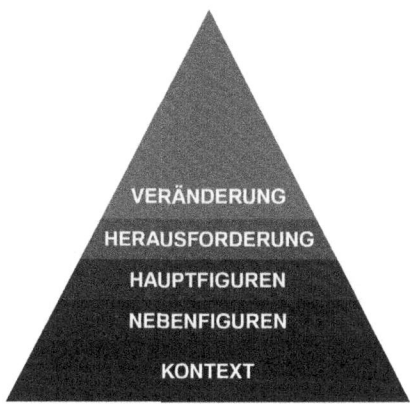

beigesteuert und nur in seltenen Fällen vom Autor selbst für den Nachrichtenfilm gedreht. Zum anderen läuft die extreme Verknappung, die der Nachricht immanent ist, natürlich gegen die Anforderungen filmischer Mittel, die, um wirken zu können, beim Zuschauer Resonanzzeit benötigen. Gerade wegen dieser Beschränktheit der audiovisuellen Möglichkeiten im eigentlich textbasierten Genre der Nachricht kommt der konsequenten Ausschöpfung dieser begrenzten Möglichkeiten eine besondere Bedeutung zu, um für Zuschauer attraktive Nachrichtenfilme herzustellen.

Auch im Nachrichtenbeitrag sollten so viele Informationen wie möglich Bildern und Geräuschen überlassen werden. Wegen der Kürze der zur Verfügung stehenden Zeit wird das dann besonders gut möglich sein, wenn möglichst klare Symbolbilder und Symbolgeräusche verwendet werden sowie möglichst klare äußere Vorgänge, die keine textliche Kommentierung benötigen und daher einen gewissen Abstand des Textes zum Bild ermöglichen. Besonders gut ist das realisierbar, wenn der Nachrichtenfilm mit vielen Details arbeitet und die in der Regel durchaus distanzierte Texthaltung nicht auch noch mit distanzierten Totalen oder Halbtotalen doppelt. Es ist ein häufiges Missverständnis, dass totale Bilder wegen des größeren Überblicks objektiver seien als fokussierte Bilder. Sie sind es gerade nicht, weil die Zuschauerwahrnehmung mit ihnen wesentlich weniger präzise geführt wird.

Auf bildliche Überraschungen, hintersinnige Bilder, die sich erst auf den zweiten Blick erschließen, sowie auf für den Sachverhalt überflüssige Bilder ist zu verzichten.

Der maßgebliche Rote Faden in der Nachricht ist der argumentative und dieser muss durch den Text geführt werden. Es sind darüber hinaus auch Rote Fäden denkbar, die klassische Muster bedienen, zum Beispiel „David gegen Goliath", die leicht verständlich sind und wenig Filmzeit benötigen.

Da sich die Bildfolge im Nachrichtenfilm ganz klar der argumentativen Struktur unterordnet, können in Bildsequenzen ganz unterschiedliche Materialquellen, vom Neudreh über Archivmaterial bis hin zu Info-Grafiken, Fotos oder user generated content verwendet werden.

Besondere Formen der Nachricht Die Nachricht hat zahlreiche besondere Ausprägungsformen. Häufig kommt in der Praxis eine Fusion von Nachrichtenfilm und Moderation vor. Dabei ist denkbar, dass der Moderator beispielsweise den Anfang der Nachricht, also die Veränderung, vorträgt und der Nachrichtenfilm quasi fortsetzt. Eine andere Form wird gewählt, wenn der Moderator beginnt und im zweiten Satz oder besser bei der zweiten Information ein Bildwechsel in den Nachrichtenfilm erfolgt, der Moderator jedoch weiter spricht oder auch, dass die ganze Textinformation im Studio belassen wird und der Nachrichtenfilm lediglich die zugehörigen Originaltöne von beteiligten Personen liefert.

Völlig unabhängig davon, welche Form in der Praxis gewählt wird, entscheidend ist die präzise Vorausplanung und Abstimmung zwischen Redaktion und Autor. So sehr sonst die klare Trennung der Rollen von Beitrag und Moderation wichtig ist, so sehr muss hier der Übergang quasi nahtlos erfolgen.

Ein häufig gebrauchter Begriff ist „die NiF", die sogenannte Nachricht im Film. Diese Bezeichnung gibt einen Hinweis darauf, dass es sich um einen Nachrichtenbeitrag handelt, der die Informationen vollständig innerhalb des Beitrages präsentiert, der also auch ohne Anmoderation im Programm einsetzbar wäre und eine knappe Form einer Geschichte enthält.

3.4.2 Porträt

Das Ziel des Porträts ist es, Personen oder Dinge, wie Orte, Pflanzen oder Tiere, die im allgemeinen Verständnis wie Personen aufgefasst werden können, in ihren Widersprüchen und Facetten für den Zuschauer erlebbar zu machen. Das Porträt gehört damit zu den erzählenden Filmformen. Das heißt, Fakten werden mit dem Erleben von Zuschauern verbunden. Die Autorenleistung besteht darin, die Fakten in eine erlebbare Ordnung zu bringen und dem Publikum eine (scheinbare) Teilhabe daran zu ermöglichen.

> Die Aufzählung von Lebensdaten allein ergibt noch kein Porträt. Der Journalist stellt den Menschen mit seinen Stärken und Schwächen vor. Er beobachtet und interpretiert Einstellungen, Motive und Gefühle. [...] Der Journalist muss darauf achten, dass das Porträt nicht zur Karikatur wird (Mast 2008, S. 305).

Im Porträt werden genau die Eigenschaften des Porträtierten herausgearbeitet, die ihn einzigartig machen. Die These „Kein Einzelfall" ist gerade kein sinnvolles Herangehen an ein Porträt. Wenn am Ende das Gefühl im Zuschauer entsteht, dass die Geschichte des Porträtierten kein Einzelfall ist, so ist das ein mögliches und durchaus gewolltes Ergebnis des Porträts.

Für das Fernsehen ist das Porträt eines der kompliziertesten journalistischen Genres, vielleicht das komplizierteste, weil es zwangsläufig von Zeiten und Lebensetappen des Porträtierten erzählt, die vorbei sind, an denen also nicht teilgenommen werden kann. Erschwerend kommt hinzu, dass eine besondere Erzählintensität immer besonders dann erreicht wird, wenn es gelingt, auch von inneren Konflikten zu erzählen, die im Fernsehen naturgemäß kaum darstellbar sind.

Kriterien des Porträts Das Porträt setzt auf die größtmögliche Individualisierung, das heißt, es arbeitet alles heraus, was den Porträtierten einzigartig macht. Dinge, Eigenschaften und Aspekte, die auch von anderen zu erzählen wären, treten in den Hintergrund. Es ist daher eine der zentralen Kontrollfragen bei der Planung eines Porträts, ob dieser oder jener Aspekt tatsächlich nur von oder mit diesem Protagonisten zu erzählen ist oder nicht.

Ein weiterer wichtiger Aspekt des Porträts ist, dass eine Empathie zum Porträtierten möglich sein muss. Es geht dabei keineswegs um bedingungslose Sympathie, vielmehr ist eine Situation, in der dem Zuschauer der Porträtierte egal ist, zu vermeiden. Eine Untersuchung zu einer sehr erfolgreichen Talkshow ergab, dass etwa ein Drittel der Zuschauer die Sendung sahen, weil sie einen der Moderatoren so unerträglich fanden. Auch so eine Form der Emotionalität ist denkbar.

Da es im Porträt auf die Facetten und Widersprüche einer Figur ankommt, ist die Porträterzählung nicht gefangen in Zeit und Raum. Anders als in der Reportage sind Sprünge möglich. Ferner setzt das Porträt auf eine Reduktion von Vorgängen und sucht vor allem solche Vorgänge, die äußere Zeichen für innere Konflikte sind. Eine Beschränkung auf äußere oder sehr vorgangsbezogene Herausforderungen besteht nicht, ganz im Gegenteil.

Allerdings muss ein interessantes Porträt dabei immer einen Weg finden, dem Zuschauer zu ermöglichen, das Dargestellte in Bezug zu seinem eigenem Leben zu setzen, bei aller Individualisierung also dahinter liegende universelle Themen zu berühren, die auch unabhängig von der konkreten Situation des Porträtierten interessant und relevant sind. Häufig gelingt das, indem man das Porträt aus einer nicht zu engen Perspektive erzählt, den Porträtierten also durchaus hinterfragt, statt ihn lediglich lobt oder ausschließlich positiv zeichnet.

Das heißt, das Porträt ist ein durchaus subjektives Genre, welches auf Emotion und Erleben setzt und mit dem sich keine unmittelbare Chronistenpflicht verbindet. Es ist wichtiger zu erzählen, warum eine Person etwas macht, als was sie ganz genau macht. Das Porträt weist insofern eine gewisse Nähe zur Reportage auf, da es ebenfalls auf Emotion, auf Miterleben und eine gewisse Subjektivität setzt. Porträts ermöglichen spannende und beispielhafte Geschichten. Sie sind dann besonders wirkungsvoll, wenn Parallelen oder zumindest Vergleiche zur eigenen Lebenswelt möglich sind.

Die Entscheidung für das Genre ist sinnvoll, um Informationen mit Emotionen zu verbinden und wenn es dabei nicht um möglichst objektive Information geht. Aus diesem Grund eignen sich Porträts auch besonders, als sogenannte B-Stücke, also für eine emotionale Detaillierung in einem Magazin nach einer Nachricht oder einem Bericht mit der umfassenden objektiven Faktenlage zu einem Thema.

Ein Porträt ist auch immer dann eine geeignete Filmform, wenn sich mit einem Thema keine zu große Aktualität verbindet, wenn keine Pro- und Kontra-Situation gegeben ist und wenn es sich nicht um in der Zukunft liegende Ereignisse handelt, die damit erzählt werden sollen.

Eng mit dem Porträt verbunden, jedoch nicht mit ihm zu verwechseln, sind personalisierte Geschichten. Gemeint sind Filmbeiträge zu Themen, die auf eine konkrete Geschichte personalisiert werden. Personalisierung ist gleichzusetzen mit der Individualisierung eines Themas, um mit den Mitteln des Porträts dieses Thema für Zuschauer versteh- und erlebbar zu machen.

Im Fall der Personalisierung sucht man nach der Hauptfigur, deren Attribut einen möglichst großen Abstand zur Herausforderung hat (Fallhöhe). In Porträtgeschichten braucht man äußere Zeichen und Vorgänge für innere Konflikte.

Dramaturgie des Porträts Im Porträt müssen Beweggründe, Motive und Attribute des Porträtierten deutlich werden. Oft gelingt das, indem filmisch Bewährungsproben oder Reibungsflächen geschaffen werden. Ein gewisser Abstand der Erzählperspektive zum Porträtierten verstärkt dieses Anliegen.

Um Menschen für Zuschauer erlebbar zu machen, also tatsächlich ein Gefühl zu ermöglichen, müssen die drei Dimensionen von Menschendarstellungen sorgfältig geführt werden. Diese drei Dimensionen sind:

- Die physiologische Dimension, also Größe, Alter, Aussehen, Haar- und Hautfarbe, Bewegungen.
- Die psychologische Dimension, also Moral, Haltung, Religion.
- Die soziologische Dimension, also Bildung, soziale Schicht.

Damit der Zuschauer das Dargestellte in Bezug zum eigenen Leben setzen kann, braucht es darüber hinaus weitere Anknüpfungspunkte:

- Anforderungen an den Porträtierten.
- Beziehungen des Porträtierten zu anderen Personen.
- Ergebnisse des Tuns des Porträtierten und von ihm bestandene Herausforderungen.
- Einsichten, die der Porträtierte erlangt oder erlangt hat.

Die Eigensicht des Porträtierten reicht dabei niemals aus. Die besonderen Roten Fäden des Porträts sind vor allem die zum Aktionsfeld des Protagonisten gehörenden fachlichen Abläufe, fachliches Denken, insbesondere Abwägen, seine individuellen Vorgehensweisen. Von wesentlich geringerer Bedeutung sind dagegen die Zeit- und Raumfäden. Darin liegt der Hauptunterschied zur Reportage.

Gestaltungsmittel des Porträts In der Kameraarbeit setzt das Porträt einerseits auf szenisches Drehen, andererseits muss es der Kamera gelingen, Räume zu verbinden, denn häufig stehen bestimmte Orte und damit Handlungsräume für (Lebens-)Etappen des Porträtierten. Das gelingt durch möglichst wenige neutralisierende Zwischenschnitte, durch eine klare Farbdramaturgie und durch mit Facetten oder Stationen des Porträtierten verbundene Symbolbilder. Die Kamera ist beobachtend und gelegentlich entdeckend, jedoch möglichst nicht erwartend.

Der Filmton sorgt für Authentizität und ist insofern beim Porträt besonders wichtig. Soll eine Figur in realen Situationen erlebbar werden, ist die Angel das geeignete Instrument, da nur sie einen Ton liefern kann, der zur Kameraposition und damit der Position des Zuschauers passt.

Für die Art des Erlebnisses sorgt die Montage. Beim Porträt setzt man darauf, durch die Montage Figuren zu charakterisieren, indem man auf Eigenheiten fokussiert, gern auch längere Überlappungen (Off-Töne) in Kauf nimmt, um über das gesprochene Wort Zusatzinformationen hinzuzufügen. Der Schnittrhythmus sollte sich entsprechend dem dramaturgischen Verlauf verändern, das heißt Phasen der Spannung und der Entspannung durch Rhythmusänderungen kenntlich machen und unterstützen. Eine Person muss sich in ihrer Interessantheit im Laufe des Films steigern. Umso stärker der äußere Ablauf zu sehen ist, umso stärker kann die innere Geschichte der Figur erzählt werden. Das bedeutet eine Stärkung der Erzähltiefe und im Ergebnis der Informationsdichte und Erzählintensität.

Der Text im Porträt sollte einen gewissen Abstand zum Porträtierten halten, ein Fan oder ein enger Freund sind in der Regel keine guten Erzählfiguren, da man ihnen ohnehin nicht zutraut, Kritisches, Unvorteilhaftes oder Widersprüchliches vom Porträtierten preis zu geben. Langjährige Begleiter, interessierte Reporter können mehr Facetten bieten. Ist der Porträtierte auch im Film eine sehr aktive Figur, kann auch ein auf einen Chronisten reduzierter Erzähler eine angemessene Weise der Textführung sein.

Besondere Formen des Porträts Grundsätzlich eignet sich das Porträt zur Darstellung von allem, was ähnlich wie eine Person aufgefasst werden kann. Zum
Beispiel: Unternehmensporträt, Porträt eines Ortes, Porträt einer Zeit oder das
Porträt einer Gruppe. Wichtig bei dieser besonderen Form ist, dass die Kriterien
des Porträts in Analogie zu einer natürlichen Person Anwendung finden.

Besondere Ausprägungsformen des Porträt sind Biografie und Nekrolog.
In der Biografie wird ein Längsschnitt durch den Weg oder das Leben des Porträtierten gezogen. Im Nekrolog setzt das Porträt stärker auf einen Querschnitt
des Porträtierens. Beiden Ausprägungsformen ist jedoch gemeinsam, dass sie eine
Momentaufnahme sind, in der Regel ausgehend von einem aktuellen Anlass. Ein
Porträt kann daher durchaus auch Wertungen oder Anregungen zur Bewertung
enthalten und damit eine Positionierung des Autors zum Porträtierten.

3.4.3 Bericht

Der Bericht gilt als eine der klassischen Darstellungsformen im Journalismus und
dient der umfassenden aktuellen Information. Er gilt oft als nüchtern und sachlich. Berichte sind tief greifend recherchiert, ausführlicher als beispielsweise die
Meldung oder die Nachricht (vgl. Mast 2008, S. 271) und können daher in unterschiedlichen Längen vorkommen. Der Bericht kann damit Teil einer Nachrichtensendung oder eines Magazins, aber auch eine eigene Sendungsform sein.

Angefangen von sehr kurzen Berichten, die oftmals synonym als Beitrag
bezeichnet werden, mit einer durchschnittlichen Länge von 2 Minuten, können
sie besonders im Bereich von Auslands- oder Hintergrundberichten eine Länge
von bis zu 60 Minuten annehmen.

> Im Fernsehen trifft man auch oft auf den Begriff Dokumentation. Dokumentation
> und Bericht unterschieden sich nicht in der Form, sondern im Inhalt. Dokumentati-
> onen haben oft historische Themen, sie stellen Fakten zusammen, die abgeschlossen
> sind und erzählen sie in einem neuen Zusammenhang. So bekommt der Zuschauer
> Material zubereitet, durch das er sich ein Urteil bilden kann (Heussen 1997, S. 273).

Der Autor vermittelt nicht nur pure Fakten, sondern hinterfragt, präzisiert,
schildert und personalisiert diese. „Damit der Bericht nicht langweilig wird, ordnen gute Autoren die Fakten immer so an, daß eine Hauptfigur und ihre Herausforderung oder Aufgabe spürbar bleiben" (Heussen 1997, S. 272). Oftmals
werden gegenläufige Fakten oder Positionen gegenübergestellt und diskutiert.
„Zudem tritt der Autor durch seine persönliche Herangehensweise, die bildliche

Gestaltung und die Auswahl der Schwerpunkte stärker hervor" (Ordolff 2005, S. 179). Innerhalb des Berichts sind nochmals Unterformen zu unterscheiden: Der „Tatsachenbericht" fasst in erster Linie Fakten nach dem Prinzip „Das Wichtigste zuerst" zusammen, der „Handlungsbericht" hingegen schildert schlicht den Ablauf von Ereignissen. Der Zusammenfassung von Pressekonferenzen, Reden und Interviews dient der „Zitatenbericht" (vgl. Mast 2008, S. 272). Insgesamt beantwortet jeder Bericht die sieben W-Fragen ausführlich. Er ist zudem nicht so zwingend wie die Meldung an eine Tagesaktualität gebunden, weshalb sich nahezu jedes Thema für eine solche Art der Umsetzung eignet (vgl. Bentele et al. 2006, S. 22).

3.4.4 Reportage

Die Reportage verdient besondere Aufmerksamkeit und insofern auch eine besonders detaillierte Betrachtung, da sie das journalistische Genre ist, welches am konsequentesten die filmischen Gestaltungsmittel nutzt, um Erleben zu ermöglichen. Die genaue Kenntnis von Wesen und Mitteln der Reportage ist deshalb auch für die Arbeit in allen anderen Genres wichtig. Wenn es darum geht, Zuschauern – unabhängig vom Genre – ein besonders starkes Erleben zu ermöglichen, sind es die Mittel der Reportage, die dafür sorgen und als Handwerkszeug zur Verfügung stehen.

Die Reportage zählt zu den subjektivsten Darstellungsformen des Fernsehjournalismus. Sie dient der aktuellen Information und zeichnet sich durch eine lebendige und sehr anschauliche Schilderung durch den Reporter aus. Dieser befindet sich für die Recherchen direkt vor Ort, nimmt am Geschehen teil und befragt Zeugen. Die Reportage kann mit einem Erlebnis- oder Erfahrungsbericht gleichgesetzt werden, denn der Zuschauer soll das Gefühl bekommen, selbst dabei zu sein. Dadurch, dass der Reporter nicht an allen Aspekten selbst teilhaben kann, beleuchtet die Reportage beispielsweise im Gegensatz zum Bericht nur einen Ausschnitt der Wirklichkeit und konzentriert sich oft auf individuelle Geschichten.

> Allerdings steht sie auch in der Gefahr, nur die individuelle Geschichte zu fokussieren und die allgemeine Wissensvermittlung zu vernachlässigen. Wird die erhöhte Aufmerksamkeit durch die emotionale Bindung aber optimal auf Fakten gelenkt, wird die Erinnerungsleistung besser sein als in einer zusammenhangslosen Auflistung von Fakten (Kuhle 2007, S. 24).

Nicht alle Themen lassen sich in einer Reportage verarbeiten, da beispielsweise Ereignisse, die in der Vergangenheit stattgefunden haben, nicht mehr durch eine direkt teilnehmende Beobachtung gezeigt werden können. Die Reportage erfreut sich großer Beliebtheit, da sie allein durch ihre Themenwahl oftmals einen hohen Unterhaltungswert hat. Bevorzugt werden Alltagsgeschichten, die sich mit außergewöhnlichen Berufen oder Themen aus der Boulevard-Presse beschäftigen. Von solchen Themen geht bereits an sich eine gewisse Faszination und Brisanz aus. Sie lassen sich sehr gut in einen emotionalen Kontext stellen, der dazu dient, Zuschauer zu binden (vgl. Ordolff 2005, S. 281).

„Im Wissenschaftsjournalismus informiert die Reportage zeitnah über Entdeckungen, Projekte oder Ereignisse aus der Welt der Wissenschaft" (Stuber 2005, S. 107). Ferner eignen sich Reportagen im wissenschaftlichen Bereich für die Berichterstattung von:

> [...] Unglücksfällen, Seuchen oder Missionen mit großem technischem Aufwand [...]. Besonders Themen aus der Raumfahrt bieten sich für Reportagen an. Letztlich können auch Reportagen aus dem Alltagsleben einen wissenschaftsjournalistischen Schwerpunkt besitzen, wenn z. B. der Arbeitsalltag von Medizinern oder sonstigen Wissenschaftlern dargestellt wird (Stuber 2005, S. 107).

In längeren Reportagen gibt es meist neben einem Hauptprotagonisten auch Nebenfiguren und eine Nebenhandlung. „Dreißig Minuten lang nur an den Hauptprotagonisten zu ‚kleben', erschöpft die Aufmerksamkeit des Zuschauers ohne diese Abwechslung recht schnell. Der Spannungsbogen innerhalb der Reportage ließe sich sonst nur schwer aufrechterhalten" (Ordolff 2005, S. 282. Hervorhebungen im Original). Dabei ist es wichtig, auf eine gute Gesamtdramaturgie zu achten und nicht zu viele kleine Geschichten einfach aneinanderzureihen, sondern sie miteinander zu verweben. Auf visuelle Tricks oder Effekte wird in Reportagen weitestgehend verzichtet, um dem Material seine Authentizität nicht zu nehmen (vgl. Ordolff 2005, S. 283ff.).

Die Reportage soll Zuschauer in die Lage versetzen, sich ein Bild von einem Ereignis zu machen, als wäre er selbst dabei gewesen. Sie genügt damit keiner Chronistenpflicht, sondern setzt vor allem auf das Gefühl des Miterlebens im Zuschauer.

Sie ist damit ein durchaus subjektives Genre und das einzige der erzählenden journalistischen Genres, in dem der Journalist, hier der Reporter, klar eigene Eindrücke vermitteln oder sich selbst Fragen stellen kann. Im Fernsehen kann das zum Beispiel sinnvoll sein, wenn Gerüche eine Rolle spielen, wenn eine besondere, mit Bild und Ton nicht zu transportierende Stimmung, zu vermitteln ist oder wenn das eigene Erleben, zum Beispiel durch einen besonders mühsamen Zugang zum Handlungsort, eine wichtige Rolle für die zu erzählende Geschichte insgesamt spielt.

Die Reportage ist eine journalistische Urform. Die Radioübertragung vom Absturz der Hindenburg in New York dürfte eine der ersten elektronisch aufgezeichneten Reportagen sein. Eine gute Reportage lebt, ihrem Ziel, ein Miterleben zu ermöglichen entsprechend, vor allem von einer hohen Authentizität und Emotionalität.

Kriterien der Reportage Die Reportage setzt auf Miterleben. Sie braucht daher eine aktive Hauptfigur. Sie ist zwingend an Zeit und Raum gebunden. Eine durchaus gebräuchliche Definition der Reportage ist daher auch die der Darstellung „eines Ereignisses in seinem zeitlichen Verlauf".

Die zwingende Bindung an Zeit und Raum impliziert, dass die Geschichte in einem Kontinuum von Zeit und Raum erzählt wird, welches nicht gebrochen werden sollte. Nur in dem Bereich, in dem eine Übereinstimmung von Geschichte, Handlungsraum und Handlungszeit zu erreichen ist, kann die Reportage spielen.

Diese konsequente Interpretation der Reportage führt zu gewissen Beschränkungen. So ist es logischerweise nicht möglich, Material, Schauplätze oder auch Experten einzuführen, die nicht am Ort des Geschehens sind.

Der praktische Ausweg besteht gegebenenfalls darin, entweder die vielleicht dennoch notwendigen Experten an den Ort des Geschehens zu holen, oder die Reportage als verfilmte Recherche darzustellen und zu den notwendigen Schauplätzen als Teil der Filmgeschichte zu fahren. Beide Wege freilich sind Hilfskonstruktionen und in der Praxis eher ein Argument, ein anderes Genre zu wählen, wenn beispielsweise Experten eine wesentliche Rolle spielen sollen.

In ähnlicher Weise verhält es sich mit Archivmaterial. Da zeitliche Rücksprünge in der Reportage nicht möglich sind, kann Archivmaterial nur in Szenen gebunden präsentiert werden. Zum Beispiel indem ein Protagonist altes Material vorführt oder in seinem Fotoalbum zeigt oder die Filmhandlung zu alten Dokumenten führt. Grundsätzlich aber gilt auch hier: Die Notwendigkeit, Archivmaterial zeigen zu müssen, ist ebenso ein Indikator, dass die Reportage mutmaßlich das falsche Genre ist, wie es Experten auch sind.

Dramaturgie der Reportage Die Reportage ist stark an äußere Vorgänge und Abläufe gebunden und setzt konsequent auf ein Miterleben. Die Dramaturgie der Reportage ist häufig – ohne dass das der Kommentartext so aussprechen sollte – eine „Schafft er es oder schafft er es nicht..." Erzählweise. Das heißt, es wird eine ganz konkrete, nachvollziehbare und einen eindeutigen Höhepunkt ansteuernde Herausforderung installiert. Diese Herausforderung bezieht sich selbstverständlich immer auf die Hauptfigur, wobei in der Reportage auch der Reporter selbst die Hauptfigur sein kann. Hier ist die konkrete filmtreibende Frage dann, ob er es schafft, etwas heraus zu bekommen, eine Antwort zu finden oder einen Weg zurückzulegen.

Wegen des Anspruchs des Miterlebens sind die zeitlichen und räumlichen Roten Fäden besonders wichtig. Da die Reportage als subjektives Genre jedoch keine Chronistenpflicht hat, geht es dabei immer um Filmzeiten und Filmräume und nicht um die Abbildung von Zeiten und Räumen. Der Maßstab für gut geführte Filmräume und Filmzeiten ist die hinreichende zeitliche und räumliche Orientierung des Zuschauers, das heißt, ein Gefühl dafür, wo und wann die Geschichte spielt. Oder umgekehrt: Wenn Zuschauer sich fragen, wo oder wann gerade etwas ist, dann sind Zeit und Raum unzureichend geführt. Häufig muss der Autor in der Reportage jedoch ganz bewusst entscheiden, was der Filmraum und die Filmzeit ist und sich dabei gegebenenfalls auch sehr weitgehend vom tatsächlich Erlebten lösen. Häufig ist eine deutliche Vereinfachung ein guter Weg, also beispielsweise die Entscheidung, eine Geschichte wie in einem Tag zu erzählen, obwohl man vier oder fünf Drehtage absolviert hat, oder auch durch Tonüberlappungen Szenen gefühlt im Nachbarraum spielen zu lassen, obwohl sie eigentlich im Gebäude gegenüber aufgenommen wurden.

Diese Verantwortung des Autors für Filmräume und Filmzeiten führt häufig zu der Diskussion, ob diese Art der Vereinfachung journalistisch redlich und vertretbar sei. Die Antwort darauf kann nur handwerklich und aus dem Ziel des Genres hergeleitet gegeben werden. Für das Ziel, dem Zuschauer das Gefühl des Miterlebens zu ermöglichen, ist die naturalistische Abbildung von Räumen weitgehend wertlos, zumal die Information, ob das Gespräch mit einer Nebenfigur an einem fernen Ort nun im Nachbarraum oder im Nachbarhaus stattfand, für die eigentliche Aussage ohne Belang ist. Ein den Zuschauer aus dem Erleben reißender Bruch im Film wird hingegen deutlich auf Kosten der beabsichtigten Wirkung gehen – oder die nachvollziehbare Etablierung eines neuen Ortes kostet so viel Filmzeit, dass journalistische Inhalte verloren gehen müssen. Insofern ist die Vereinfachung von Raum und Zeit und die konsequente Fokussierung auf Filmzeiten und Filmräume in der Reportage nicht nur eine zulässige, sondern eine geradezu notwendige Arbeitsweise. Bezogen auf die Nachricht wären diese Empfehlungen freilich völlig untaugliche Ratschläge.

Ein weiterer wichtiger Punkt in der Reportagedramaturgie ist die Beschränkung auf im Film lösbare Herausforderungen an die Hauptfigur. Häufig werden Reportagen im aktuellen Programm der Nachrichtenmagazine oder der Landesprogramme wie „Ein Tag im Leben von…" erzählt. Hier liegt das Risiko auf der Hand. Wenn die Reportage über die kleine Schwimmerin erzählt werden soll, die täglich trainiert, um in zwei Jahren bei Olympia starten zu können, so ist der Start bei Olympia zwar ganz objektiv ihre größte Herausforderung, allerdings ist sie im Film nicht lösbar.

Immerhin wird man maximal einen oder einen halben Drehtag mit ihr verbringen und zum Zeitpunkt der Sendung das Ergebnis keinesfalls kennen. Eine Reportagegeschichte muss daher eine Art „Tagesherausforderung" erzählen, die im Film lösbar ist und vielleicht Teil eines größeren Ziels. Bei der Schwimmerin ist die im Film lösbare Herausforderung, das gewaltige Trainingsprogramm von 100 Bahnen und 80 Kniebeugen heute zu absolvieren, um täglich dem großen Ziel Olympia ein Stück näher zu kommen. Bei dieser Herausforderung wird man den Zuschauer mit einem klaren Gefühl dafür entlassen können, ob sie ihr Tagesprogramm geschafft hat und somit auf einem guten Weg in Richtung Olympia ist. Die Herausforderung ist also im Film lösbar und gibt zugleich einen Hinweis auf den großen Zusammenhang.

Gestaltungsmittel der Reportage Die Reportage setzt auf möglichst unmittelbares Erleben des Zuschauers. Insofern müssen sich auch ihre Gestaltungsmittel so anpassen, dass ein solches Miterleben möglich ist.

Grundsätzlich ist dieses Gefühl des Unmittelbaren am besten zu erreichen, wenn sich die filmischen Mittel so weit wie möglich an den natürlichen Sehgewohnheiten von Zuschauern orientieren, also eine Umsetzungsweise in allen Etappen der Herstellung gewählt wird, die dem entspricht, wie wir uns üblicherweise auch beim tatsächlichen Miterleben von Ereignissen verhalten.

Zunächst einmal heißt das, dass die Reportage konsequent auf den Einsatz von Tricks und Effekten und Extremperspektiven verzichtet. Schließlich gibt es auch in der Realität niemanden, der in Überblendungen schaut oder ein Geschehen unmotiviert auf dem Bauch liegend betrachtet. Konsequenterweise umfasst der Verzicht auf Tricks und Effekte auch solche etablierten optischen Effekte wie Zooms, gibt es doch auch diese nicht beim natürlichen Sehen. Wenn wir im Alltag auf etwas fokussieren, entspricht das eher einem „Heranspringen", also einer schlagartigen Größenänderung und Fokussierung auf ein Detail.

Detailliert man die Prämisse der weitgehenden Annäherung an natürliches Sehen weiter, so heißt das für die Kameraarbeit:

Die Reportage setzt auf szenisches Drehen. Man hat es mit einer motiviert bewegten Kamera zu tun, die in der Regel mit einer leichten Weitwinkligkeit arbeitet. Der Einsatz des Weitwinkels erfolgt in der Reportage aus zwei Hauptgründen. Zum einen führt er dazu, dass einer der für das Erleben ganz maßgeblichen Effekte hergestellt wird, ohne dass dafür gesondert Filmzeit notwendig ist, nämlich die räumliche Orientierung. Eine weitwinklige Darstellung führt dazu, dass ein Bild wesentlich mehr erkennbaren Hintergrund erhält, als es mit einer langen Brennweite der Fall wäre.

Wie wichtig diese räumliche Orientierung ist, zeigen auch Experimente der Wirkungsforschung, die zum Beispiel belegen, dass Menschen auch mit Ortsbezügen träumen. (Jeder Dialog und jede Situation hängt auch im Traum an einem konkreten Raum. Die Fenster sind weiß und die Welt ist hinter den Fensterscheiben zu Ende, wenn wir von Innenräumen träumen).

Ferner hat die Weitwinkligkeit auch noch ganz praktische handwerkliche Begründungen: Die Reportage arbeitet mit einer motiviert bewegten Kamera. Sie folgt häufig Protagonisten und bewegt sich selbst aktiv durch den Raum, so wie wir es auch im Alltagsleben tun. Aus diesem Grund gibt es nur wenige Situationen, in denen in der Reportage ein Stativ zum Einsatz kommt, stattdessen wird von der Schulter oder aus der Hand gedreht. Das führt ganz zwangsläufig dazu, dass die Kamera auch ungewollte Bewegungen ausführt bzw. diese aufnimmt. Je länger nun die Brennweite ist, desto größer kann zwar der Abstand zum Bildgegenstand sein, um so schwerer ist es jedoch, das Bild ruhig zu halten. Eine lange Brennweite führt zu einem „Hebeleffekt", denn eine kleine Erschütterung verstärkt sich um so mehr, desto weiter weg der Brennpunkt liegt.

Man kann diesen Effekt leicht nachvollziehen, indem man sich ein Loch in einen Notizzettel schneidet. Hält man den Notizzettel direkt vor das Auge, ist es trotz der natürlichen Unruhe unserer Hand relativ leicht, ein Objekt durch das Loch zu fokussieren. Hält man nun den Notizzettel am ausgestreckten Arm und versucht durch das Loch auf das Objekt zu schauen, ist das um ein Vielfaches komplizierter. Das Risiko, das anvisierte Objekt aus dem Bild, hier aus dem Loch, zu verlieren, ist ungleich größer und es ist sofort ersichtlich, dass das Bild wesentlich stärker wackelt.

Hinzu kommt noch ein weiterer physikalischer Effekt: Je länger die Brennweite ist, umso geringer ist der Bereich, in dem das Bild scharf ist. Zwar kann eine geringe Schärfentiefe beeindruckende filmische Effekte ergeben und beispielsweise Personen oder Gegenstände in dem (geringen) Schärfenbereich wunderbar hervorheben und von ihrem Hintergrund absetzen, zugleich geht das aber deutlich mit dem Risiko einher, dass versehentlich wichtige Dinge unscharf werden. Eine Reportagekamera, die sich viel bewegt oder viel mit sich bewegenden Personen und Objekten konfrontiert ist, müsste also unentwegt die Schärfe nachregulieren, was praktisch kaum möglich ist. Der in der Weitwinkligkeit wesentlich größere Schärfenbereich sorgt hier für die notwendige Flexibilität.

In der Reportage passt sich auch die Kameraposition dem natürlichen Miterleben an. Eine Reportagekamera ist immer eine entdeckende Kamera, das heißt, die Kamera ist niemals vor dem Protagonisten in einem Raum, sie nimmt den Zuschauer mit, wenn sie neue Filmräume erschließt oder Barrieren überwindet. Die Abb. 3.5 veranschaulicht den Aktionsbereich der entdeckenden Kamera.

Außerdem bewegt sich die Kamera in der Reportage möglichst konsequent auf den Handlungsachsen und vermeidet beobachtende Situationen aus einer

Abb. 3.5 Aktionsbereich
der entdeckenden Kamera

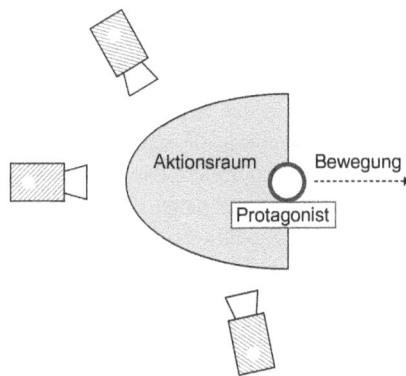

Dreiecksposition. Das szenische und auf Erleben bauende Arbeiten in der Reportage heißt auch, dass keine neutralisierenden Zwischenschnitte benötigt werden. Genau dieses Neutralisieren hieße nichts anderes, als dass die Roten Fäden in Zeit und Raum beendet werden, um anschließend frei bzw. neutral an anderer Stelle beginnen zu können, ein Effekt, der in der Reportage gerade zu vermeiden ist. Dennoch müssen natürlich auch in der Reportage Übergänge geschaffen oder O-Ton Passagen unterbrochen werden. Das dafür geeignetste Mittel sind Bewegungsschnitte. Da das Auge ohnehin sehr stark auf Bewegungen im Bild fokussiert, führt ein Schnitt von einer Bewegung in eine nächste Bewegung dazu, dass Aufmerksamkeit quasi mitgenommen wird und das zweite Bild leichter als logische Fortsetzung des ersten Bildes verstanden wird.

Ein weiteres hervorragendes Mittel sind subjektive Bilder. Das sind Bilder, die (scheinbar) vom selben Standpunkt wie das vorherige Bild gemacht worden sind aber in eine andere Richtung blicken, indem sie beispielsweise den Blick des Protagonisten aufnehmen oder Details im Raum zeigen. Diese subjektiven Bilder funktionieren allerdings nur, wenn Blickhöhe und Bewegungsgeschwindigkeit etwa gleich zum vorangegangenen Bild sind. Werden diese Bilder noch mit einem durchlaufenden Ton (von Bild 1) unterlegt, so sind sie für den Zuschauer völlig unzweifelhaft Teil ein und derselben Szene, nur eben in verschiedene Richtungen geschaut.

Schon aus dieser Art und Weise des Montierens ergibt sich, dass der Ton in der Reportage eine besondere Rolle spielt. Die mehrfach angesprochene notwendige zeitliche und räumliche Orientierung kann häufig durch den Ton erfolgen, indem durch diesen räumliche Bezüge hergestellt oder durch Symbolgeräusche Szenen beendet werden. Man muss sich aber auch immer wieder

deutlich machen, dass der Ton für die Authentizität im Film sorgt und insofern ohnehin in einem auf Emotion und Erleben setzenden Genre von extremer
Bedeutung ist.

Der Text in der Reportage kann dagegen sehr unterschiedlich angelegt sein.
Wenn der Reporter die Hauptfigur ist, kann eine Ich- oder Wir-Erzählung angemessen sein. Das andere Extrem besteht in einem sehr knappen, eher protokollie-
renden Text. Dieser bietet sich dann an, wenn die Vorgänge besonders klar sind
und die Atmosphäre besonders wertvoll ist. Text ist ja zunächst einmal nichts
anderes als ein Sondergeräusch, häufig eines, was das Erleben stört und in der
Reportage gerade die gewollte Authentizität kosten kann.

Eine sehr typische Textform in der Reportage ist die, die aus der Position eines
Begleiters oder auch Freundes des Protagonisten kommt. Diese Textform impliziert einerseits eine für das Erleben durchaus gewollte Nähe und gibt zum anderen die Möglichkeit, dass der Text ein wenig mehr liefert, als die bloßen Fakten
und zum Beispiel den Hinweis gibt „Das ist der Moment, vor dem er die größte
Angst hatte…" o. ä. Grundsätzlich sollte sich aber der Text gerade in der Reportage auf seine klassische dramaturgische Funktion des Steuerns und Orientierens
konzentrieren und so sparsam wie möglich eingesetzt werden.

Besondere Formen der Reportage Eine besondere Form der Reportage und
zugleich eine der Urformen der Reportage ist die verfilmte Recherche. Bei dieser ist der Reporter oder eine Gruppe von Reportern die Hauptfigur, die sich
der Herausforderung stellt, etwas herausfinden zu wollen. Die verfilmte Recherche bietet sich dann an, wenn mit den Mitteln der Reportage eben doch Experten oder weit auseinanderliegende Schauplätze erreicht werden sollen. Sie ist aber
auch eine geeignete Form, wenn der Rechercheweg an sich schon interessant ist,
wenn das Ergebnis des Beitrages im Vorhinein nicht absehbar ist oder auch bei
rechtlich besonders heiklen Geschichten, da es in der Reportage als subjektivem
Genre möglich ist, dass sich der Reporter Fragen stellt, die einer Meinungsäu-
ßerung gleichkommen, die im Bericht eine unter Umständen unzulässige Tatsa-
chenbehauptung wäre.

Eine sehr verbreitete besondere Reportageform ist die Reisereportage. Da man
gerade dabei auf ein besonderes Miterleben setzt, ist die Reportage hier die angemessene Filmform. Problematisch sind jedoch die häufig sehr zahlreichen und
zum Teil weit auseinanderliegenden Schauplätze. Aus diesem Grund ist in Rei-
sereportagen immer der Reporter die Hauptfigur, der die Orte verbindet und so
das Kontinuum von Zeit und Raum ermöglichst, selbst wenn er gar nicht im Bild
erscheint.

Die Doku-Soap ist die serielle Form der Reportage (s. Abschn. 3.5.2).

3.4.5 Feature

Features gehen einer Frage oder einer These nach und untersuchen diese an verschiedenen Beispielen. Es bereitet Stoffe argumentativ-analytisch auf und gestaltet sie in sehr anschaulicher Weise durch zahlreiche Bauelemente:

> [...] wie Interview, Statement, Reportage, szenische Darstellung, Filmbericht, Archivfilme, Fotos, Graphiken usw. werden per Montage zu einem Präsentations- und Argumentationsmuster zusammengefügt, das meist von einem journalistischen Erzählerkommentar (Off-Kommentar) getragen und geleitet wird (Zimmermann 1990, S. 101).

Seine konkreten Ausprägungsformen sind vielfältig, da es auf die bewusste Vermischung unterschiedlicher Genreelemente setzt. Es eignet sich besonders, um komplexe Sachverhalte oder Fragestellungen, zu denen es verschiedene Entwicklungen oder Antwortoptionen gibt, erlebensstärker zu erzählen, als es im Erklärstück oder in einer Protagonist – Antagonist Konstellation möglich wäre. In der kurzen Form eignen sich Features besonders für Fachredaktionen wie Gesundheit, Wirtschaft und Verbraucher, aber auch für Umwelt oder Soziales, um ein Thema facettenreich darzustellen.

Der Begriff Feature wird vielerorts, vor allem innerhalb des öffentlich-rechtlichen Fernsehens, als Synonym für Langformate verwendet. Das ist traditionell so gewachsen, da Features eine sehr verbreitete Form des langen journalistischen Films waren, hat aber mit der eigentlichen Genreeinteilung nichts zu tun.

Kriterien des Features Das Feature beginnt mit einer mit filmischen Mitteln installierten Frage oder These. Die Antwort darauf muss im Feature nicht eindeutig sein. Sie wird anhand verschiedener Beispiele oder „Fälle" gegeben, so dass es im Feature verschiedene Antwortangebote geben kann oder auch ein Pro und Kontra Diskurs möglich ist. Zuschauer finden ihre Antwort aus der Summierung der Informationen und Eindrücke aus den verschiedenen Beispielen. Die individuelle Wirkung ist im Feature daher weniger eindeutig steuerbar, der Einfluss persönlicher Vorerfahrungen und Haltungen von Zuschauern ist vergleichsweise groß.

Trotz seiner Vielfalt ist das Feature gerade kein Episodenfilm. Es darf nicht in verschiedene Episoden zerfallen, sondern muss die Beispiele so miteinander verflechten, dass sie in einer inneren Logik der filmtreibenden Frage oder These folgen und so portioniert neue Informationen oder Aspekte liefern, dass dadurch eine Steigerung innerhalb des Films stattfindet. Diese Steigerung kann jede Form von gerichteter Entwicklung sein, vom Allgemeinen zum Konkreten, vom Einfachen zum Komplizierten, vom Öffentlichen zum Höchstpersönlichen o. ä.

Die persönliche Meinung des Journalisten tritt im Feature in den Hintergrund. Er hat innerhalb des Films unter Umständen eine verbindende oder ergänzende Rolle. Außerhalb des Films kommt seine Haltung selbstverständlich bereits durch die Auswahl von Schwerpunkten und Protagonisten zum Tragen.

Dramaturgie des Features Das Feature benutzt mehrere parallele Handlungsstränge, da es eine Frage oder These an verschiedenen Beispielen untersucht.

Das dramaturgische Prinzip führt dabei von einer Frage und der Herausforderung, darauf eine Antwort erhalten zu wollen, hin zur Erkenntnis. Die Hauptfigur kann dabei eine Stellvertreterfigur sein, also der Journalist, der stellvertretend für den Zuschauer die Untersuchung der Frage oder These in Angriff nimmt, ohne sich dabei selbst zu thematisieren. Oder die Protagonisten der einzelnen Fälle werden zu einer Gruppenfigur zusammengefasst, die vor einer gleichen oder zumindest ähnlichen Frage oder Lebenssituation stehen und sich erst in ihren Bewältigungsstrategien unterscheiden.

Der maßgebliche und den Film horizontal verbindende Rote Faden ist daher der argumentative, der vom Start mit der Frage oder These bis zum Angebot einer Antwort bzw. der unterschiedlichen Antworten darauf führt. Er wird mit der dem Thema immanenten Fachlogik verwoben. Natürlich ist auch die Führung von weiteren Roten Fäden, zum Beispiel Zeit und Raum oder natürlichen Abläufe möglich, sofern es im Feature Handlungsstränge gibt, mit denen diese sinnvoll zu verbinden sind.

Da der Zugewinn an Erkenntnis beziehungsweise die Antwort auf eine Frage oder These das Ziel des Features ist, kann die Erzählperspektive durchaus distanziert sein. Das ist vor allem dann vorteilhaft, wenn sehr unterschiedliche Fälle und Handlungsstränge erzählt werden. Eine distanzierte Erzählperspektive ist dann gut geeignet, diese zu verbinden.

Gestaltungsmittel des Features Das Feature setzt auf die bewusste Mischung von Gestaltungselementen verschiedener Genres. Wichtig ist jedoch, dass es eine bewusste und systematische Kombination unterschiedlicher Gestaltungsmittel ist.

Eine sinnvolle Gliederung ist die nach einzelnen Handlungssträngen, sodass es Handlungsstränge gibt, die mit den Mitteln der Reportage erzählt werden, während andere dokumentarisch erzählt werden und wieder andere beispielsweise mit Mitteln der Bildbearbeitung oder Verfremdung herausgehoben werden. Bei der Zuordnung der Gestaltungsmittel zu Handlungssträngen des Features ist zu beachten, dass diese den Film im Ergebnis möglichst horizontal durchziehen sollten, es also zu einer Abwechslung und nicht zu einer Aneinanderreihung unterschiedlicher Gestaltungsmittel kommt.

3.4.6 Dokumentation

Dokumentationen rücken ein Thema in den Mittelpunkt, entwickeln dieses und stellen es in einen größtmöglichen Zusammenhang. Die These wird, anders als im Feature, nicht an den Anfang gestellt, sondern im Verlauf entwickelt (vgl. Hißnauer 2011, S. 229). Aus diesem Grund gehen Dokumentationen oft auch auf die Entwicklungen vor und nach einem Ereignis ein (vgl. Schult und Buchholz 2011, S. 225; sowie Stuber 2005, S. 106).

Dokumentationen können in zahlreichen Erscheinungsweisen auftreten, die sich meist bestimmten Themenfeldern zuordnen lassen. So sind Tier-Dokumentationen meist beobachtend, historische Dokumentationen hingegen arbeiten bevorzugt mit Zeitzeugen und Archivaufnahmen. Betroffene kommen eher in Sozial-Dokumentationen zu Wort (vgl. Ordolff und Witzke 2005, S. 272). Eine Wissenschaftsdokumentation wird häufig eine Pro- und Kontra-Diskussion zu einer neuen Entwicklung führen oder einer stringenten Argumentationskette folgen. Grundsätzlich behauptet eine Dokumentation schon per se, dem Publikum gegenüber immer einen hohen Authentizitätsanspruch zu haben und belegt dieses mit gründlicher Recherche, Expertengesprächen, zahlreichem dokumentarischen Material und Originalaufnahmen. Sie „[...] bedienen sich filmisch spezifischer formaler und ästhetischer Mittel (z. B. Ansprache in die Kamera, Interview vor der Kamera, Off-Sprecher als Erzähler), um diesen Wirklichkeitsanspruch dem Publikum zu vermitteln" (Bentele et al. 2006, S. 48). Das Interview ist ein wesentliches, die fachliche Authentizität stärkendes Gestaltungsmittel in Dokumentationen, da mit ihm Ansichten und Motive in den Film einfließen können, die man auf andere Weise nicht bekommen würde.

Die Dokumentation ist quasi die lange Form des Berichts. Ihr Ziel ist es, eine Frage oder ein Ereignis aus verschiedenen Perspektiven so zu beleuchten, dass es dem Zuschauer möglich ist, Zusammenhänge zu verstehen und sich ein möglichst objektives Bild davon zu machen. Die Dokumentation ist insofern ein sehr sachliches Genre, das stark darauf setzt, verschiedene Facetten und Aspekte eines Themas so zu verbinden, dass sich ein klares und homogenes Bild ergibt. Die Interpretation obliegt dem Zuschauer selbst und nicht dem Autor.

Kriterien der Dokumentation Dokumentationen haben in der Regel in der Vergangenheit liegende Sachverhalte oder Ereignisse zum Gegenstand. Diese können vollständig oder nur in Teiletappen abgeschlossen sein. Dokumentationen eignen sich jedoch auch, gerade in fachlichen Zusammenhängen, wie Gesundheit oder Wissenschaft, um einen „Stand der Dinge" zu präsentieren.

Die Dokumentation bemüht sich dabei um Objektivität, indem sie die verschiedenen Perspektiven der Geschichte beachtet und Pro- und Kontra-Sichten darauf darstellt. Die Dokumentation nutzt dazu alle verfügbaren Materialquellen, von Experten bis zu Archivausschnitten, Fotos oder Infografiken.

Dramaturgie der Dokumentation Die Dramaturgie der Dokumentation folgt einerseits einer stark argumentativen Struktur, andererseits aber auch einer zeitlichen bzw. historischen Abfolge. Das der Dokumentation damit immanente Risiko der Aufzählung kann minimiert werden, indem Handlungsstränge mit Personen verbunden werden und konsequent Spannungsbögen zwischen verschiedenen Punkten der Dokumentation gezogen werden. Besonders geeignete dramaturgische Prinzipien dafür sind: Andeutung – Ausführung, Behauptung – Beweis.

Des Weiteren ist zu beachten, dass echte Steigerungen in der Abfolge der Detailgeschichten erfolgen. Diese können sich als quantitative oder qualitative Fäden vollziehen, indem zum Beispiel eine Entwicklung einem beabsichtigten Ergebnis immer näher kommt, etwas immer besser oder genauer oder ein Problem immer größer wird. Auch in der Dokumentation ist das dramaturgische Prinzip des Hürdenlaufes gut umsetzbar, sofern eine Steigerung der Hürdenhöhe möglich ist.

In der horizontalen Verteilung der Information in der Dokumentation ist die klassische Drei-Akt-Struktur eine besonders geeignete und rezipientenorientierte Präsentationsform.

Gestaltungsmittel der Dokumentation Die Dokumentation lebt von einer konsequenten Nutzung aller im Fernsehen möglichen Darstellungsebenen und einem besonders intensiven Wechsel zwischen ihnen. Das gestalterische Rückgrat sind in der Regel O-Ton und Archivmaterial. Da die Dokumentation sachorientiert ist, werden O-Töne eingerichtet und nicht situativ gedreht.

Die Kamera in der Dokumentation ist beobachtend und nicht miterlebend oder kommentierend.

Von ganz besonderer Bedeutung ist die Montage, da unterschiedliche Materialebenen vereint und so miteinander verwoben werden müssen, dass trotz der Sachlichkeit des Gegenstands eine möglichst starke miterlebende Anteilnahme möglich wird.

Die Erzählperspektive erfolgt durchaus distanziert. Das historische Präsens kann ein sehr gutes Textmittel sein, um das Nacherleben für Zuschauer zu stärken.

Besondere Formen der Dokumentation Doku-Drama bezeichnet eine Form der Dokumentation, in der Spielszenen genutzt werden, um Situationen oder

Ereignisse erlebbar zu machen. Auch wenn diese Szenen in ihrer konkreten Erscheinungsform natürlich dem Grundprinzip des Dokumentarischen entgegen stehen, gehört diese Form dennoch zum Genre der Dokumentation, da die Szenen illustrativ eingesetzt werden.

Langzeitdokumentationen erzählen einen Zeitraum nicht aus einer retrospektiven Perspektive, sondern aus der Position einer teilhabenden Beobachtung. In diesem Fall entspricht der Drehzeitraum etwa dem Ereigniszeitraum, so dass hier vor allem Verläufe und persönliche Entwicklungen filmisch besonders genau beschrieben werden können.

Doku-Serien sind häufig eine zur leichteren Programmierung oder zur besseren Finanzierung oder Vermarktung verbundene Reihe von Dokumentationen. Die in Doku-Serien zusammengefassten Dokumentationen sind dabei auch als Einzelstücke im Programm einsetzbar. Der Reihencharakter kommt durch gemeinsame Merkmale, gleiche Dramaturgie, einheitliche Optik oder auch nur einen gemeinsamen Reihentitel zustande.

3.5 Hybride dokumentarische Fernsehformen

Die Anforderungen an non-fiktionale Fernsehdarstellungen, insbesondere Dokumentationen, haben sich in den letzten Jahren deutlich verändert. Wie bereits im Kapitel zur Hybridisierung beschrieben, hat sich das Publikum an hohe visuelle und dramaturgische Standards gewöhnt und diese werden auch von Dokumentationen inzwischen erwartet. Bilder müssen aufregend sein, der Stoff muss sich dramaturgisch gut aufbereiten lassen (vgl. Ordolff und Witzke 2005, S. 274).

„Wie jede Form unterliegt die Dokumentation zeittypischen Entwicklungen:

- Es werden häufiger Reihen entwickelt, um im Programm aufzufallen.
- Viele Sendeplätze werden stärker formatiert, um die Wiedererkennbarkeit zu erhöhen.
- Es geht hin zu Themen, die sich auch als Geschichte erzählen lassen.
- Elektronisch verfremdete dokumentarische Symbolbilder werden häufiger eingesetzt (entweder für Textpassagen oder als optisch attraktive Elemente).
- Reportagehaften Sequenzen werden auch in Dokumentationen häufiger.
- Aufwendige grafische Rekonstruktionen gehören […] zum Standard.
- ›Hochglanz‹-Dokumentationen, wie die zeitgeschichtlichen Arbeiten von Guido Knopp und seinen Mitarbeitern im ZDF, wirken stilprägend.

- ›Hybridformate‹, Mischungen aus Fiktionalem und Dokumentarischem werden auf Primetimeplätzen versucht" (Witzke und Rothaus 2010, S. 81f. Hervorhebungen im Original).

Das erzählerische Moment und eine erlebnisorientierte Darstellung rücken in dieser Darstellungsform vermehrt in den Vordergrund. Dokumentationen sind inzwischen in gestalterischer oder formaler Hinsicht nicht mehr an einmal konstatierte Einschränkungen gebunden. Die Grenzen zwischen den Genres zerfließen. Von authentischer bis hin zu inszenierter Arbeits- und Vermittlungsweise ist alles erlaubt (vgl. Wolf 2003, S. 89; sowie Ordolff und Witzke 2005, S. 268).

> Wenn der Autor keine filmischen Bild- und Tondokumente präsentieren kann, hat er die Möglichkeit auf (Experten-)Interviews, Archivbilder, Aktenauszüge, Fotos, Grafiken, Animationen etc. auszuweichen. […] Lange Zeit galten bei der Dokumentation Inszenierungen als nicht statthaft; wenn sie doch eingesetzt wurden, sollten sie zumindest für den Zuschauer, z. B. durch eine Schrifteinblendung, erkennbar gemacht werden. Heute wird das häufig nicht mehr so gesehen (Ordolff und Witzke 2005, S. 272).

Aus diesen Freiheiten der Dokumentation resultierend lässt sich oftmals nicht mehr eindeutig sagen, was noch als Dokumentation bezeichnet werden kann oder eigentlich schon eine eigene hybride Mischform darstellt. Die Übergänge sind in diesem Fall tatsächlich als fließend zu bezeichnen. In Dokumentationen wird dramatisiert und inszeniert, es werden Indizien hinzugefügt und Elemente des Spiel- und des Dokumentarfilms zunehmend gemischt. Welche weiteren Formen des Dokumentarischen sich damit entwickelt haben, soll nachstehend aufgezeigt werden.

Alle im Folgenden beschriebenen Formen sind inzwischen als eigene Darstellungsformen in der Film- und Fernsehwissenschaft anerkannt. Aus diesem Grund wird ihnen hier Raum für eine jeweils eigene Betrachtung geschenkt. Durch die noch immer anhaltende und zunehmende Hybridisierung der dokumentarischen Formen lassen sich die folgenden Definitionen jedoch nicht als normativ oder gar vollständig betrachten.[7] Aus diesem Grund gilt besonders heute: „Was für wirklichkeitsgetreu und deshalb auch dokumentarisch gehalten wird und was nicht, wird im gesellschaftlichen Kommunikationsprozess stets neu verhandelt" (Ertel und Zimmermann 1996, S. 9).

---

[7] Zur Thematik der hybriden Fernsehformen im Allgemeinen: vgl. Ordolff (2005, S. 262); Wolf (2003, S. 30f.); Chapman (2009, S. 8).

3.5.1 Doku-Drama

„Was kann man [...] von diesem Genre erwarten?

- Inhalte, die authentisch sind.
- Stoffe, die man nicht anders darstellen kann.
- Ergebnisse investigativer Recherche.
- Stets neue Varianten zwischen ›Fiktionalem‹ und ›Dokumentarischem‹ – auf faktischer Grundlage" (Brauburger 2005, S. 312. Hervorhebungen im Original).

Das Doku-Drama zählt bereits seit vielen Jahren zu den Hybridformen des dokumentarischen Fernsehens und vermischt gezielt Gestaltungsmittel des Fiktionalen und Dokumentarischen. Grundlage bieten faktische Materialien wie Zeitzeugenaussagen und Archivmaterial, die oftmals in der Machart einer Reportage oder eines Berichtes präsentiert und gezielt in die Form eines klassischen Dramas mit Exposition, Klimax und Auflösung gebracht werden. Das Doku-Drama bietet:

> [...] Raum für dramaturgische Gestaltung. Die Festlegung von Hauptpersonen, die Auswahl von Schauplätzen, Spannungsbögen, das Setzen filmischer Höhepunkte, die Hinführung zu argumentativen und emotionalen ›Zielen‹ – all das ist umfassender möglich als bei einer Dokumentation. Natürlich geben die historischen Fakten auch beim Doku-Drama den Rahmen vor, doch kann der Autor hier die Pflöcke anders setzen und freier bestimmten, wie er von A nach B kommt (Brauburger 2005, S. 318. Hervorhebungen im Original).

Ereignisse, die nicht authentisch mit gedreht werden konnten, werden durch Spielszenen nachinszeniert. Die Spielszenen dienen in erster Linie dazu, Handlungsverläufe, Motive und Intentionen der Akteure sichtbar zu machen (vgl. Ordolff 2005, S. 262f.; Bentele et al. 2006, S. 48). Elemente des Dokumentarischen und Fiktionalen gehen also inhaltlich eine gleichberechtigte Verbindung ein, was bedeutet, dass weder die Spielszenen nur zur Bebilderung von Dokumenten, noch Dokumente nur zum Beleg der Spielszenen dienen (vgl. Neumann 2008, S. 73; Hißnauer 2011, S. 274f.). Häufig wird in diesem Zusammenhang betont:

> Ihre Dramaturgie wird nicht erfunden, sondern sie ergibt sich aus der Wahrnehmung des jeweiligen tatsächlichen Ereignisses. Diese Wahrnehmung definiert Spielszenen, die neben dokumentarischen Ausschnitten aus der Wirklichkeit stehen. Nicht bewusstes Erfinden, sondern die Abbildung der wahrgenommenen Realität bestimmt das Dokudrama – und damit ein journalistisches nonfiktionales Prinzip (Karstens und Schütte 2010, S. 151).

Das Themenspektrum für Doku-Dramen ist breit gestreut. Allerdings setzte besonders Heinrich Breloer mit international erfolgreichen Filmen wie *Die Manns* oder *Speer und Er* recht hohe Maßstäbe, sodass Themen für Doku-Dramen seitdem Voraussetzungen wie Brisanz oder Prominenz erfüllen müssen, um als gut umsetzbar und Erfolg versprechend zu gelten (vgl. Brauburger 2005, S. 313). Heute finden sich bevorzugt „[...] historische Wendepunkte und Skandale, Politkrimis und spannende Biografien, die im Vordergrund stehen [...]" (Brauburger 2005, S. 314) in Doku-Dramen wieder.

Der größte Unterschied zu anderen dokumentarischen Formen ist, dass Doku-Dramen meist als Einteiler von mindesten 90 Minuten Länge, in Ausnahmefällen mit bemerkenswertem Umfang als Dreiteiler produziert werden (vgl. Brauburger 2005, S. 314). Für kürzere Formen, insbesondere 45-minütige Filme mit Spielszenen, wird der Begriff der Dokumentation mit Reenactment gebraucht. Von individuellen Prämissen einzelner Fernsehveranstalter geprägt und damit ausgesprochen verschieden ist, wie hoch der Anteil fiktionaler Elemente gegenüber faktischen sein darf, damit ein Film als Doku-Drama bezeichnet werden kann. Extreme in den Programmen, vor allem in den Programmen von Discovery und National Geographic, arbeiten mit 100 Prozent inszenierten Anteilen. Üblicherweise gehen beide Elemente eine gleichberechtigte Verbindung ein, was aber noch lange nicht heißt, dass sie in gleichem Umfang eingesetzt werden. Da sich beispielsweise auch in der klassischen Dokumentation inzwischen Nachinszenierungen finden lassen, es aber auch Doku-Dramen gibt, bei denen faktisches Filmmaterial eine untergeordnete oder gar keine Rolle mehr spielt, sind die Begrifflichkeiten sehr unscharf definiert. Auf dem internationalen Fernsehmarkt wird mit dem Begriff des Doku-Dramas gerne alles betitelt, was sich nicht eindeutig als Spielfilm oder Dokumentation einordnen lässt.

3.5.2 Doku-Soap

Ebenfalls den hybriden Formen zuzurechnen ist die dokumentarische Serie. Sie vermischt die Dramaturgie fiktionaler Serien mit dokumentarischen, reportageähnlichen Elementen und Materialien. Reale Handlungen sowie das Verhalten und die Persönlichkeiten der Protagonisten werden erzählerisch in eine serielle Dramaturgie eingepasst. Ein ähnlicher Aufbau ist beispielsweise aus Daily-Soaps bekannt, weshalb diese Hybridform auch häufig als Doku-Soap bezeichnet wird (vgl. Koch-Gombert 2005, S. 244).

> Die Doku-Soap ist das Ergebnis gleich mehrerer Trends des modernen Fernsehens:
> Der Serienbildung, der Suche nach wiedererkennbaren Formaten, des erwachten

Interesses an ‚Menschen wie du und ich' (‚Real-People-Fernsehen') und – last, not least – der Entstehung ‚hybrider Formen' (Witzke 2005, S. 295. Hervorhebungen im Original).

Im Mittelpunkt stehen bei dieser Form immer die Protagonisten, die über mehrere Episoden dabei beobachtet werden, wie sie leben (und manchmal auch leiden). Konzentriert wird sich dabei meist nicht auf eine Person, sondern die Geschichten mehrerer Protagonisten werden parallel erzählt (vgl. Chapman 2009, S. 13f.). Dadurch, dass die Doku-Soap hauptsächlich von ihren Protagonisten lebt, werden für diese inzwischen aufwendige Castings veranstaltet, wie es sie früher nur für den Spielfilm gegeben hat.

Protagonisten für eine Doku-Soap sollten besonders sein: charakteristische Typen, ausdrucksfähig mit einem hohen Identifikationsmerkmal. Sie sollten mit anderen Menschen zu tun haben, denn das führt zu Dialogen. Sie sollten etwas unbedingt machen oder erreichen wollen, am besten gegen Widerstände: der Single, der eine Freundin sucht; der Polizist, der einen Mörder jagt etc. Das gibt dramaturgisch nutzbare Konflikte (Witzke 2005, S. 302).

Jede Folge ist in sich wie ein klassisches Drama aufgebaut und wird mit Spannungsbögen versehen (vgl. Schult und Buchholz 2011, S. 233). „Cliffhanger" werden platziert, um auf die nächste Folge hinzulenken. Die Geschichten folgen häufig einer Ereignisdramaturgie, einer Abfolge von Höhepunkten (vgl. Wolf 2003, S. 95).

Den Durchbruch erlangte die Doku-Soap im deutschen Fernsehen gegen Ende der 90-er Jahre des 20. Jahrhunderts mit Serien wie *OP – Schicksale im Klinikum* oder *Frankfurt Airport* des ZDF, die zu dieser Zeit allerdings noch „dokumentarische Filmerzählung" genannt wurden (vgl. Witzke 2005, S. 296f.).

Doku-Soaps können je nach Schwerpunktsetzung nochmals differenziert werden. Wird eher eine Gruppe von zusammengehörenden Protagonisten begleitet, handelt es sich um eine typenorientierte Doku-Soap. Geht sie von einem speziellen Thema aus, liegt eine themenorientierte Doku-Soap vor. Besonders für diese Form werden ausführliche Protagonisten-Castings veranstaltet. Weiterhin gibt es die ortsbezogene Doku-Soap, die sich mit Protagonisten auseinandersetzt, welche einen gemeinsamen örtlichen Bezug, z. B. einen gemeinsamen Arbeitsplatz haben. Zuletzt ist noch die gebaute Doku-Soap zu nennen. „Einzeln gecastete Protagonisten werden in einem inszenierten ›Setting‹ zusammengebracht (z. B. ›Schwarzwaldhaus 1902‹). Dort werden sie mit verschiedenen Situationen konfrontiert, gewissermaßen einem Versuch ausgesetzt" (Witzke 2005, S. 301. Hervorhebungen im Original). Doch gerade diese Vielfalt an Formen lässt auch Kritik laut werden. So fragt sich beispielsweise Fritz Wolf:

Höchst unklar ist also, was eine Doku-Soap eigentlich sein soll. Möglicherweise ist der Begriff, der als Etikett auf dokumentarische oder pseudodokumentarische Mehrteiler geklebt wird, ein Hindernis, wenn man sich darüber Gedanken machen will, ob hier wirklich ein neues Genre entsteht. Zu verschieden sind die Produkte, in ihrer Absicht ebenso wie in der Ästhetik, in den Produktionsbedingungen ebenso wie in der Realisierung (Wolf 1999, S. 4).

Aus der Doku-Soap hervorgegangen ist das sogenannte „Reality-TV", oft auch als „Real-People-Format" bezeichnet, auf das hier nur der Vollständigkeit halber verwiesen werden soll. Reality-TV-Formate wie *Big Brother* von RTL2 oder *Ich bin ein Star – holt mich hier raus* von RTL verbinden das typische Merkmal der Doku-Soap, das Beobachten echter Menschen, mit Live-Fernsehen. Eingebettet in moderierte Live-Sendungen werden Zusammenfassungen des Geschehens im Container oder Dschungel gezeigt (vgl. Witzke 2005, S. 297).

3.5.3 Fake-Doku und Fiktive Dokumentation

Zu den Fake-Dokus sind verschiedene Darstellungsformen zu rechnen. Manche Fake-Dokus sind durch ihre Gestaltungsweisen nur schwer von Doku-Soaps zu unterscheiden. Zu ihnen zählen Serien wie *Lenßen und Partner* (Sat.1) oder *Die Abschlussklasse* (Pro 7) (vgl. Schult und Buchholz 2011, S. 234).

> Zu den Stilmitteln der Serie gehören u. a. eine ‚verwackelte' Kameraführung und Sequenzen, die anmuten, als sei eine versteckte Kamera in der realen Welt eingesetzt worden. Auf diese Weise wird der Eindruck erweckt, eine Reportage anzuschauen, obwohl es sich um ein fiktionales Format handelt […] (Karstens und Schütte 2010, S. 151. Hervorhebungen im Original).

Solche Serien werden in der Fernsehpraxis oft auch als Pseudo-Dokus bezeichnet. Unter den Begriff fallen aber auch sogenannte „Mockumentaries". Sie basieren auf Drehbüchern und Inszeniertem, werden formal jedoch als Dokumentationen oder Dokumentarfilme rezipiert. An dieser Stelle ist aber noch lange nicht Schluss: „Das geht hin bis zu […] Dokumentationen wie der über die Geschichte der Drachen, die so tut, als hätten diese Fabelwesen wirklich gelebt" (Ordolff 2005, S. 262). Normative Begriffe haben sich für diese Darstellungsformen in der Fernsehwissenschaft allerdings noch nicht gänzlich ausdifferenziert.

Von den Fake-Dokus zu unterscheiden sind fiktive Dokumentationen. Auch sie arbeiten bewusst mit dokumentarischen Codes, gründen aber auf wahrscheinlichen Ereignissen. „Die Dramatisierung steht dabei im Dienst einer dokumentarischen/journalistischen Intention" (Hißnauer 2011, S. 312). Ihre Inhalte werden ausführlich recherchiert, ihre Basis sind beispielsweise wissenschaftliche Erkenntnisse (vgl. Hißnauer 2011, S. 332f.). Aber auch hier besteht die Gefahr, schnell in den Bereich der Fake-Doku abzugleiten.

> Another problem is presented by the rapidly growing potential of computer animation. In science television this is especially important in animal shows. Documentary broadcasts about extinct animals often use simulation to give audiences an impression of how scientists believe that, say, dinosaurs may have looked on the basis of fossil record. But there is evidence to suggest that many viewers think the pictures are real – and sometimes even try to find animal parks where they can see them (Göpfert 2006, S. 139).

Beliebt ist in diesem Bereich auch die Visualisierung und Inszenierung von Zukunftsszenarien, beispielsweise die Auswirkungen von möglichen Meteoriteneinschlägen auf der Erde oder die Folgen einer weltweiten und unbeherrschbaren Virusinfektion. So wurde auf VOX eine britische Produktion namens *Unsichtbare Killer* (Originaltitel *Smallpox 2002*) ausgestrahlt, die ein gutes Beispiel für völlige Entgrenzung bietet:

> Der Film erzählt in einer ‚Zukunftsreportage' von einem Bio-Angriff auf die USA mit Pockenviren im Jahre 2002. Dazu zieht er alle Register dokumentarischen Fernsehens: Handkamera, Reportagestil, Home-Videos, echte und falsche Nachrichten, echte und falsche Experten. Er entfaltet ein dramatisches Geschehen – als Stoff virulent und real, als Film vollkommen fiktiv. [...] Bei VOX jedenfalls tat man sich schwer, den richtigen Begriff zu finden. Handelt es sich um eine ‚fiktive Dokumentation'? Oder um die Dokumentation eines ‚Fiktiven Ereignisses'? (Wolf 2003, S. 74f. Hervorhebungen im Original).

Für alle beschriebenen Formen gilt gleichermaßen: „Gelegentlich wird der Zuschauer im Unklaren darüber gelassen, ob solche Sendungen real oder erfunden sind" (Ordolff und Witzke 2005, S. 277). Hier stellt sich die Frage, wie weit man im Rahmen der Hybridisierungsmöglichkeiten gehen sollte und wo die Grenzen zu setzen sind.

> Fake or pseudo-documentary are terms used to refer to forms which blur the distinction between documentary and fictional material. This is problematic when it becomes deceptive. Material that has been artificially aged or in other ways made to look or sound like historical footage may, at a later date, be mistaken for old material (Göpfert 2006, S. 139).

Werden solche Möglichkeiten genutzt, sollte den Zuschauern immer klar gemacht werden, dass es sich nicht um reale Bilder und Geschichten handelt. Es

kann nicht bestritten werden, dass es sich bei den genannten Darstellungsformen gewissermaßen um Fälschungen handelt. Allerdings sollte immer danach
gefragt werden, welcher Zweck mit ihnen verfolgt wird. In vielen Fällen, so
Christian Hißnauer, gehe es schlichtweg um die Popularisierung von Wissen
und viele fiktive Dokumentationen hätten eine aufklärerisch-politische Intention
(vgl. Hißnauer 2011, S. 335f.).

3.6   Einordnung von Wissenschaftssendungen

> In einer Wissens- oder Wissenschaftssendung wird ein Stück Realität in eine Dar-
> stellung dieser transformiert, die wiederum wie durch einen Filter vom Publikum
> wahrgenommen wird. Dieser Vorgang wird durch viele Faktoren beeinflusst, so dass
> ein konstruiertes Bild der Wirklichkeit entsteht (Kuhle 2007, S. 22).

Wissenschaftssendungen sind im Fernsehen Teil des dokumentarischen Ganzen, an das damit besondere Anforderungen gestellt werden. Die Anforderungen ergeben sich bis zu einem gewissen Punkt aus medienrechtlichen Tangenten,
vor allem aber aus den Publikumserwartungen in unserem Kulturkreis. Wesentlich stärker als in den sich primär der klassischen Dramaturgie unterordnenden
Erzählweisen auf dem nordamerikanischen Fernsehmarkt erwartet mitteleuropä-
isches Publikum von dokumentarischen Sendungen, Realität in ihrer vorgefun-
denen Ursprünglichkeit und äußerst objektiv zu behandeln, was der Arbeitsweise
in Wissenschaft und Forschung entgegen kommt. In nahezu jeder Wissenschaftssendung wird beispielsweise das Interview mit echten Experten als ein Instrument
der Wissensvermittlung genutzt. Durch Interviews wird der Authentizitätscha-
rakter von Wissenschaftssendungen deutlich erhöht. Experten, Betroffene und
Beobachter können sich zu einem Sachverhalt äußern und Annahmen erklären,
bestätigen oder widerlegen. Eine faktische und belegbare Basis spielt in jedem Fall
in unserem Kulturkreis eine übergeordnete Rolle.
   Ein eindrucksvolles Beispiel für die Verschiedenartigkeit der Gewohnheiten
und Erwartungshaltungen in verschiedenen Kulturkreisen ist beispielsweise an
verschiedenen Dokumentationen über den russischen Raketenerfinder Koroljow
zu beobachten. Während eine von der BBC geführte Dokumentation, an der auch
die ARD über den NDR beteiligt war, das Leben Koroljows in allen wesentlichen
Eckpunkten und mit tatsächlichen Daten erzählt, produzierte das amerikani-
sche öffentlich-rechtliche Fernsehen PBS mit seinem Science Departement fast
zeitgleich ebenfalls einen Film über Koroljow. Allerdings stirbt in diesem Film
Koroljow nicht wenige Monate vor der amerikanischen Mondlandung an einem

Herzinfarkt, sondern erst, nachdem er die Niederlage erlebt hat, von den Amerikaner überholt worden zu sein. Aus Sicht der Amerikaner eine dramaturgische Notwendigkeit und daher eine Selbstverständlichkeit, auch in einem Wissenschaftsprogramm. Für die Europäer aber natürlich unvorstellbar. Doch der Grat ist schmal und unterliegt einer ständigen Fortentwicklung. Dass Wissenschaftssendungen wissenschaftliche Erkenntnisse und Phänomene auch in unserem Kulturkreis nicht mehr ausschließlich faktisch und neutral aufarbeiten wollen und können, wurde bereits hinreichend erläutert. Wissenschaftssendungen erfüllen im Fernsehen längst nicht mehr nur einen Bildungsauftrag, dem besonders die öffentlich-rechtlichen Sendeanstalten verpflichtet sind, sondern sie wollen dem Zuschauer ihre Inhalte in einer unterhaltenden und interessanten Form darbieten, um die Aufmerksamkeit eines breiten Publikums zu erreichen und aufrechtzuerhalten. Aufgrund der sich stetig verändernden Ansprüche des Publikums müssen Wissenschaftssendungen ihre Inhalte weit über die Gestaltungsmöglichkeiten des klassischen Dokumentarischen hinaus inszenieren sowie filmische Gestaltungsprinzipien und ästhetische Strategien Anwendung finden, die insbesondere non-fiktionalen und dokumentarischen Filmformen lange Zeit abgesprochen wurden. Bei kaum einem anderen Themenbereich ist die Frage der Darstellung so wichtig wie im Wissenschaftsfernsehen. Im Kern geht es immer um die Möglichkeit des emotionalen Miterlebens.

Es wird also, wie in vielen anderen dokumentarischen Bereichen, auch im Wissenschaftsfernsehen inzwischen sehr darauf geachtet, die Themen in Geschichten zu erzählen, um nicht zu sehr belehrend und dramaturgisch langweilig zu wirken.

Scientific documentaries have changed over time. Evolving from a highly explicatory (expert-oriented) program, documentaries today are more about entertainment, resulting in terms such as 'docudrama' and 'infotainment' (Dijck 2006, S. 47. Hervorhebungen im Original).

So tragen die Einflussfaktoren Unterhaltung und Hybridisierung zunehmend auch im europäischen Raum zu einem veränderten Bild des Wissenschaftsfernsehens bei den Zuschauern bei. Dass Pro7 als kommerzieller Sender an mehreren Tagen im Jahr auf hybride Dokumentationen zu Wissenschaftsthemen um 20.15 Uhr setzt, ist ein guter Beleg dafür. Viele Hybridformen zielen bewusst auf die Mischung von Fiktion und Non-Fiktion, jedoch in unterschiedlichem Ausmaß. Frank Schätzing, Autor erfolgreicher Wissenschafts-Thriller, deutet in diesem Rahmen auf einen Aspekt hin, der auch künftig für das Wissenschaftsfernsehen gelten kann:

Inhalt unserer Vermittlung sollte weniger sein, was uns relevant erscheint, als vielmehr die, die wir erreichen wollen. [...] Wenn wir daran gehen, Wissen zu vermitteln, sollten wir die Köder dort auswerfen, wo möglichst viele anbeißen (Schätzing 2007, S. 148).

Gerade mit Blick auf die Zielgruppe von Wissenschaftsdokumentationen, die von interessierten Laien und nicht von Experten dargestellt wird, kann es durchaus von Vorteil sein, Wissenschaft mit Fiktion und Erzählweisen aus diesem Bereich zu koppeln.

Die Stärke der Verbindung von Wissenschaft und Fiktion, so Schätzing -„[...] sie kann, sie darf, sie muss überhöhen, um zu erreichen, was die Nachrichten nicht mehr schaffen. Nämlich Menschen berühren. Was wollen wir denn? Lesern und Kinobesuchern das Examen abnehmen? Oder sie für die Zukunft sensibilisieren?" (Schätzing 2007, S. 150).

So ist die logische Schlussfolgerung, dass sich das Wissenschaftsfernsehen zwischen den vielen verschiedenen Darstellungsformen und Genres frei bewegen kann, die Entwicklung in letzter Zeit jedoch deutlich in Richtung hybrider Darstellungsformen geht oder zumindest explizit Gestaltungselemente aus diesen auch in klassische, längere dokumentarische Filmformen einfließen.

▶ **Zusammenfassung** Ausgehend von den Grundeigenschaften des Dokumentarischen – seiner Glaubwürdigkeit, Authentizität und Offenlegung der Vorgehensweise – wird im Dokumentarischen die Realität (gelegentlich auch nur Spuren daraus) verfolgt und dem Zuschauer mit unterschiedlichen filmsprachlichen Mitteln näher gebracht. Die Entscheidung für ein Genres im Non-Fiktionalen Fernsehen ist die Basis für alle weiteren inhaltlichen und formalen Entscheidungen, mit denen sich ein Autor schließlich einem Thema nähert. Von dieser Entscheidung, die so klar wie möglich zu Beginn getroffen werden sollte, hängt ab, mit welchen Reizen man die Aufmerksamkeit des Publikums erreichen wird und welche Wirkungsabsichten man für den Zuschauer anstrebt. Weiterhin ergibt sich aus der Genreentscheidung auch die Entscheidung für ein Gliederungsprinzip, also ob in einer Hierarchie die Neuigkeit im Vordergrund steht oder man dem Zuschauer, im Sinne der Dramaturgie, eine nach- und miterlebbare Ordnung des Gezeigten anbietet. Diese kann wiederum dann eher sachlich-argumentativ oder emotional dargestellt werden.

Wie man zu der jeweils geeigneten Darstellungsform findet, hängt natürlich oft von den Sendervorgaben, aber auch Präferenzen des Autors und dem Potenzial des Inhaltes ab. Als die größte und oftmals auch anspruchsvollste Darstellungsform, kann der Dokumentarfilm gesehen werden. Er ist eine dem Autoren-Film nahe und damit künstlerische Darstellungsform, die ihren Ursprung im Kino hat. Die Annäherung an ein Thema und die Art und Weise der Bearbeitung sowie die Rolle des Autors unterscheiden sich beim Dokumentarfilm deutlich von den fernsehbasierten Formen. Der Dokumentarfilm wird häufig nicht von vornherein für den Fernsehmarkt produziert und sein Vertrieb gerne an anderer Stelle gesucht. Die Dokumentation hingegen ist eine von vielen fernsehbasierten dokumentarischen Formen, die Eigenschaften des Dokumentarfilms übernommen, weiterentwickelt oder reduziert haben. Diese Formen gelten damit natürlich nicht als weniger anspruchsvoll, sondern haben nur andere Herangehensweisen an ein Thema. Ihre Gestaltung kann sogar weitaus schwieriger sein, da zur Behandlung der Themen weniger Raum zur Verfügung steht. Innerhalb der unterschiedlichen Darstellungsformen wie Magazinen, Reportagen oder Doku-Dramen kommt es zudem vermehrt zum Austausch von Gestaltungsmitteln, weshalb die hier gemachten Definitionen nicht mehr als normativ gesehen werden können und als übertragbar zu betrachten sind. Die Begrifflichkeiten, die im Alltag deutscher Fernsehsender verwendet werden, weichen darüber hinaus zusätzlich ab.

Das Spiel mit den Genres hat zu zahlreichen Hybridformen geführt, von denen sich aktuell jedoch noch nicht alle als klar zu definierende Darstellungsformen abgelagert haben. Die Grenzen zwischen den hier gemachten Definitionen verschwimmen zunehmend und wirken sich auch auf die Beschreibung der Eigenschaften von längeren dokumentarischen Wissenschaftssendungen aus.

In erster Linie sollte durch eine Wissenschaftssendung natürlich Wissen vermittelt werden, wobei diese Vermittlung keineswegs primär didaktisch, sondern durchaus erlebnisstark und mit Emotionen verbunden erfolgen kann. Dazu kann sie sich verschiedener Gestaltungsformen bedienen, die nicht immer in der Tradition der zu Beginn des Kapitels aufgestellten Grundeigenschaften des Dokumentarischen stehen müssen. Viele ihrer Gestaltungsweisen orientieren sich zwar noch immer an denen klassischer Dokumentationen, werden aber in neuen dramaturgischen Zusammenhängen präsentiert und genutzt.

Literatur

Arriens, Klaus. 1999. *Wahrheit und Wirklichkeit im Film. Philosophie des Dokumentarfilms.* Würzburg: Königshausen und Neumann.
Bentele et al. 2006. *Lexikon Kommunikations- und Medienwissenschaft.* Wiesbaden: VS.
Berg-Walz, Benedikt. 1995. *Vom Dokumentarfilm zur Fernsehreportage.* Berlin: Verlag für Wissenschaft und Forschung. Zugleich: Berlin: Hochschule der Künste, Dissertation.

Berg-Ganschow, Uta. 1990. Das Problem der Authentizität im Dokumentarfilm. In *Bilderwelten, Weltbilder. Dokumentarfilm und Fernsehen*, Hrsg. Heinz-Bernd Heller und Peter Zimmermann, 85–87. Marburg: Hitzeroth.

Brauburger, Stefan. 2005. Doku-Drama. In *Fernsehjournalismus*, Hrsg. Martin Ordolff, 311–326. Konstanz: UVK.

Chapman, Jane. 2009. *Issues in contemporary documentary*. 1. Aufl. Cambridge u.a.: Polity Press.

Dijck, Jose van. 2006. Picturizing science. In *Science and the power of TV*, Hrsg. Jaap Willems und Winfried Göpfert, 47–62. Amsterdam: VU University Press, Da Vinci Institute.

Ellis, Jack C., und Betsy A. McLane. 2006. *A new history of documentary film*. New York: Continuum.

Ertel, Dieter, und Peter Zimmermann (Hrsg.). 1996. *Strategie der Blicke. Zur Modellierung von Wirklichkeit in Dokumentarfilm und Reportage*. Konstanz: Ölschläger.

Feil, Georg (Hrsg.). 2003. *Dokumentarisches Fernsehen, eine aktuelle Bestandsaufnahme*. Konstanz: UVK.

FFG. 2010. *Filmförderungsgesetz*. Gesetz über Maßnahmen zur Förderung des deutschen Films. In der Fassung der Bekanntmachung vom 24. August 2004 (BGBl. I S. 2277) zuletzt geändert durch das Sechste Gesetz zur Änderung des Filmförderungsgesetzes vom 31. Juli 2010 (BGBl. I S. 1048, in Kraft getreten am 6. August 2010). http://www.ffa .de/downloads/ffg.pdf. Zugegriffen: 26. Sep 2012.

Göpfert, Winfried. 2006. Science as entertainment. In *Science and the power of TV*, Hrsg. Jaap Willems und Winfried Göpfert, 133–140. Amsterdam: VU University Press, Da Vinci Institute.

Grassl, Monika. 2006. *Das Wesen des Dokumentarfilms – Möglichkeiten der Dramaturgie und Gestaltung*. Hamburg: Diplomica. Zugleich: Fachhochschule St. Pölten, Diplomarbeit.

Hachmeister, Lutz, und Jan Lingemann. 2003. Die Ökonomie des Dokumentarfilms. In *Dokumentarisches Fernsehen, eine aktuelle Bestandsaufnahme*, Hrsg. Georg Feil, 18–41. Konstanz: UVK.

Haus des Dokumentarfilms (Hrsg.). 1999. *Der Dokumentarfilm als Autorenfilm, eine Umfrage des Hauses des Dokumentarfilms*. Stuttgart: Haus des Dokumentarfilms.

Häusermann, Jürg, und Heiner Käppeli. 1994. *Rhetorik für Radio und Fernsehen. Regeln und Beispiele für mediengerechtes Schreiben, Sprechen, Informieren, Kommentieren, Interviewen, Moderieren, Reportieren*. 2. Aufl. Aarau und Frankfurt/Main: Sauerländer. http://rhet.de/uploads/rhetorik_radio_tv.pdf. Zugegriffen: 14. Aug 2012.

Heller, Heinz-Bernd. 1994. Dokumentarfilm im Fernsehen - Fernsehdokumentarismus. In *Geschichte des Fernsehens in der Bundesrepublik Deutschland. Band 3: Informations- und Dokumentarsendungen*, Hrsg. Peter Ludes, 91–100. München: Fink.

Heller, Heinz-Bernd, und Peter Zimmermann, (Hrsg.). 1990. *Bilderwelten, Weltbilder. Dokumentarfilm und Fernsehen*. Marburg: Hitzeroth.

Heussen, Gregor Alexander. 1997. Erzählende Formen. Eine Geschichte eben. In *ABC des Fernsehens. Reihe praktischer Journalismus Band 28*, Hrsg. Ruth Blaes und Gregor Alexander Heussen, 264–277. Konstanz: UVK.

Hickethier, Knut. 2007. *Film- und Fernsehanalyse*. 4. Aufl. Stuttgart: J. B. Metzler.

Hohenberger, Eva. 1988. *Die Wirklichkeit des Films. Dokumentarfilm, ethnographischer Film, Jean Rouch*. Hildesheim (u. a.): Olms.

Huber, Joachim. 2001. *Dokumentarfilm/Documentary/Dokumentation oder die Verwirrung der Begriffe*. http://www.medientage.de/db_media/mediathek/vortrag/500143/huber_joachim.pdf. Zugegriffen: 21. Okt 2012.

Hißnauer, Christian. 2011. *Fernsehdokumentarismus, theoretische Näherungen, pragmatische Abgrenzungen, begriffliche Klärungen*. Konstanz: UVK.

Jost, Francois. 1998. Der Dokumentarfilm: Narratologische Ansätze. In *Bilder des Wirklichen. Texte zur Theorie des Dokumentarfilms*, Hrsg. Eva Hohenberger, 195–208. Berlin: Vorwerk.

Karstens, Eric, und Jörg Schütte. 2010. *Praxishandbuch Fernsehen. Wie TV-Sender arbeiten*. 2. Aufl. Wiesbaden: VS/GWV.

Koch, Gertrud. 2003. Nachstellung – Film und historischer Moment. In *Die Gegenwart der Vergangenheit. Dokumentarfilm, Fernsehen und Geschichte*, Hrsg. Eva Hohenberger und Judith Keilbach, 216–229. Berlin: Vorwerk.

Koch-Gombert, Dominik. 2005. *Fernsehformate und Formatfernsehen. TV-Angebotsentwicklung in Deutschland zwischen Programmgeschichte und Marketingstrategie*. 1. Aufl. München: M-Press Meidenbauer.

Kriwaczek, Paul. 1997. *Documentary for the small screen*. 1. Aufl. Oxford (u.a.): Focal Press.

Kuhle, Christiane. 2007. *Qualität im Fernsehen. Wissensvermittlung in Wissenssendungen*. Saarbrücken: VDM.

Leiser, Erwin. 1994. Dokumentarfilm und Geschichte. In *Fernsehdokumentarismus. Bilanz und Perspektiven*, Hrsg. Peter Zimmermann, 2. Aufl., 37–50. Konstanz: Ölschläger.

Mast, Claudia. 2008. *ABC des Journalismus – Ein Handbuch*. 11. Aufl. Konstanz: UVK.

Neumann, Kim. 2008. *Filmdramaturgie in Fiktion, Dokumentation und Dokudrama*. Saarbrücken: Verlag Dr. Müller.

Ordolff, Martin. 2005. *Fernsehjournalismus*. Konstanz: UVK.

Ordolff, Martin, und Bodo Witzke. 2005. Die Bedeutung des Tons. In *Fernsehjournalismus*, Hrsg. Martin Ordolff, 261–280. Konstanz: UVK.

Rabiger, Michael. 2000. *Dokumentarfilme drehen*. Dt. Erstausgabe, 1. Aufl. Frankfurt am Main: Zweitausendeins.

Schadt, Thomas. 2003. Es wird nicht auf totale Vereinheitlichung hinauslaufen. In *Alles Doku – oder was?*, Hrsg. Fritz Wolf, 171–182. Düsseldorf: Landesanstalt für Medien Nordrhein-Westfalen (LfM).

Schätzing, Frank. 2007. Science-Fiction für Höhlenmenschen – Wie man Wissenschaft erfolgreich unters Volk bringt. In *Fakt, Fiktion, Fälschung. Trends im Wissenschaftsjournalismus*, Hrsg. Grit Kienzlen, Jan Lublinski und Volker Stollorz, 144–151. Konstanz: UVK.

Schellong, Marcel. 2007. Klangbrücken. Überlegungen zur entrealisierenden und vermittelnden Funktion von Musik. In *Der schöne Schein des Wirklichen. Zur Authentizität im Film*, Hrsg. Daniel Sponsel, 133–146. Konstanz: UVK.

Schult, Gerhard, und Axel Buchholz (Hrsg.). (2011). *Fernsehjournalismus, ein Handbuch für Ausbildung und Praxis*. 7. Aufl., vollst. aktualisierte Ausg./völlig neu bearb. von Axel Buchholz. Berlin: Econ.

Steinmetz, Rüdiger. 1995. Zwischen Realität und Fiktion. Mischformen zwischen Spielfilm und Dokumentarfilm. In *Zeiten und Medien – Medienzeiten Zusatztitel Festschrift zum 60. Geburtstag von Karl Friedrich Reimers*, Hrsg. Gerhard Maletzke und Rüdiger Steinmetz, 164–181. Leipzig: Leipzig Univ.-Verl.

Stuber, Andre. 2005. *Wissenschaft in den Massenmedien. Die Darstellung wissenschaftlicher Themen im Fernsehen, in Zeitungen und in Publikumszeitschriften*. Aachen: Shaker. Zugleich: Universität Karlsruhe, Dissertation.

Ward, Paul. 2005. *Documentary: the margins of reality*. 1. Aufl. London u. a.: Wallflower Press.

Witzke, Bodo. 2005. Doku-Soap. In *Fernsehjournalismus*, Hrsg. Martin Ordolff, 295–310. Konstanz: UVK.

Witzke, Bodo, und Ulli Rothaus. 2010. *Die Fernsehreportage*. 2. Aufl. Konstanz: UVK.

Wolf, Fritz. 1999. Plot, Plot und wieder Plot. „Doku-Soap": Mode oder Zukunft des Dokumentarfilms? In *epd medien*, Nr. 22/1999, 3–6. Frankfurt a. M.: Gemeinschaftswerk der Evangelischen Publizistik. http://www.mediaculture-online.de/fileadmin/bibliothek/ wolf_plot/wolf_plot.pdf. Zugegriffen: 22. Okt 2012.

Wolf, Fritz. 2003. *Alles Doku – oder was?* Düsseldorf: Landesanstalt für Medien Nordrhein-Westfalen (LfM). http://www.lfm-nrw.de/fileadmin/lfm-nrw/Pressemeldungen/allesdoku-kompl.pdf. Zugegriffen: 19. Okt 2012.

Zimmermann, Peter. 1990. Dokumentarfilm, Reportage, Feature. Zur Stellung des Dokumentarfilms im Rahmen des Fernsehjournalismus. In *Bilderwelten, Weltbilder. Dokumentarfilm und Fernsehen*, Hrsg. Heinz-Bernd Heller und Peter Zimmermann, 99–113. Marburg: Hitzeroth.

Die Sub-Genres des Wissenschaftsfernsehens und ihre Eigenheiten

4

Überblick

Wissenschaftsfernsehen bedeutet zunächst lediglich eine inhaltliche Einschränkung und trifft noch keine Aussage darüber, in welchen Genres und journalistischen Darstellungsformen wissenschaftliche Inhalte transportiert werden. Allerdings ergibt sich aus den Inhalten selbstverständlich, dass einige Darstellungsformen sich in besonderer Weise eignen, andere dagegen weitgehend ungeeignet sind. Es ist beispielsweise unmittelbar einsichtig, dass neue Forschungsergebnisse der Gehirnchirurgie besser als Dokumentation zu erzählen sind als in der Form eines filmischen Essays. Die konsequente Entscheidung für eine bestimmte Darstellungsform ist jedoch gerade bei Wissens- und Wissenschaftsthemen von Bedeutung, da erst dadurch eine filmische Qualität entsteht und sich die Filme auch formal vom Programmumfeld abheben. Trifft man die Entscheidung für eine Filmform nicht, werden solche Filme überwiegend in der berichtenden Form daher kommen, da diese am stärksten die den Themen immanente Form ist, denn der Gegenstand des Wissenschaftsfilms ist in der Regel durch einen zurückliegenden Prozess bis zu einem definierten und heute darstellbaren Ergebnis gekommen. Die innere Logik dieses Vorgangs hin zum Ergebnis ist insofern stark argumentativ und als Abfolge von logischen und auf einander aufbauenden Schritten der Struktur des Berichtes verwandt. Die dieser Struktur immanenten Gefahren sind: eine Identität im Rhythmus, eine scheinbare Selbstverständlichkeit der Zielerreichung und eine vergleichsweise geringe Fokussierung und Bewertung von Teilaspekten. Gerade wenn der Gegenstand des Berichts von einer gewissen objektiven Nüchternheit und in seinem Ergebnis über Zweifel

O. Jacobs und T. Lorenz, *Wissenschaft fürs Fernsehen*, Praxiswissen Medien,
DOI: 10.1007/978-3-658-02423-9_4, © Springer Fachmedien Wiesbaden 2014

erhaben ist, muss für die Erreichung eines breiten Publikums eine Filmform gewählt werden, die zu einer Attraktivität führt, die es möglich macht, am Anfang des Films Spannung zu erzeugen und über die ganze Länge des Films diese Spannung zu halten. Gelingen wird das weder mit lexikalischem Wissen noch durch Aufzählungen. Insofern muss die Filmform hier ganz besonders mithelfen, die innere Struktur des Sachverhalts aufzubrechen und in eine für Zuschauer attraktive und erlebbare Struktur zu überführen. Es geht dabei ausdrücklich nicht um einen Verzicht auf Sachinformationen oder Fakten, sondern um eine erlebbare Reihenfolge eben dieser. Die Betonung von Irrwegen, Widerständen, Hindernissen und Risiken auf einer letztlich erfolgreichen Entwicklung ist dabei ein ebenso Erfolg versprechender Weg wie die Rekapitulation von Entwicklungsetappen, um Zuschauern die Teilhabe an einem Erkenntnisprozess zu ermöglichen. In jedem Fall bedarf es also der Entscheidung für klare dramaturgische Prinzipien, die den Berichtsgegenstand dominieren und zu einer Zuschauerattraktivität führen. Die klare Genreentscheidung ist dafür ein gut handhabbarer Weg. Die damit verbundenen Konsequenzen werden hier für besonders geeignete Genres skizziert.

4.1   Wissenschaftsdokumentation

Die Wissenschaftsdokumentation ist die am meisten verbreitete Form, Wissenschaft im Fernsehen zu erzählen. Eine Besonderheit besteht darin, dass es wesentlich stärker im Ermessen und der Bewertung des Autors steht, wie genau er die Dokumentation anlegt, als das bei anderen Themenfeldern der Fall ist. Das hat zwei Ursachen. Zum einen sind wissenschaftliche Vorgänge, Zusammenhänge und Erkenntnisse häufig in einem Ausmaß komplex und vielschichtig, dass ihnen wesentlich mehr Fokussierungsmöglichkeiten immanent sind als es bei realen Ereignissen oder aktuellen Entwicklungen, die Gegenstand von Berichterstattung sein sollen, der Fall ist. Es liegt damit wesentlich stärker in der Entscheidung des Machers, welche Aspekte er betont und herausstellt und welche er vielleicht gänzlich unerwähnt lässt.

Zum anderen liegt der Grund in der größeren Distanz zwischen Weltwissen von Zuschauern und Gegenstand. Das sonst Übliche der Dokumentation, dass der eigentliche Film vor dem geistigen Auge des Zuschauers stattfindet, ist in der Wissenschaftsdokumentation deutlich weniger möglich als beispielsweise bei historischen Dokumentationen, bei denen Zeitzeugenschilderungen viel leichter zu Vorstellungen bei Zuschauern führen.

Abbildung 4.1 soll das grundlegende Prinzip bewusst machen, wie die Fernsehrealität, insbesondere für die Wissenschaftsdokumentation, entsteht.

Abb. 4.1 Prinzip der Entstehung der individuellen Fernsehrealität

Als Autor eines jeden Fernsehbeitrages hat man immer nur eine Seite der Gleichung in der Hand. Einen Eindruck im Zuschauer zu erreichen, welcher möglichst deckungsgleich zum beabsichtigten Ergebnis ist, bedeutet also, dass neben der sorgfältigen Auswahl der durch den Journalisten hinzugegebenen Information auch eine genaue Kenntnis des mutmaßlichen Wissensstandes des Publikums notwendig ist. Wichtig ist daher vor allem, bei der Auswahl der zu präsentierenden Informationen konsequent den Empfängerhorizont des Publikums zu berücksichtigen und nicht den der mit dem Thema verbundenen Wissenschaftler zu Grunde zu legen. Es geschieht leicht, dass man hier einen Fehler macht. Die Involviertheit und der Wissensstand eines Autors, der sich mit einem Sachverhalt auseinandergesetzt und gründliche Gespräche mit Experten des jeweiligen Faches geführt hat, wird unter Umständen so hoch und so spezialisiert, dass er nur noch wenig gemeinsam hat mit der Ausgangssituation des Publikums. Ein weiterer Effekt ist bei Wissenschaftsfernsehen so stark wie in wohl kaum einem anderen Themenfeld zu beobachten: die Tatsache, dass die im linearen Medium mit seinen klaren zeitlichen und technischen Begrenzungen notwendige Vereinfachung von denjenigen, deren Arbeit Gegenstand der Berichterstattung ist, quasi immer als (unangemessen) oberflächlich empfunden wird. Die Asymmetrie im Fachwissen zwischen Wissenschaftler und Autor ist dadurch wesentlich spürbarer als bei einem aktuellen ReportageThema. Beides führt leicht zu einem Bemühen um einen fachlichen Detailreichtum, welcher der Verständlichkeit des Filmes am Ende entgegen stehen kann. Passiert das, wäre der Autor jedoch der Anwalt der falschen Seite im Kommunikationsprozess. Die pure Tatsache, dass er dieser Seite durch seine Arbeit für einige Zeit persönlich näher war, darf kein Grund dafür sein.

Die konsequente Einnahme der Zuschauerperspektive und das Anknüpfen an die Vorerfahrung der Zuschauer ist folglich der erste entscheidende Schritt für eine erfolgreiche Wissenschaftsdokumentation.

Das der Dokumentation grundsätzlich eigene Erzählziel, dem Zuschauer Informationen aus unterschiedlichen Perspektiven zu liefern, damit er sich von einem Ereignis oder einem Sachverhalt ein eigenes Bild machen kann, gilt selbstverständlich uneingeschränkt auch für die Wissenschaftsdokumentation. Die Auseinandersetzung mit der Komplexität des Gegenstandes und die Grenzen der Darstellbarkeit erfordern besondere Herangehensweisen, wobei sich die nachfolgenden speziellen dramaturgischen Strukturen anbieten.

4.1.1   Ungewisse Erwartung

Eines der grundlegenden dramaturgischen Prinzipien besteht darin, mit der Filmhandlung mitzuempfinden und wissen zu wollen „schafft er es, oder schafft er es nicht?" Dieses Prinzip der Heldenreise setzt letztlich darauf, den Ausgang einer Geschichte wissen zu wollen. Dafür muss es vor allem gelingen, am Anfang so viel Interesse zu wecken, dass diese Ungewissheit über den Ausgang eine hinreichend hohe Motivation erzeugt, um dem Filmverlauf zu folgen. Das heißt einerseits, dass es tatsächlich eine Ungewissheit braucht, das Scheitern also im Bereich des Möglichen liegen muss, und andererseits die Relevanz für Zuschauer hinreichend hoch ist, um sich überhaupt darauf einzulassen. Beide Punkte müssen im Wissenschaftsfernsehen durch die Autoren bewusst herausgearbeitet und die Informationsvermittlung so geführt werden, dass die beschriebene Zuschauerwirkung entsteht.

Präzise ausgedrückt ist also das, was gelingen muss, eine hinreichende Identifikation bei ungewisser Erwartung. Die Identifikation wird in der Regel mit Personen leichter möglich sein als mit Sachverhalten. Das spricht dafür, Geschichten, die nach diesem dramaturgischen Prinzip arbeiten, stark zu personalisieren. Sie ist grundsätzlich natürlich auch mit großen gesellschaftlichen Problemen oder einzelnen Sachverhalten möglich und zwar am besten dann, wenn es gelingt, ihre Bedeutung überzeugend zu veranschaulichen.

„Was hängt von der Lösung dieser Fragestellung ab?" ist insofern eine Frage, die im Film unbedingt sehr früh herausgearbeitet werden muss.– Entweder durch die ausdrückliche Darstellung dessen oder in der Umkehrung durch ein Bedrohungsszenarium für den Fall des Scheiterns. Die Bezugsetzung zu anderen Personen und zum eigenen Leben erleichtert die Identifikation erheblich.

Eine archäologische Expedition zum Beispiel wird eine höhere Zuschauerwirkung entfalten, wenn deutlich erzählt wird, dass dem Expeditionsleiter ganze vier Wochen bleiben, bis die Ausgrabungsstelle wieder im Schnee versinken wird, dass er ob der Größe der Expedition nur einen Versuch hat und dass das, was er hier findet, vielleicht weitreichende Konsequenzen haben wird.

Um ungewisse Erwartung über die gesamte Länge des Films zu führen, müssen vor allem immer wieder Widerstände gegen die Zielerreichung der filmtreibenden Frage eingeführt werden. Umso klarer, einfacher und logischer der Weg der Filmhandlung hin zur Auflösung ist, desto mehr muss mit den filmischen Mitteln all das betont werden, was der Zielerreichung entgegensteht. Bei personalisierten Geschichten bedeutet das oft, auch Kritiker und Zweifler als Nebenfiguren einzubeziehen und im Text eine kritische Distanz zu wahren. Identifikation fällt viel leichter, wenn sich Figuren bewähren müssen, als wenn sie immer stark und geradlinig ihre Ziele erreichen. Um das zu verdeutlichen, stelle man sich nur ein Fußballspiel vor, bei dem im Vorhinein schon der Sieger feststeht!

Im Wissenschaftsfernsehen kann die Betonung des Risikos von Irrtümern und die Frage, was passiert, wenn doch alles ein Irrtum sein sollte, ein adäquates Mittel bilden, die Identifikation bei ungewisser Erwartung zu stärken, ebenso wie ein im Präsens gehaltener Kommentartext.

4.1.2 Teilhabe an Erkenntnisverläufen

Eine weitere Herangehensweise ist das Prinzip der Teilhabe.

Das Wesen von wissenschaftlicher Arbeit besteht unter anderem darin, dass, ausgehend von einer Hypothese, strenge Beweise zu deren Begründung zu führen sind. Damit handelt es sich um eine vergleichsweise lineare Struktur, die wenig mit dem menschlichen Erleben gemeinsam hat, zumal sie in der Regel retrospektiv angelegt wird, also als Hinführung auf die zunächst bekannt gemachte Schlusserkenntnis.

Ein besonders für die Umsetzung von wissenschaftlichen Sachverhalten geeignetes Prinzip ist daher die Strukturierung eines Films anhand von Erkenntnisverläufen. Das heißt, es gibt mindestens einen immer wieder auftauchenden Handlungsstrang, der zur zentralen berichtsgegenständlichen Erkenntnis führt und sich dabei genau der Methodik der oder des Wissenschaftlers bedient, der diese Erkenntnis erlangt. Dieser Strang sollte dabei alle Zwischenergebnisse und Vermutungen mitnehmen und sich zu einer induktiven Kette von Fragen fügen. Das Prinzip besteht also letztlich darin, unter einer großen filmtreibenden Frage eine Kette von Detailfragen, die in der Regel „Wenn → Dann" Fragen sein werden, Schritt für Schritt zum wissenschaftlichen Ergebnis zu führen.

Abb. 4.2 Teilhabe
des Zuschauers am
Erkenntnisverlauf

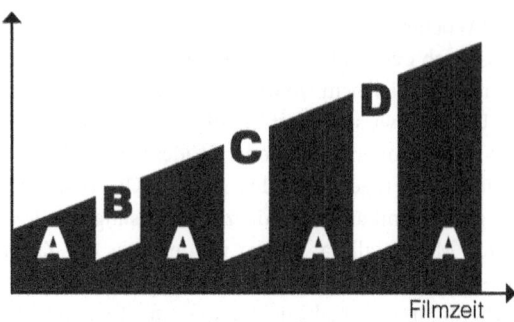

Filmzeit

A   Erkenntnisverlauf/filmtreibende Frage
B-D   Nebenaspekte

Häufig kann dieser Erkenntnisverlauf so geführt werden, dass er den Charakter einer Rahmenhandlung hat und aus diesem Rahmen heraus die anderen Teilaspekte, anderen Perspektiven, Nebenfiguren und Nebenaspekte erzählt werden. Das verleiht einem sonst unter Umständen relativ kleinteiligen Film eine stabile Binnenstruktur und ist insofern ein sehr gutes Ordnungsprinzip.

Die Teilhabe an Erkenntnisverläufen gemäß Abb. 4.2 hat für Zuschauer zusätzlich den großen Vorteil, dass sie über den fachlichen Sachverhalt hinaus auf diese Weise in der Regel etwas über das Funktionieren von Wissenschaft mit ihren speziellen Arbeits- und Verfahrensweisen erfahren. Der dem Film eine Struktur gebende „Rote Faden" ist in diesem Fall unmittelbar mit der Fachlogik der wissenschaftlichen Arbeitsweise verbunden und daher sehr präsent. Zum Beispiel wird in einer Dokumentation über die Verhaltensforschung von Affen aus der Beobachtung, dass ein Affe den erlernten Gebrauch eines Stockes, um Honig aus einem Bienenstock zu lösen, an andere Tiere seiner Gruppe weitergibt, ein deutlicher Hinweis auf das Vorhandensein von Kultur abgeleitet. Diese wissenschaftliche Aussage ist zugleich die zentrale Aussage. Filmisch hat diese Sachaussage wenig Potenzial für emotionales Involvement. Hier aber darauf zu setzen, wie wird ein Versuch angelegt, so dass zunächst ein Affe aus der Gruppe isoliert wird, wie wird dafür gesorgt, dass nur dieser Affe etwas lernt und wie genau ist es möglich zu beobachten, ob und wie dieser Affe sein Wissen weitergibt, ein Weg, einen echten Erkenntnisverlauf zu erzählen. Letztendlich besteht der Unterschied also immer in einer eher punktuellen Wissensvermittlung, wie sie wissenschaftlichem Arbeiten und im Journalismus der Nachricht zu eigen ist oder in einer prozesshaften Wissensvermittlung.

4.1.3 Zerlegung in Handlungsstränge

Das Wesen der Dokumentation, Sachverhalte aus verschiedenen Perspektiven darzustellen, um in der Summe der unterschiedlichen Teile Zuschauern eine Sicht auf die Zusammenhänge zu ermöglichen, führt dazu, dass Schauplätze, Protagonisten und Aspekte einer fachlichen Logik folgend gewechselt werden. Am Ende kann das dazu führen, dass einzelne Komplexe wie an einer Perlenschnur aufgereiht aufeinanderfolgen und es sich über die zweifellos starke Verbindung der Fachlogik hinaus eher um eine Aufzählung handelt als um eine erlebbare Struktur.

Das dramaturgische Prinzip, dem entgegenzuwirken, ist die Zerlegung in Handlungsstränge. Das heißt, die einzelnen Aspekte, Fachleute und Schauplätze werden nach Möglichkeit nicht kompakt abgehandelt. Stattdessen versucht man, jeden einzelnen der Teilaspekte in zwei oder drei Teile zu zerlegen und über den Film zu verteilen. Dadurch entstehen aus einzelnen sachlichen Komplexen den Film durchziehende Handlungsstränge. Dem Zuschauer vermittelt ein solcher Aufbau das Gefühl, dass eine Geschichte noch weiter geht. Es wird eine Erwartungshaltung aufgebaut, und es entsteht mehr Raum, Dinge wirken und (Teil-)Fragen entstehen zu lassen, als es im Falle der sofortigen Beantwortung der Fragen der Fall gewesen wäre.

Die Abb. 4.3. und 4.4 verdeutlichen die unterschiedlichen Herangehensweisen. In beiden Fällen vermittelt die Dokumentation die gleichen Inhalte, die Unterscheidung liegt in der Reihenfolge der Informationsvermittlung.

Die Zerlegung in Handlungsstränge wird allerdings nur dann funktionieren, wenn dadurch Redundanzen nicht zunehmen. Das erreicht man, indem jeder einzelne der Handlungsstränge eine innere Logik und Dramaturgie erhält. Das heißt, jeder Handlungsstrang braucht einen eindeutigen Anfang, bei jedem einzelnen Auftauchen eine Steigerung und einen Abschluss, der in der Regel die Lösung der von ihm verfolgten Teilfrage ist. Nur wenn es gelingt, dem Publikum eine Steigerung zu präsentieren, besteht die Rechtfertigung für ein neuerliches Auftauchen dieses Handlungsstranges. Steigerungen können in der Wissenschaftsdokumentation dabei das Hinzukommen von Ergebnissen, Verdichtungen und Vertiefungen von Erkenntnissen, neue sich steigernde Hürden aber auch Steigerungen in der Nähe zu Personen werden, wenn es beispielsweise um persönliche wissenschaftliche Leistungen oder individuelle Auswirkungen geht. Hat ein Handlungsstrang nicht das Potenzial zu solcher Steigerung, sollte er nicht neuerlich auftauchen. Selbst die Zerlegung eines Teilkomplexes, so dass er an zwei Stellen des im Film auftaucht, stellt schon eine deutliche Stärkung des Miterlebens und damit eine Erhöhung der filmischen Attraktivität dar.

Abb. 4.3 Komplexweise
Behandlung von Themen

RAHMENHANDLUNG

Abb. 4.4 Zerlegung in
Handlungsstränge

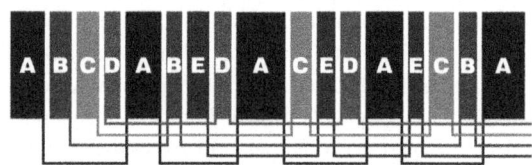

Ein weiterer, bei der Zerlegung in Handlungsstränge zu beachtender Aspekt ist der Rhythmus. Dieser verändert sich natürlich sehr, wenn mehr Wechsel zwischen Schauplätzen, Protagonisten und Teilaspekten erfolgen. Das erhöht die innere Aktivität der Zuschauer, da es mehr Reize liefert, aber auch mehr Aufmerksamkeit erfordert. Hier muss ein angemessenes Maß gefunden werden, da eine zu große Kleinteiligkeit den Rhythmus zerstören kann und Zuschauer „den Faden verlieren" lässt. Grundsätzlich gilt: je länger ein Film ist, desto länger sollten auch einzelne Sequenzen sein und umso mehr Rhythmuswechsel verträgt der Film. In jedem Fall muss das Gefühl vermieden werden, dass die Zerlegung in Handlungsstränge dem Prinzip der Doku-Soap gehorcht und immer dann ein Umschnitt erfolgt, wenn sich gerade ein Moment als „Cliffhanger" anbietet. Wissenschaftsfernsehen bietet hier ganz im Gegenteil die Chance, Filmzeit vergehen zu lassen und so die Teilhabe an Forschungs- oder Denkprozessen subtil zu verstärken.

4.1.4 Historische Rekonstruktion

Den meisten Erfindungen oder wissenschaftlichen Sachverhalten ist eigen, dass Zeit eine Rolle spielt – sei es in Form von Zeit, die zwischen der ersten Idee und der letztendlichen Realisierung vergeht, als Zeit von der Hypothese bis zum Beweis, als Zeit, die Untersuchungen und Versuche brauchen, als mit natürlichen Abläufen verbundene Zeit oder als Zeit, bis sich eine Idee durchsetzt.

Immer, wenn das der Fall ist, kann die historische Rekonstruktion ein gutes dramaturgisches Prinzip sein.

Das Wesen der historischen Rekonstruktion besteht darin, dass die Informationsvermittlung im Film immer auf Höhe der im Film erzählten Zeit stattfindet. Neben dem einfachen handwerklichen Zugriff eines Textes im historischen Präsens heißt das vor allem, dass im Film genau die Informationen eine Rolle spielen, die zu dieser Zeit zu erlangen waren und auch nur die Erkenntnisse aus damals vorhandenen Untersuchungsmethoden und technischen Hilfsmittel hinzugezogen werden, um den Fortgang der Geschichte im Film zu erzählen. Alle Informationen zum damaligen Stand der Technik und des gesellschaftlichen Umfelds werden konsequent auf die Hauptfigur bezogen. Nur was diese wissen konnte, erfährt auch der Zuschauer im Film. Auf diese Weise wird ein Miterleben einer zeitbezogenen Problemlage ermöglicht. Dass Zuschauer aus ihrem Weltwissen unter Umständen bei dieser Dramaturgie schon mehr wissen oder den Ausgang der Geschichte bereits kennen, ist unproblematisch, da die Erzählung im historischen Präsens zum Miterleben „auf Höhe der Zeit" erfolgt.

Eine besonders konsequente Form der historischen Rekonstruktion ist dann gegeben, wenn sie impliziert, dass Experimente mit damaligem Stand von Technik, Wissen und Werkzeugen nachgebaut oder nachvollzogen werden.

Die historische Rekonstruktion kann für die Umsetzung wissenschaftlicher Sachverhalte auch als Mischform mit dem Doku-Drama realisiert werden.

4.1.5 Erklärstück

Ein Erklärstück bettet eine pure Information in mögliche Auswirkungen und Bedeutungszusammenhänge ein. Damit kann es als didaktisch orientierte Darstellungsform angesehen werden. Genau darin besteht jedoch die Hauptschwierigkeit des Erklärstücks im auf Erleben angewiesenen Medium Fernsehen. Das Erklärstück im Fernsehen erfordert eine extreme Genauigkeit bei der Führung der Informationen. Verletzungen der Abfolge einzelner Logikschritte müssen vermieden werden, Redundanz ist notwendig.

Um komplexe und abstrakte Sachverhalte sowie häufig entstehende „Wie-Fragen" zu erklären, werden in der optischen Umsetzung meist grafische Elemente wie einfache Balkendiagramme oder aber auch aufwendige 3D-Real-Animationen genutzt. Grundsätzlich hat das Bild im Erklärstück die Funktion, die durch den Kommentartext geführte Argumentation zu unterstützen, zu untermauern und zu ergänzen. Es findet faktisch ein dramaturgischer Rollentausch der beiden – Ebenen

Bild und Text – statt. Wichtig ist die unbedingte zeitliche Abstimmung von Bildfolge und Kommentartext. Da das Bild mit argumentiert, zeigt und erklärt, arbeitet das Erklärstück sehr stark mit Details. Zooms sind möglich und, da es in der Regel um abstrakte Sachverhalte geht, auch abstrakte Bilder. Die sonst dem Bild zukommende Rolle, Orientierung zu geben, Erleben, Fragen und Interesse im Zuschauer entstehen zu lassen, spielt im Erklärstück keine Rolle, da hier alle Darstellungsebenen parallel auf das Erklärziel hinarbeiten.

Ein mögliches Mittel, um Erklärstücke zu strukturieren und ihnen einen Rhythmuswechsel zu verleihen können auch Schriften sein, die im Bild eingeblendet oder als Animationen eingewoben werden.

Die innere Struktur des Erklärfilms ist stark von der Argumentationskette geprägt. Dabei sind Sprünge in Zeit und Raum problemlos möglich. Lediglich die stringente und logische Bezugsetzung der einzelnen Szenen hin zum Erklärziel muss gewahrt werden. Die filmische Attraktivität lässt sich steigern, wenn es im Erklärstück gelingt, wenigstens einen Handlungsstrang einzuziehen, der für Zuschauer mit erlebbar ist. Das ist beispielsweise durch die Einführung von Stellvertreterfiguren möglich, an denen Sachverhalte beispielhaft erklärt werden, oder eine starke Erzählperspektive, die eigenständig kommentiert und resümiert.

Eine weitere, im Erklärstück oft vernachlässigte aber sehr wirkungsvolle Ebene zur Erlangung von filmischer Attraktivität ist die auditive. Symbolgeräusche oder Geräusche, die für die Authentizität von Bildern sorgen, steigern das Erlebnis, selbst dann, wenn sie eher illustrativ verwendet werden, also beispielsweise zu Textinsertionen oder Grafiken sachlich passend.

Die Entwicklung innerhalb des Erklärstücks verläuft für Zuschauer von einer Frage hin zur verstandenen Antwort. Wichtig ist, dass die Reihenfolge der Informationsvermittlung tatsächlich so erfolgt, dass es ein Verständnis und somit eine im Zuschauer reifende Erkenntnis gibt und nicht lediglich eine Antwort, die in der weiteren Filmzeit begründet wird.

Da selbst gut gelungene Erklärfilme wegen ihrer grundsätzlich didaktischen Struktur nur eine begrenzte filmische Attraktivität aufweisen und somit über den inhaltlichen Sehanreiz hinaus nur begrenztes Potenzial haben, Zuschauerinteresse zu stimulieren, sind sie nur in der kürzeren Form eine geeignete Darstellungsart. Innerhalb eines Magazins sind sie hervorragend geeignet, für eine formale Abwechslung zu sorgen, der Sendung Kompetenz und Relevanz zu verleihen und anders nicht transportierbare Inhalte zu bieten. Es ist jedoch kaum vorstellbar, ein Erklärstück auf eine Filmlänge von 45 oder 30 Minuten zu ziehen. Einzelne Elemente des Erklärstücks können auch in der Dokumentation und im Feature Anwendung finden.

4.2 Hintergrund-Beiträge

Eine geeignete Form, Wissenschaft in Sendungen zu integrieren, die nicht als reine Wissenschaftssendungen angelegt sind, sind Hintergrundbeiträge, die wissenschaftliche Zusammenhänge verdeutlichen.

Charakteristisch für Hintergrundbeiträge ist, dass sie einen gegenwärtigen Moment zum Ausgangs- und zum Schlusspunkt ihrer Erzählung haben. Sie liefern die Entwicklungen und Zusammenhänge, die zu einem bestimmten gegenwärtigen Ergebnis oder Kenntnisstand geführt haben. Die filmtreibende Frage entsteht im Heute und lautet vereinfacht, „Wie kam es dazu?". Die innere Struktur des Films führt also auf den heutigen Stand hin, ganz gleich, ob dieser eine final abgeschlossene Entwicklung repräsentiert oder einen Kenntnisstand per heute, der eher einem Zwischenergebnis entspricht.

Aus diesem Grund spielen der Zeitverlauf und die logische Abfolge der Entwicklungsschritte bis zu diesem Punkt die strukturgebende Rolle von Roten Fäden im Hintergrundbericht.

Die strenge Orientierung an der logischen, sachlichen und zeitlichen Abfolge impliziert auch, dass im Hintergrundbericht die Erzählperspektive des Textes sehr sachlich und ohne subjektive Meinungsäußerungen des Autors gehalten ist. Dem Text kommt die Rolle der Steuerung, Orientierung, Ergänzung und Verbindung zu.

Das Wesen des Hintergrundstückes besteht also vor allem darin, die Backstory zu liefern, aber nicht die eigentliche Neuigkeit. Aus diesem Grund sind Hintergrundstücke häufig sogenannte B-Stücke in Magazinen, also Beiträge, die einer Nachricht oder einem aktuellen Bericht folgen, der das zum Gegenstand hat, zu dem das Hintergrundstück dann die Details und Zusammenhänge liefert. Ein Hintergrundbeitrag ohne diese Kontextsetzung kann leicht unmotiviert, irrelevant und damit unattraktiv wirken. Aus diesem Grund sind auch lange Formen, die als reine Hintergrundstücke angelegt sind, ungebräuchlich. Ist die Präsentation von Hintergründen die eigentliche Absicht in der langen Form, wie das beispielsweise im Rahmen von Themenabenden im deutsch-französischen Kulturkanal ARTE häufig der Fall ist, so ist die geeignete Form die Dokumentation, in der das Ereignis oder Ergebnis und die zugehörigen Hintergründe gemeinsam erzählt werden. Das dramaturgische Prinzip der filmischen Rekonstruktion (siehe Wissenschaftsdokumentation oben) ist dabei der geeignete Weg, werden dabei doch die Elemente betont, die einen Hintergrundbeitrag ausmachen. Zugleich bleibt dadurch der Erlebnisgehalt hoch genug, um über eine lange Filmform zu tragen.

4.3   Doku-Drama

Das Doku-Drama ist eine hybride Form und eine Spezialform der Dokumentation, die bei der Realisierung von Wissens- und Wissenschaftsthemen eine Reihe erheblicher Vorteile bietet. Das Wesen des Doku-Dramas besteht darin, dass die zugrunde liegenden Sachverhalte der Realität entnommen und recherchiert sind, die Mittel der Umsetzung jedoch zum Teil dem Bereich der Fiktion, wobei üblicherweise lediglich ein Teil des Doku-Dramas mit Spielszenen realisiert wird. Diese tauchen gleichberechtigt zu Archivmaterial, gegenwärtigen dokumentarischen Szenen und Interviews auf. Das ist ein geeigneter Weg, Materiallücken zu füllen, die sich entweder aus den Grenzen der filmischen Darstellbarkeit oder schlicht durch das Fehlen von Archivmaterial, Zeitzeugen und gegenwärtigen Schauplätzen ergeben.

Entscheidend ist, dass sich die Spielszenen in genau der gleichen Weise der filmischen Erzählung unterordnen wie alle anderen Materialebenen auch, sie also genau dann zum Einsatz kommen, wenn sie am besten geeignet oder besser noch, wenn sie alternativlos sind. Der Fall ist das häufig bei in der Vergangenheit spielenden Geschichten, beispielsweise den Forschungen und Entdeckungen Darwins. Hier sind die Finken und die Schauplätze in der Gegenwart zu erzählen, bestimmte Dokumente als Archivmaterial, technische Untersuchungsmethoden als filmische Rekonstruktion und die Führung von Darwins Expeditionsteams in Spielszenen.

Zu unterscheiden sind Doku-Dramen mit und ohne Dialog. Grundsätzlich dürften sich Spielszenen ohne Dialog besser in die filmische Erzählung eines Doku-Dramas einpassen, da sie weniger Gefahr laufen durch deutlich andere und in der Regel höhere Emotionalität die weiteren Elemente des Films zu dominieren. Damit sie jedoch über die pure Illustration von Kommentartext hinausgehen, muss es gelingen, ihre Bedeutung spürbar und die Szenen zum Träger der Hauptinformation zu machen, die durch Kommentartexte lediglich ergänzt werden. Gelingen wird das dann umso leichter, desto mehr sich die Bedeutung der Szenen aus der im Film erzählten Geschichte ergibt und die den Szenen zugrunde liegenden Sachverhalte per se eine hohe Wichtigkeit und tatsächliche Spannung haben. Das ist zum Beispiel bei Personen der Fall, die in ihrer Zeit besonders umstritten waren, bei Erfindungen, gegen die es unmittelbar nachvollziehbare Bedenken und Widerstände gab oder bei Entdeckungen, die bis dahin gültige Konventionen infrage stellten.

Gelingt es nicht, einen unmittelbar erlebbaren innerszenischen Konflikt anzulegen, besteht allerdings die Gefahr der Textbebilderung.

Doku-Dramen mit Dialogen muss es gelingen, dem gesprochenen Wort eine andere Rolle zu geben als dem Kommentartext im übrigen Teil des Filmes. Wenn es gelingt, die fiktionalisierten Szenen bis in den Text hinein konkret und erlebbar zu gestalten, kann der Kommentartext dazu kontrastierend eher allgemeine und große Zusammenhänge und Einordnungen bieten.

Spielszenen sollten nicht zu lang ausgedehnt sein, um immer wieder zu rekapitulieren, dass es sich um ein Doku-Drama handelt, hier also eine reale Geschichte erzählt wird, für deren Umsetzung man sich lediglich fiktionaler Mittel bedient. Wenn diese Grundverabredung mit dem Zuschauer eindeutig ist, tolerieren Zuschauer viel eher auch symbolhafte Darstellungen oder solche Darstellungen, die in ihrer Qualität ob des Detailreichtums der Ausstattung oder der begrenzten Interaktion zwischen Figuren von den Sehgewohnheiten in der Fiktion abweichen.

Der Spielanteil darf insgesamt nicht zu hoch sein. Das Maß dafür ist projektindividuell verschieden, einziger Maßstab ist das Zuschauerempfinden. Wenn Spielszenen an Stellen auftauchen, an denen es für Zuschauer spürbar Alternativen der Darstellung gegeben hätte, ist das gut zu akzeptierende Maß bereits erreicht. Wird diese Grenze, bis zu der die Zuschauer keinen Zweifel an Echtheit und Wahrheitsgehalt der zugrunde liegenden Sachverhalte hegen, überschritten, handelt es sich ebenso wenig noch um ein Doku-Drama wie im Fall der Loslösung von recherchierten Fakten. In solch einem Fall dürfte die Bezeichnung „nach einer wahren Begebenheit" oder „in Anlehnung an" wohl deutlich treffender sein als Doku-Drama.

Der gelegentlich auftauchende Begriff der „Doku-Fiktion" beschreibt trotz seiner begrifflichen Ähnlichkeit eine Form, die noch weiter abseits der Grenze der journalistischen Genres angesiedelt ist, bedient sich hier doch die Fiktion filmischer Mittel der Dokumentation, um ein höheres Maß an Authentizität zu erreichen. Gerade im Bereich des Doku-Dramas sind die Übergänge zu nicht an Tatsachen gebundenen Filmformen also fließend. Deutlich zu machen, in welcher Filmform man hier agiert, ist ein Gebot der journalistischen Sorgfalt bei der Verwendung des Doku-Dramas. Nur wenn es gelingt, glaubhaft und sich der recherchierten Geschichte unterordnend die verschiedenen Gestaltungsmittel zu verbinden, führt das am Ende zu einem für Zuschauer glaubhaften filmischen Ergebnis.

Im Wissenschaftsfernsehen ist das Reizvolle am Doku-Drama, dass der Bezug zum Gegenstand des Filmes mit besonderer Intensität herzustellen ist, indem beispielsweise Experimente dramatisiert werden. Auf diese Weise können Schlüsselmomente miterlebbar und wissenschaftliche Phänomene unmittelbar nachvollziehbar gemacht werden.

Spielszenen eignen sich im Wissenschaftsfilm auch um zu personalisieren. Da wissenschaftliche Entwicklungen auch von Entscheidungen, Nachdenken und Aushalten von Wissenschaftlern geprägt wurden, können hier Figuren ein Gesicht, einen Blick, oder auch nur eine Hand erhalten. Durch den Kommentartext kann dem Zuschauer ein Bild von der inneren Gedankenwelt des Wissenschaftlers vermittelt werden.

Eine weitere Form ist die Übertragung der filmischen Rekonstruktion aus der Wissenschaftsdokumentation ins Doku-Drama, wobei hier die Rekonstruktion im Rahmen von Spielszenen erfolgt. Der Einsatz musealer Technik, der Nachbau mit Mitteln aus der zu berichtenden Zeit aber auch die Rekonstruktion von Fehlversuchen sorgt hier für eine Authentizität, die anders nicht zu erlangen wäre. Unter Umständen kann dieser Effekt und die eindeutige Loslösung entsprechender Szenen von den Gewohnheiten der Fiktion noch weiter gestärkt werden indem sie mit Technik gedreht werden, die dem Stand der Technik entspricht, der zum Zeitpunkt der Filmhandlung aktuell war. Auf diese Weise können Bilder einen Look aus der Vergangenheit erhalten oder fast wie Archivmaterial erscheinen und sich dadurch noch besser in den Gesamtkontext des Doku-Dramas einpassen.

Das Doku-Drama ist nicht nur für die Macher, sondern auch für das Publikum eine durchaus komplexe Konstruktion. Hauptinformationsträger ist nicht der Kommentartext, es sind miterlebbare Szenen. Zuschauer benötigen angemessene Zeit, alle Figuren in ihren jeweiligen Rollen und in ihrer Positionierung zueinander zu erfassen und zu identifizieren. Aus diesem Grund braucht das Doku-Drama eine gewisse Zeit zur Entfaltung und ist eher in Formen von 45, 52 oder 89 Minuten Länge umsetzbar als in kürzeren journalistischen Formen.

4.4   Verfilmte Recherche

Die verfilmte Recherche ist die Urform der Reportage. Sie ist damit besonders erlebnisstark und nutzt alle Mittel der klassischen Reportage. Eine Besonderheit besteht darin, dass in der verfilmten Recherche der Reporter die Hauptfigur ist und die Geschichte letztlich vom Anspruch und Ziel des Reporters handelt, etwas herausfinden zu wollen, konkret eine Antwort auf eine Frage zu erhalten, sich einen Überblick zu einem Thema zu verschaffen oder etwas nachvollziehen zu wollen. Für wissenschaftliche Themen hat die verfilmte Recherche den Vorteil, dass der recherchierende Reporter eine den Film durchziehende Identifikationsfigur für den Zuschauer ist. Der Einsatz dieser Form eignet sich daher dann sehr gut, wenn besonders komplizierte und abstrakte, nicht mit Protagonisten verbundene Sachverhalte dargestellt werden sollen, oder wenn die Teilaspekte einer Geschichte sachlich und räumlich so weit auseinanderliegen, dass der Reporter sie verbinden muss, oder wenn schlicht keine andere denkbare, alle Aspekte des Films verbindende Hauptfigur möglich ist.

Besonders gut eignen sich verfilmte Recherchen daher für Filme, deren Ziel es ist, Zuschauern einen Überblick zu einem bestimmten Thema oder Forschungsstand zu geben, bei dem es um verschiedene Teile und „Spielarten" oder um den

Umgang unterschiedlicher Akteure mit einer bestimmten Frage geht. Die Roten Fäden und damit Ablaufstrukturen verfilmter Recherchen sind üblicherweise argumentativ, indem sie schrittweise eine Frage beantworten. Oder es sind räumliche rote Fäden, zum Beispiel in Form einer Rundreise zu den Orten, Einrichtungen oder Experten, an denen es Puzzleteile zur Beantwortung der filmtreibenden Frage gibt.

Dem Vorteil des vermeintlichen Miterlebens kann im Kontext wissenschaftlicher Sachverhalte als Nachteil gegenüberstehen, dass diese Form für Zuschauer erkennbar subjektiv ist und unter Umständen etwas oberflächlich erscheinen kann. Die Perspektive des Recherchierenden ist die eines neugierigen und interessierten Reporters, nicht jedoch die eines vorher Wissenden. Zwischen diesen zwei Polen ist bei der Entscheidung für diese Form abzuwägen.

Ein Sonderfall sind Themen, bei denen die berichtsgegenständliche Wissenschaft mit besonderen ethischen Fragen verbunden ist. Hier bietet die verfilmte Recherche den Vorteil, dass der Reporter in seinem Kommentartext Verknüpfungen herstellen und sich selbst Fragen stellen kann. Er bietet eine zusätzliche Reflexionsebene, die in Filmformen mit ganz sachlichem und zurückgenommenem Kommentartext nicht möglich wäre.

Für die handwerkliche Umsetzung dieser besonderen Form der Reportage ist darauf zu achten, dass ein Raum-Zeit-Kontinuum gewahrt wird, also die Rechercheschritte in einer glaubhaften zeitlichen Reihenfolge präsentiert werden und eine klare Ausgangsfrage gestellt wird, die bis zum Filmende trägt. Andernfalls kann auch die verfilmte Recherche in einen Episodenfilm zerfallen. Zu beachten ist ferner, dass, auch wenn in der verfilmten Recherche der Reporter dramaturgisch die Hauptfigur der Geschichte ist, das nicht zwangsläufig heißt, dass er im Bild auftauchen muss. Häufig ist eher das Gegenteil der Fall. Eine konsequent aus der Perspektive eines Reporters erzählte Geschichte hat für den Zuschauer denselben Effekt und macht den Reporter zweifellos zur Hauptfigur. Geführt wird er in einem solchen Fall durch eine konsequente Textperspektive und eine Kamera, die subjektiv aus seiner Sicht sein kann. Sie muss vor allem das Geschehen auf der Höhe des Erlebens innerhalb der Recherche abbilden, also in der Regel nicht erwartend oder allwissend sein, sondern weitgehend dem natürlichen Sehen und Verhalten eines recherchierenden Reporters angepasst sein.

Diese Form der Führung eines Reporters als Hauptfigur ist in der Praxis obendrein deutlich einfacher als die Begleitung eines im Bild auftretenden Reporters. Damit lässt sich das Risiko vermeiden, dass Kamera und Erzählperspektive des Textes eine weitere Figur im Film eröffnen und der Film quasi über den recherchierenden Reporter berichtet.

4.5   Wissenschaftsporträt

Das Porträt ist im Wissenschaftsfernsehen eine seltene Form, obwohl es gerade dafür mehrere Vorteile in sich vereint. Gebräuchlich ist es primär in kürzeren Formen, vor allem als Magazinbeitrag. Massiv vertreten ist es darüber hinaus in den Wissenschaftsbereichen von Printmedien. Es kommt in drei Ausprägungsformen vor: als Ortsporträt, als Porträt von Wissenschaftlern oder Wissenschaftlergruppen sowie als Nekrolog. Dass das Porträt eine im Wissenschaftsfernsehen so unterschätzte Form ist, dürfte vor allem damit zusammenhängen, dass es auf den ersten Blick so stark auf den Porträtierten fokussiert, dass es neben dem Erhalt des Nobelpreises und dem Tod nicht viele Gelegenheiten zu geben scheint, die eine solche Herausstellung eines Porträtierten rechtfertigen. Dass ein Porträt aber auch eine Form der Personalisierung sein kann, um wissenschaftliche Zusammenhänge nachvollziehbar zu machen oder ihre Bedeutung zu illustrieren, wird dabei unterschätzt. Porträts bieten im Wissenschaftsfernsehen die Gelegenheit, große Entwicklungen als Leistungen von Menschen oder, wenn das Porträt einen Anwender bzw. Nutzer wissenschaftlicher Ergebnisse zur Hauptfigur hat, als relevant für Einzelne herauszuarbeiten.

Das grundsätzliche Erzählziel eines Porträts, eine Person oder auch etwas, was wie eine Person aufgefasst oder behandelt werden kann, in ihren Besonderheiten und Widersprüchen für Zuschauer erlebbar zu machen, erfährt dabei eine Präzisierung, da es im Wissenschaftsfernsehen darum geht, den Porträtierten als Wissenschaftler (oder Nutzer einer Erfindung) in seinen Facetten erlebbar zu machen. In der Dramaturgie des Porträts spielen insofern biografische rote Fäden eine deutlich geringere Rolle, dafür die des beruflichen Werdeganges, die der Befassung mit einem Spezialthema und natürlich wiederum Fachlogiken. Wobei sich diese Fachlogiken nicht auf das eigentliche (Lebens-)Thema, also zum Beispiel den Forschungsgegenstand der Arbeit des Porträtierten beziehen sollte, als vielmehr auf seine Arbeits- und Herangehensweise. Eine solche Erzählweise kann das „Funktionieren" von Wissenschaft wunderbar deutlich machen, ohne es ausdrücklich thematisieren zu müssen. Besonders wichtig ist, dass gerade im Kontext wissenschaftlicher Themen das Vorhandensein einer Person nicht ausreicht, um eine funktionierende Geschichte zu präsentieren. Vielmehr muss es gelingen, erzählerisch für den Porträtierten eine Herausforderung zu etablieren, an deren Lösung (durch den Porträtierten) der Zuschauer Anteil nimmt.

Häufig haben Porträts im Wissenschaftsfernsehen die Struktur eines Hürdenlaufes – ein Protagonist, der gegen alle Widerstände an einem Ziel festhält, ordnet alles einer Idee unter oder ist (fast) rund um die Uhr für sein Thema im Einsatz. Hier ist also eine Idee oder ein Ideal, welches den Porträtierten antreibt oder verfolgt die filmtreibende Kraft und am Ende die Erkenntnis, dass er alles dieser Idee unterordnet.

Eine weitere typische Struktur des Wissenschaftsporträts ist ein gegenwärtiger Rahmen. Das heißt, ein Filmstart liegt in der Gegenwart oder im Moment des größten Erfolgs, wobei die Informationen so geordnet und präsentiert werden, dass im Zuschauer die Frage entsteht, wie es dazu kam, dass der Porträtierte diesen Punkt erreicht hat, diese Aussage treffen kann oder Ähnliches. Gelingt es, diese eigentlich mit dem zeitlichen Endpunkt der filmischen Erzählung verbundene Frage im Zuschauer zu erzeugen, kann der Film anschließend einen Rücksprung zum Anfang der Entwicklung machen und von diesem aus organisch bis zum Schlusspunkt und damit wieder bis zu dem Moment erzählen, der genutzt wurde, die filmtreibende Frage im Zuschauer zu verankern, denn gerade dadurch wird ja die Antwort darauf gegeben.

Eine besondere Porträtform im Wissenschaftsfernsehen sind Ortsporträts. Sie gelten Orten, an denen sich Wissenschaft konzentriert oder an denen besondere Experimente möglich waren oder besondere Erkenntnisse gefunden wurden. Sie haben den Vorteil, dass sie viele Menschen und viele Facetten zu einer Hauptfigur, nämlich den Elementen, die den Ort prägen, verschmelzen, das Individuum also zurück treten lassen. Damit sie als Filmform jedoch funktionieren und nicht nur eine zufällige räumliche Verbindung darstellen, müssen sie so stark wie irgend möglich individualisiert werden, das heißt, all die Eigenschaften müssen herausgearbeitet werden, die nur für diesen Ort besonders herausgestellt werden können. Damit erhält er einen Charakter und Eigenschaften, die in der Analogie zum Porträt eines Menschen dem Zuschauer ein Gefühl für den Ort und damit für die Hauptfigur des Filmes ermöglicht.

Geeignete Spezialformen im Wissenschaftsfernsehen sind auch Berufsporträts oder Gruppenporträts. Sie bieten den Vorteil, dass die für das Porträt charakteristische Individualisierung hier ganz organisch nicht alle Lebensbereiche eines einzelnen Porträtierten betrifft, es also von Zuschauern auch nicht als inkonsequent oder unvollständig wahrgenommen wird, wenn beispielsweise persönliche Hintergründe oder familiäre Zusammenhänge einzelner Porträtierter unerzählt bleiben.

4.6 Datenjournalismus

Im Schatten des Internetjournalismus, insbesondere von Rechercheprojekten wie Wikileaks und vergleichbaren, ist der Datenjournalismus als eigene journalistische Form in den letzten Jahren entstanden. Im Kern geht es dabei darum, Daten zu aggregieren, auszuwerten und so in Bezug zu einander zu setzen, dass Geschichten daraus entstehen. Der Ausgangspunkt liegt hier also nicht in einem interessanten Phänomen, einer interessanten Figur oder Fragestellung, sondern in einer Auffälligkeit bei der Auswertung von Daten, die dann zu einem Phänomen oder zu einer Person führt, die Gegenstand der Berichterstattung wird.

Bereits daraus ergibt sich, dass Datenjournalismus tatsächlich eine den interaktiven Medien sehr angemessene Darstellungsform ist und dass der Übertrag in Printmedien, sofern sie vorrangig Texte und grafische Darstellungen verwenden, gut möglich ist. Für audiovisuelle Medien dagegen gehört der Datenjournalismus sicher zu den weniger geeigneten Formen. Für Wissenschaftsfernsehen jedoch ist er durchaus interessant, da die Datenbasis bereits Teil der wissenschaftlichen Methodik und insofern Bestandteil der filmischen Erzählung sein kann. Datenjournalismus ist ferner immer dann eine geeignete Form, wenn die Fernsehdokumentation Teil eines crossmedialen Paketes ist, da er zahlreiche Anknüpfungspunkte für eine Verschränkung der Medien und für interaktive Komponenten bietet.

Wichtig beim Transfer der Methodik des Datenjournalismus auf das Fernsehen ist, dass eine Verbindung zwischen Daten und emotionalen Geschichten gelingt und insbesondere Personen nicht so weit hinter die Daten zurück treten, dass sie nur noch Bildflächen für Kommentartexte sind. Ein übliches Zusammenspiel ist, aus den Daten filmische Begründungen und vor allem Fragen zu eröffnen, die dann in mit der Realität verbundenen Geschichten beantwortet werden. Besonders geeignete ist diese Arbeitsweise im Bereich der häufig ohnehin an sichtbaren Vorgängen eher armen Geisteswissenschaften.

▶ **Zusammenfassung** Das Kapitel zeigt deutlich, welche Genres sich besonders zur Umsetzung wissenschaftlicher Inhalte eignen und welche Schwierigkeiten, aber auch Chancen die jeweiligen Genres bieten. Die Entscheidung hängt in erster Linie vom gewählten Thema beziehungsweise Sachverhalt ab. Hier nicht aufgrund der den Wissenschaften oft immanenten logischen und aufeinander aufbauenden Struktur in der Vorgehensweise in eine zu sehr berichtende Form abzugleiten, sollte im Zuschauerinteresse immer im Blick behalten werden. Spannung aufzubauen und über den ganzen Film halten zu können, gelingt nur mit für den Zuschauer nach- und miterlebbaren Strukturen, die argumentative Abfolgen aufbrechen. Im Falle der Wissenschaftsdokumentation kann dies mithilfe unterschiedlicher Prinzipien geschehen, denen eine ungewisse Erwartung, die Teilhabe an Erkenntnisverläufen, die Zerlegung komplexer Sachverhalte in Handlungsstränge, historische Rekonstruktionen oder die Einbettung der Informationen in ein Erklärstücke zugrunde liegen. Weitere geeignete Genres stellen Hintergrundbeiträge, Doku-Dramen, eine verfilmte Recherche oder das Wissenschaftsporträt dar, die alle unterschiedliche Aspekte in den Mittelpunkt rücken und damit auch verschiedene Vermittlungsziele haben.

Die Dramaturgie von Wissenschaftsfernsehen

5

> *Es ist kaum auszumachen, weshalb für die Gestaltung von Dokumentationen andere Grundsätze gelten sollten als für Spielfilme. Letztlich beruhen diese Grundsätze auf Wahrnehmungsmechanismen, mit welchen der Zuschauer auch die Realität um sich herum betrachtet.*
> *Appeldorn 1992, S. 85.*

Überblick

Dramaturgie ist die erlebbare Anordnung von Informationen im Film und damit ein Gliederungsprinzip für Filme. Damit einzelne Gestaltungsmittel, die im folgenden Kapitel näher betrachtet werden, dem Aussagewunsch eines Filmes gerecht eingesetzt werden können, gilt es, die narrativ-dramaturgische Gestaltung insgesamt zu betrachten, also die Kombination aus zu vermittelnder Information und zugehörigen Mitteln der Darstellung.

5.1 Grundlegende dramaturgische Gestaltung

Alle Inhalte eines Films werden in einen filmischen Ablauf eingebunden und damit in eine Abfolge gebracht, die nach einer bestimmten Wirkungsabsicht gestaltet wird. Für Thomas Schadt, der dokumentarische Filme eher als Realitätsfilme beschreibt, ist die Verwendung narrativ-dramaturgischer Mittel und Elemente daher nicht nur dem Spielfilm vorbehalten, sondern für die Umsetzung eines dokumentarischen Films ebenso unerlässlich:

O. Jacobs und T. Lorenz, *Wissenschaft fürs Fernsehen*, Praxiswissen Medien,
DOI: 10.1007/978-3-658-02423-9_5, © Springer Fachmedien Wiesbaden 2014

[...] um den Zuschauer zu erreichen, zu fesseln, um Nähe und Identifikation herzustellen, um bewußt zu machen und nachdringlich zu wirken, braucht er ein Thema, einen Plot, eine Geschichte, mit handelnden Figuren. Figuren, mit denen ich mich identifizieren oder wenigstens in Teilen wiedererkennen kann. [...] Er benötigt klare, nachvollziehbare Strukturen, eine schlüssige, in den einzelnen Filmsegmenten aufeinander aufbauende Dramaturgie. Und er darf nicht nur informieren, nein, vielmehr muß er beim Zuschauer Gefühle freisetzen, Fragen stellen (nicht nur beantworten), Platz für eigenen Gedanken, die eigene Phantasie lassen (Haus des Dokumentarfilms 1999, S. 67).

Der Filmemacher Paul Kriwaczek sieht das ähnlich: "Playing out a story in front of the viewers uses the same narrative methods, the same time compression, the same way of showing cause and effect, the same encouragement to identify with the characters who appear on the screen" (Kriwaczek 1997, S. 11).

Wichtig für eine insgesamt gute dramaturgische Umsetzung ist, dass sie den Wahrnehmungsmöglichkeiten des Menschen entspricht. Diese „[...] haben sich in Jahrmillionen der Anpassung an die Umwelt entwickelt. Die Dramaturgie bemüht sich darum, einen Stoff so zu gestalten, dass er formal diesen Wahrnehmungsmöglichkeiten entspricht, dass er also gesehen und verstanden werden kann" (Kerstan 2002, S. 11).

Die Orientierung an Urmustern der menschlichen Wahrnehmung wie auch des menschlichen Lebens kann dabei eine nützliche Orientierung sein, gerade im Dokumentarischen, welches nicht zuletzt von Authentizität und Nachvollziehbarkeit lebt. Für Wissenschaftsdokumentationen heißt das beispielsweise, dass natürliche Vorgänge, wie der Lauf der Jahreszeiten, die Spanne von Geburt bis Tod oder geografische Richtungen, wie von Süden nach Norden, jeweils subtil die Verständlichkeit stärkende Orientierungspunkte sind.

Die wichtigste Eigenschaft einer dramaturgischen Gestaltung beruht auf der Kausalität des Dargebotenen. Das Geschehen muss aus logisch in Beziehung zueinander gesetzten und folgerichtigen Einzelstücken bestehen. Nur so kann die Aufmerksamkeit der Rezipienten erlangt und aufrechterhalten werden. Die Abfolge der einzelnen Szenen kann insofern als Leiter verstanden werden, bei der jede einzelne Szene immer zur nächsten führt, indem sie zu einer Frage oder Ungewissheit leitet, deren Lösung der Zuschauer in der Folge erwartet.

Der Gestaltung sind prinzipiell keine Grenzen gesetzt, sowohl in inhaltlicher als auch in formaler Hinsicht. Bei dokumentarischen Filmen, die im Fernsehen ausgestrahlt werden, gibt es jedoch grundlegende Gestaltungsrichtlinien, die beachtet werden müssen. Der dokumentarische Film im Fernsehen unterscheidet sich in seiner Rezeption beispielsweise deutlich vom Dokumentarfilm im Kino. Die Zuschauer befinden sich in einer völlig anderen, äußerst privaten Situation und ihre Aufmerksamkeit wird dadurch möglicherweise erheblich beeinflusst.

Der Fernsehzuschauer ist ungeduldig geworden. Immer hat er dreißig verschiedene Programme gleichzeitig im Angebot. Dazu ist er von außen abgelenkt, nicht zuletzt von Licht und Geräuschen seiner unmittelbaren Umgebung. Es ist ein großer Unterschied, im Kino der Stille zu lauschen oder zu Hause einer Stille gar nicht lauschen zu können, weil auf der Straße ein LKW vorbeidonnert (Schadt 2002, S. 280).

Weiterhin kann im Fernsehen Geschichten nur weitaus weniger Raum zur Entwicklung eingeräumt werden als im Kino. Die Exposition muss daher schnell auf den Punkt kommen. „Der Fernsehzuschauer [...] will spätestens nach sechzig Sekunden verstanden haben, um was es geht. [...] Eine Fernsehexposition muss möglichst sofort den Plot setzen, dabei dem Zuschauer den Atem verschlagen, damit er erst gar nicht auf die Idee kommt, an anderes zu denken" (Schadt 2002, S. 280). Im Fernsehen muss also im Vergleich zum Kino alles oft schneller und komprimierter ablaufen, die grundlegenden Elemente und Strukturen aber unterscheiden sich nicht.

5.2 Thema und Story

Wie im fiktionalen Spielfilm beginnt auch im dokumentarischen Film alles mit einer Idee. Dem Autor begegnet ein Thema oder ein Stoff, in dem er etwas Besonderes, etwas Auffälliges entdeckt und das er einem Publikum zeigen und näherbringen möchte oder soll. Anders als im fiktionalen Film liegt der Anlass für den journalistischen Film in der Regel außerhalb des Films. Während beispielsweise im „Tatort" zu Beginn ein Toter gefunden wird und damit die Ermittlungen und die filmische Erzählung in Gang gesetzt werden, gibt es im journalistischen Film einen Anlass, aus dem der Film entsteht, der aber zum Zeitpunkt der Präsentation des Filmes in der Vergangenheit liegt und lediglich den publizistischen Kontext liefert, warum der Film entsteht, anstatt Bestandteil zu sein.

Gibt es also ein Thema oder einen Anlass, beginnt die Arbeit des Filmemachers.

Erste Fragen stellen sich:

- Wie lässt sich die Idee visualisieren?
- Was ist die Story des Films?
- Ist der Stoff innerhalb eines Dokumentarfilms darstellbar? (Voigt 2003, S. 26).

Eine Idee oder ein Stoff, der ausgewählt wurde, sagt noch nichts aus. Wichtig ist die Formulierung eines Ziels, einer Aussage, die in den Köpfen des Publikums ankommen und verstanden werden soll. Erst der Aussagewunsch, welcher sowohl

Inhalt als auch Form berücksichtigt, macht deutlich, was übermittelt werden soll. In der Praxis hat es sich bewährt, das Erzählziel in zwei Teile zu gliedern:

- Ein sachliches Erzählziel, also was soll ein Zuschauer am Ende verstanden haben?
- Ein emotionales Erzählziel, also was soll ein Zuschauer am Ende des Films (mit)erlebt haben?

Schon aus dieser Zieldefinition bzw. der Beantwortung dieser Fragen ist abzuleiten, welches Genre und welche Gestaltungsmittel am besten einzusetzen sind. Aus all diesen Punkten entsteht schließlich das Thema, das dem Film zugrunde liegt (vgl. Field 2007, S. 57ff.).

Man könnte das Thema definieren als den Standpunkt, den der Drehbuchautor zum Stoff einnimmt. Weil es kaum möglich zu sein scheint, ein Drehbuch [...] zu schreiben, ohne daß man sich eine bestimmte Meinung hinsichtlich der Figuren und der Situation bildet [...], muß eine Geschichte notwendig ein irgendwie geartetes Thema haben (Howard und Mabley 1996, S. 78).

Entscheidend im dokumentarischen Film ist, dass das dramaturgische Gerüst als flexibles Instrument verstanden wird, welches sich im Laufe der Recherche und der weiteren Filmerarbeitung verändern kann. Auch während ein Film gedreht wird ergeben sich möglicherweise noch Wendungen oder Veränderungen, die es notwendig machen können, einen vorher festgelegten Plan abzuändern (vgl. Kerstan 2002, S. 32ff.). Wichtig ist jedoch, dass der Autor zu jeder Zeit eine Klarheit darüber hat, welche Erzählziele er gerade auf welche Weise ansteuert.

Die Themen sollten bestimmte Narrationsfaktoren aufweisen, welche ihre Umsetzung in einer Story erleichtern. Diese Erzählfaktoren als Schwerpunkte zielen in erster Linie auf eine Identifikationsmöglichkeit ab, die dem Zuschauer gegeben wird (vgl. Bienvenido 2007, S. 66f.). „Sie thematisieren die menschlichen und emotionalen Aspekte eines Ereignisses und bedienen den so genannten *human interest*" (Trepte et al. 2008, S. 24. Hervorhebungen im Original). Zu ihnen zählen:

- ....Kuriosität/Ungewöhnliches
- Kampf/Konflikt
- Humor/Spaß
- Romantik
- Spannung/Ungewissheit
- Sympathie
- Alter
- Sex/Liebe
- Wissenschaftliche Innovationen/Fortschritt

- Abenteuer/Risiko
- Tragödie
- Tiere (Trepte et al. 2008, S. 25).

Meist kann erst durch die Nutzung solcher Narrationsfaktoren, die oft auch in kombinierter Form in Filmen zu finden sind, Interesse für ein bestimmtes wissenschaftliches Thema beim Rezipienten geweckt werden. Dabei muss aber darauf geachtet werden, dass die Informationen, die transportiert werden sollen, nicht überlagert werden. So kann es im Fall des Ungewöhnlichen beispielsweise schnell passieren, dass sich zu sehr dem Sensationalismus angenähert wird und die Geschichte unglaubwürdig wird (vgl. Bienvenido 2007, S. 71).

Wissenschaftsfernsehen stellt darüber hinaus die grundlegende Frage, ob die Identifikation nur mit menschlichen Hauptfiguren erfolgen kann, also zwangsläufig eine Personalisierung getroffen werden muss, oder auch abstrakte Hauptfiguren denkbar sind. Die Praxis zeigt, dass die Identifikation mit Personen oder Gruppen von Personen sowie Lebewesen natürlich leichter fällt, als mit Gegenständen oder abstrakten Fragestellungen. Gerade beim Wissenschaftsfernsehen sind abstrakte Hauptfiguren, bis hin zu Thesen, aber gut möglich. Sie funktionieren immer dann besonders gut, wenn es gelingt, die Relevanz für den Einzelnen zu verdeutlichen.

Unabhängig vom Charakter der Hauptfigur und über diese hinaus braucht es eine Struktur, die mit Leben, mit Protagonisten, Handlungsabläufen, Konflikten und Roten Fäden gefüllt werden muss. Alles zusammengenommen ergibt schließlich im Ganzen eine Geschichte und stellt die entscheidende Transformation vom Thema zur verfilmbaren Geschichte dar. Es gilt hier aber zu beachten:

> Story is not plot. Plot is that chain of causal links – *this* action had *these* consequences – which connects the starting point of a drama through to its ending. [...] But documentaries get their authority not so much from their internal conviction but from the implicit claim that the events and actions they present are real and true. Thus though a documentary may well have a plot too, equally well it may not. But it will always have a story (Kriwaczek 1997, S. 23. Hervorhebungen im Original).

Zudem ist es durchaus möglich, dass sich aus einem Thema keine passende Story mit einem einheitlichen zeitlichen und dramaturgischen Verlauf erschließen lässt, das Thema aber mit Hilfe verschiedener inhaltlicher Einheiten durchaus darstellbar ist. Häufig ist dann das Feature die geeignete journalistische Form, da in diesem eine Frage oder These anhand verschiedener Beispiele diskutiert wird. Weiterhin ist zu beachten:

> [...] dass verschiedene dramaturgische Herangehensweisen an ein Geschehen möglich sind. Nämlich von der Geschichte her kommend oder von den Hauptfiguren

ausgehend. Hat die Arbeit begonnen, vermischen sich Geschichte und Charaktere, in den meisten Fällen Handlung und Handelnde, zur dramaturgischen Gestalt (Mothes 2001, S. 73).

Dies schlägt sich bereits in der Wahl einer grundlegenden Erzählform nieder, die aber mit der endgültigen dramaturgischen Struktur nicht zu verwechseln ist.

5.3   Erzählform

Eng mit dem Aussagewunsch ist die Frage nach der Erzählform verbunden. Für die Erzählform kann sich das Dokumentarische über die journalistischen Darstellungsformen hinaus beispielsweise der Handlungs- und Erzählmuster, aber auch grundlegender Stimmungen und Ausdrucksmittel anderer, oftmals fiktiver Genres bedienen, die sich die Zuschauer zu großen Teilen bereits angeeignet haben und sofort wiedererkennen. Dass dies vielfach geschieht und gängige Praxis ist, haben bereits die Kapitel zur Hybridisierung und den hybriden Darstellungsformen des Fernsehdokumentarismus gezeigt. Begrifflichkeiten wie Doku-Thriller, Doku-Drama (das nicht immer im Sinne der bereits ausgearbeiteten Definition verstanden wird), Fake-Doku, Doku-Fiktion, Abenteuer-Doku, Krimi-Doku usw. sind nur einige Termini, die inzwischen in der Fernsehpraxis Verwendung finden. Unter diese Begrifflichkeiten können in gewissem Maße auch Wissenschaftssendungen fallen, wenn sie die folgenden Erzählformen verwenden. Wichtig ist hier, dass es sich bei den Erzählformen noch nicht um eine spezifische dramaturgische Strukturierung handelt, sondern sie eigentlich in allen dramaturgischen Strukturierungsmöglichkeiten Anwendung finden können.

5.3.1   Protagonist-Antagonist

Wie in einem fiktionalen Film grundsätzlich auch, treiben meist bestimmte Figuren eine Handlung oder Geschichte voran. Im klassischen Drama hat sich für die Hauptfigur einer Handlung der Begriff des Protagonisten entwickelt. Die Hauptfigur steht im Zentrum der Erzählung und ihr Handeln wird von einem Ziel bestimmt, welches sie bis zum Ende der Geschichte erreichen will. Das Ziel ist das zentrale Element. Das Interesse des Zuschauers muss dahin gehend geweckt werden, dass er von dem Wunsch und Verlangen des Protagonisten, dieses Ziel zu erreichen, gefesselt wird und ihn auf seinem Weg dorthin begleiten will (vgl.

Howard und Mabley 1996, S. 64f.). Dabei kann ihm ein Gegenspieler, ein Antagonist, im Wege stehen, der versucht, das Handeln des Hauptprotagonisten zu
durchkreuzen und das Erreichen des Ziels zu verhindern. Aus dieser Gegensätz-
lichkeit entwickelt sich dann ein Konflikt, der im Zentrum der Geschichte steht.
Damit eine Erzählung mit Protagonist und Antagonist ihre volle Wirkung entfalten kann, muss es sich bei den zwei Personen um sehr unterschiedliche Charaktere
handeln, die in einer deutlichen Opposition zueinanderstehen. Ihre Ziele müssen
diametral entgegen gerichtet sein und sie sollten etwa gleich stark sein, um hier in
hinreichendem Maße eine ungewisse Erwartung über den Ausgang des Konflikts
zwischen Protagonist und Antagonist zu erzeugen. In den meisten Fällen handelt
es sich bei Protagonist und Antagonist um zwei unterschiedliche Personen. Es ist
jedoch auch möglich, dass der Protagonist einen inneren Konflikt austrägt und
sich damit selbst als Antagonist gegenübersteht, indem er in sich mit verschiedenen Ansichten oder Wünschen kämpft (vgl. Howard und Mabley 1996, S. 49ff.).

Für Wissenschaftsfernsehen ist diese Geschichtsstruktur immer dann besonders geeignet, wenn es darum geht, in personalisierten Geschichten um eine
Erfindung herum, einen Erfinder oder Wissenschaftler eine für jeden Zuschauer
leicht nachvollziehbare Wettbewerbssituation zu schaffen oder auch die Unglaub-
lichkeit und die Widerstände, die sich im Moment der Entdeckung boten, zu
verdeutlichen.

5.3.2 Konflikt

Ohne einen Konflikt würden viele Geschichten nicht in Gang kommen, das
Publikum würde von einer Geschichte nicht gefesselt werden. Menschen identifizieren sich wesentlich leichter mit Figuren, die vor Aufgaben, Anforderungen,
Entscheidungen oder sonstigen Herausforderungen stehen. Der Konflikt ist deshalb wesentlicher Bestandteil klassischer dramaturgischer Formen und stellt den
Protagonisten vor Schwierigkeiten, ein bestimmtes Ziel zu erreichen. Im journalistischen Film spricht man eher von Herausforderungen. Bei mit der Realität
verbundenen Geschichten handelt es sich häufig eher um Aufgaben, die zu bewäl-
tigen sind, als um wirklich klassische Konflikte. Bevor aber Aufbau und Abbau
eines Konfliktes oder einer Herausforderung in einer dramaturgischen Struktur
gestaltet werden können, muss dieser zunächst bestimmt werden. Ein Konflikt
kann entstehen, wenn sich, wie im beschriebenen Fall von Protagonist und Antagonist, zwei Personen mit entgegengesetzten Interessen gegenüberstehen und der
eine den anderen am Erreichen eines Ziels hindern will. Ein Konflikt kann aber

auch auf andere Weise entstehen und der Gegner muss nicht immer eine andere
Person sein. Auch nahezu alle aus der Realität entnommenen Themen enthalten
Konflikte, die es herauszufiltern gilt. „In der Dokumentation könnte der Konflikt
lauten: ‚Mensch sucht Selbstbestätigung gegen Tücken der Natur' (Besteigung der
Eiger Nordwand) oder ‚Die Gefahren moderner Technologien gegen Mangel an
fossilen Energiequellen' (pro und contra Atomenergie)" (Appeldorn 1992, S. 67.
Hervorhebungen im Original).

Im Wissenschaftsfilm besteht die Herausforderung in der Regel aus einer konkreten Aufgabenstellung, indem eine Hauptfigur etwas finden muss, um ein bestimmtes
Problem zu lösen, beispielsweise die Entwicklung einer Behandlungsmethode gegen
eine bestimmte Krankheit oder die Ursache einer Erkrankung herauszufinden. Oder
eine Hauptfigur steht vor der Herausforderung, den Beweis für eine Vermutung zu
erbringen oder auch „nur", andere von einer Idee zu überzeugen.

In einer Dokumentation über die Leistungen von Kopernikus zum Beispiel ist
die konkrete wissenschaftliche Herausforderung, mit vergleichsweise einfachen
technischen Geräten nachzuweisen, dass die Erde keine Scheibe ist. Die wahre
Dimension wird allerdings erst deutlich, wenn klar wird, dass es dabei um einen
wissenschaftlichen Nachweis gegen alle gesellschaftlichen Konventionen, gegen
das herrschende Weltbild und die Kirche ist. Die Herausforderung von Kopernikus darf im Film also nicht als eine erzählt werden, die im Nachweis eines
ungelösten Problems liegt, sondern als komplette, von schwerer Strafe bedrohte
Veränderung des gesamten bestehenden Weltbildes besteht.

Unbedingt ist zu beachten – gerade in journalistischen Filmen, die es, wie
meistens in der Wissenschaft, häufig mit Experten ihres jeweiligen Faches zu
tun haben – dass bei der Frage, was sich zu einem Konflikt oder einer Herausforderung eignet, immer der Horizont des Zuschauers Bezugspunkt ist. Natürlich wird es für den Physikprofessor keine sonderliche Herausforderung sein,
z. B. die elektrischen Eigenschaften eines neu gefundenen Materials zu bestimmen. Aus Sicht eines Zuschauers ist die Herausforderung, aus mehr als einem
Dutzend Einflussgrößen die das Ergebnis störenden zu eliminieren, dagegen
erheblich.

5.3.3   Rätsel

Der Konflikt darf in der klassischen Dramaturgie keine zu frühe Auflösung erfahren und gar nicht darf von Beginn an klar sein, wie die Lösung aussehen wird.
Beliebt ist daher vor allem in Geschichts- und Wissenschaftsfilmen die Gestal-
tungsform eines Rätsels. Das Pendant im fiktionalen Film ist der Krimi. Indizien

in einem Sachverhalt, beispielsweise bei einer merkwürdige Virusverbreitung, werden gegeben, der Forscher bzw. der „[…] Wissenschaftler als Ermittler muss entsprechend auch Detektivarbeit leisten, um den ‚Kreis der Verdächtigen' einzuschränken" (Stuber 2005, S. 176. Hervorhebungen im Original). Eingebunden in eine beispielsweise klassische dramaturgische Struktur wird der Zuschauer so von Beginn an auf Spannung gehalten, welche sich bis zur Lösung des Rätsels immer weiter aufbaut und seine Aufmerksamkeit ständig neu herausfordert. Konflikte können auch entstehen, wenn konkurrierende Ansätze und Sichtweisen gegenübergestellt werden. Die Herausforderung und damit filmtreibende Frage ist die nach der Lösung des Rätsels.

5.3.4 Problemlösung

Visuelle Gestaltungselemente wie Versuche und Experimente werden bevorzugt in der Erzählform einer Problemlösung präsentiert. „Der Protagonist ist der Forscher, der einem ungeklärten Phänomen auf die Spur kommen möchte. Der Rezipient kann dabei in die Rolle des Forschers schlüpfen und somit hautnah miterleben, wie der Forscher die einzelnen Hindernisse zur Lösung des Problems überwindet" (Stuber 2005, S. 177). Gelangt der Protagonist zu einer Problemlösung, macht er auch zeitgleich eine wissenschaftliche Entdeckung. Der Rezipient beobachtet den Forscher bei seinen Erklärungsversuchen und der Bildung von Hypothesen. Experimente und Versuche dienen der Verifizierung oder Falsifizierung. Während der Forschungstätigkeit können Hürden und Rückschläge dazu dienen, die Aufmerksamkeit des Zuschauers über einen längeren Zeitraum aufrechtzuerhalten (vgl. Stuber 2005, S. 177). Wichtig ist, dass die Lösung des zu Beginn des Films angelegten (Haupt-)Problems erst weit hinten im Film erfolgt, da mit der Problemlösung die Hauptspannung des Films erlischt. Nach dem Erlöschen der Hauptspannung ist es sicher noch möglich, die Konsequenzen der Problemlösung kurz zu erzählen oder eine Vorausschau auf den nächste Schritt oder die nächste Etappe einer Entwicklung zu geben. Als Faustformel sollte jedoch gelten, dass 90 Prozent der Filmzeit vor dem Erlöschen der Hauptspannung vergangen sein sollten.

Weiterhin zu beachten ist, dass die Problemlösung im Sinne der Dramaturgie positiv, negativ oder auch offen erfolgen kann. Es ist also durchaus ein legitimes Ergebnis, wenn der Protagonist an seiner Herausforderung scheitert oder am Ende klar wird, dass er mit der Beantwortung der filmtreibenden Frage erst einen Teilschritt gegangen ist. Wichtig ist lediglich, dass der Zuschauer ein Gefühl dafür hat, wie der anfänglich angelegte Konflikt, die angelegte Herausforderung oder filmtreibende Frage eine Antwort findet. Erfolgt diese Einlösung gar nicht, indem sich die Eingangsfrage einfach verliert, führt das zur Unzufriedenheit, da der Faden des emotionalen Involvements reißt.

5.3.5 Expedition

Ein in wissenschaftlichen Filmen äußerst beliebtes Motiv und zugleich Erzählweise ist die Expedition oder Spurensuche. Sie lässt sich beispielsweise sehr gut in die dramaturgische Form der Heldenreise integrieren, wobei das Funktionieren dieses Prinzips dann stark vom Erfolg der entsprechenden Expedition abhängig ist. Sie ist als Erzählform häufig auch im fiktionalen Genre des Abenteuerfilms zu finden und kann umgekehrt von diesem auf das Wissenschaftsfernsehen übertragen werden.

Ein Wissenschaftler macht sich auf, um in der Theorie gemachte Annahmen oder Vermutungen, aber auch Phänomene, an Ort und Stelle zu erforschen, zu überprüfen oder Spuren zu suchen, die als längst vergangen gelten. Kehrt er mit Ergebnissen und neuem Wissen zurück, kann er – äquivalent zu einem Helden, der das Elixier nach Hause bringt – seine Reise erfolgreich beenden. Die eigentliche Expedition, der Weg, wie der Forscher zu seinen Erkenntnissen gelangt, bestimmt damit die gesamte Dramaturgie. Eine weitere positive Eigenschaft von Expeditionen ist, dass sie Zuschauern eine Reise an sehr entlegene, meist unzugängliche Orte und Blicke auf unbekannte Tier- und Naturwelten erlauben.

Unter einer Expedition muss für wissenschaftliche Filme natürlich nicht zwangsläufig die Reise an einen real existierenden Ort verstanden werden. So können auch Expeditionen in den Körper des Menschen oder in das Weltall stattfinden.

5.3.6 Verschwörung

Gelegentlich wird auch die Verschwörung als Erzählform verwendet. Hier kann ein Ereignis an sich oder eine Person in den Mittelpunkt der Story gestellt werden. In dieser Form wird mit den Meinungen und Aussagen verschiedener Personen gearbeitet, die sich zu einem Thema äußern und Geschehnisse infrage stellen. Beispielsweise geht eine:

> […] Verschwörungstheorie davon aus, dass die weltweit ausgestrahlten Aufnahmen von der ersten Mondlandung in Wirklichkeit in einem Fernsehstudio in Hollywood gedreht wurden. [Es] kommen verschiedene selbst ernannte Experten zu dem Thema zu Wort, die anhand falscher Schattenwürfe, fehlender Sternbilder am Mondhimmel

oder fehlender Staubverwirbelungen auf der Landebahn das Unfassbare beweisen wollen [...] (Stuber 2005, S. 180. Ergänzung in Klammern durch die Verfasser).

Die Erzählform der Verschwörung spricht den Zuschauer besonders auf emotionaler Ebene an und hat so die Möglichkeit, große Zuschauermengen zu binden. Durch ihren spekulativen und zum Sensationalismus neigenden Charakter aber muss ihr Einsatz gut abgewogen und kritisch gesehen werden. Verschwörungen tauchen im Wissenschaftsfernsehen häufig in der Kombination mit einem „David gegen Goliath"-Prinzip auf.

5.4 Dramaturgische Strukturierung

Die entscheidende Leistung des Autors im journalistischen Film besteht – insbesondere dann, wenn es nicht nur um das reportagehafte Miterleben eines realen Ereignisses geht – nicht im bloßen Darbieten von Bildern, sondern das zu Zeigende muss vor allem organisiert in die nach dem Prinzip der Dramaturgie erlebbare Reihenfolge gebracht werden. Oft wird eine zeitliche Dimension hinzugefügt, in der Abläufe und Ereignisse geschildert werden. Die Anordnung der Inhalte – dazu zählen auch die Personen und ihr Handeln – muss in sich stimmig und folgerichtig sein. Mangelnde Folgerichtigkeit führt beim Publikum zu Unglaubhaftigkeit (vgl. Appeldorn 1970, S. 26). Die dramaturgische Strukturierung führt insgesamt dazu, den Zuschauer in Anspannung zum Gezeigten zu setzen und sein Interesse zu wecken.

In the context of science documentaries it is also common to structure the content around stories, whether they be dramatic or linear. [...] Both linear stories and stories based on drama have the same aim, which is to interest viewers in what is being told, so that they want to continue watching the programme, to see what happens next" (Bienvenido 2007, S. 91f.).

Im Dokumentarischen gibt es grundlegend zwei verschiedene Möglichkeiten: Strukturen können gefunden oder erfunden werden.

Das heißt, Handlungsabläufe können beispielsweise so dargestellt werden, wie sie in der Realität vorzufinden sind. Manche davon gestalten sich eher chronologisch, andere haben von vornherein Merkmale eines klassischen Dramas (beispielsweise einen Konflikt, der zu einem Höhepunkt hinführt). Bietet sich jedoch aus einem Thema oder dem Material selbst keine Struktur an, muss eine solche erst erfunden werden. Aber auch hier kann die Konstruktion eines zeitlichen Ablaufs nützlich sein (vgl. Neumann 2008, S. 64). Ebenso kann ein Thema ohne eigene Struktur in ein klassisches Drama verwandelt werden, wie BBC 2 es bereits

im Jahre 1987 mit der Geschichte zur Entdeckung der DNA gemacht hat. Diese
wurde als Doku-Drama gesendet und betitelt als:

> [...] ‚Life Story'. Die Sendung wurde als ‚one of the greatest true detective stories'
> angekündigt. Sarah Brooks Franklin konstatierte, die Sendung zeige ‚all the elements
> of a good Drama. [...] It is a classic tale of conquest and discovery, of triumph and
> human flaws' (Heßler 2007, S. 300f. Hervorhebungen im Original).

Ob eine Struktur gefunden oder erfunden wird, ist letztlich nicht entscheidend.
Wichtig ist, dass es eine gibt. Erfundene Strukturen haben es jedoch immer dann
schwer, als Struktur für den Film zu dienen, wenn aus dem Thema offensichtlich
auch eine natürliche Struktur zu finden gewesen wäre. Wenn also eine erfundene
Struktur eine natürlich vorhandene zu dominieren versucht. Grundsätzlich ist
menschliche Wahrnehmung für gegebene Strukturen offener.

5.4.1 Chronologische Form

Die chronologische Darstellung ist die einfachste Art der Strukturierung. Ein-
zelheiten von Ereignissen werden dabei in ihrer zeitlichen Reihenfolge nacheinander aufgeführt. Auch für nahezu alle Stoffe, die nicht von vornherein
bereits eine zeitliche Struktur enthalten, lässt sich meist eine zeitliche Dimension finden. Beispielsweise das Periodensystem der Elemente: dieses „[...] weist
an sich keine zeitliche Dimension auf. Jedoch können die Entdeckungsdaten
der Elemente durch den Menschen oder die Entstehung des Universums nach
dem Urknall Grundlage einer Chronologie sein" (Stuber 2005, S. 172). Man findet die chronologische Darstellung vorwiegend in prozess- und ereignisorien-
tierten Filmen (vgl. Rabiger 2000, S. 543f.). Ein ereignisorientierter Film kann
beispielsweise die einzelnen Phasen einer Herztransplantation zeigen. Um den
Film interessanter zu gestalten, kann der zeitliche Ablauf durch „[...] Interviews, Rückblicke oder kurze Vorausschauen [...] unterbrochen und je nach
Bedarf gekürzt oder gedehnt werden" (Neumann 2008, S. 63). Allerdings sollte
dies nur dann geschehen, wenn „[...] dies der Darstellung von übergeordneten
Kausalzusammenhängen dient" (Stuber 2005, S. 172). Innerhalb eines prozes-
sorientierten Films „[...] wird die Entwicklung einer oder mehrerer Handlungen beobachtet, wobei diese oft parallel geschnitten werden, um sich auf das
Wesentliche der jeweiligen Aktionen konzentrieren zu können (Kürzungs-
möglichkeiten). Zusammengefasst stellen die Handlungen einen gemeinsamen Prozess dar" (Neumann 2008, S. 63f.). Auch wenn diese Form über einen

klaren Anfang und ein Ende verfügt, sind die beschriebenen chronologischen Darstellungsmöglichkeiten allerdings oft ungeeignet, das Publikum über längere Zeiträume in ihren Bann zu ziehen. Eine oftmals etwas spannendere Form der chronologischen Erzählweise besteht in der Umkehrung der Erzählrichtung, indem die zeitliche Komponente quasi als Countdown angelegt wird. Egal in welcher Erzählrichtung, das Risiko der primär chronologischen Gliederung besteht darin, in eine vergleichsweise langweilige Aufzählung zu geraten. Die Aufmerksamkeit eines Rezipienten sollte jedoch immer wieder von Neuem herausgefordert werden:

> Es ist klar, daß man mit der bloßen Anhäufung von Informationen kein Dabeisein beim Publikum bewirken kann – wie ebenso wenig mit einer Anhäufung schöner Bilder. Um eine Zuwendung, ein aktives Miterleben des Zuschauers zu erreichen, muß man ihm Spannungsenergie geben – in Form von These und Antithese, in Form eines Handlungsablaufs mit noch unbekanntem Abschluß oder auch in Form von Held und Bösewicht – in jedem Falle aber eine Polarität, innerhalb welcher der Zuschauer Stellung beziehen muß (Appeldorn 1970, S. 84).

Um dies zu erreichen, eignet sich die im Folgenden vorgestellte Methode nach Ansicht vieler Experten auch für dokumentarische Filme am besten.

5.4.2 Klassische geschlossene Formen

Bereits für reine Informationsfilme wie Nachrichtenbeiträge ist es laut Werner van Appeldorn möglich, klassische dramaturgische Strukturen anzuwenden. Sie sind daher auch für wissenschaftliche Themen geeignet, das dramaturgische Rückgrat zu bieten.

Drei-Akt-Struktur und Franzsche Pyramide Zur klassischen Drei-Akt-Struktur zählt der Einstieg in die Geschichte mit einer Problemstellung (einem Konflikt), das Aufzeigen von Widerständen, die der Lösung des Problems im Weg stehen, und schließlich das Anbieten einer Lösung (vgl. Appeldorn 1992, S. 84). Dies entspricht der bereits im klassischen Drama genutzten Struktur aus Anfang, Mitte und Ende. Die einzelnen Teile sind dabei um einen zentralen Konflikt angeordnet (vgl. Krützen 2006, S. 103ff.).

Ähnlich der klassischen Drei-Akt-Struktur ist auch das Dramaturgiemodell der Franzschen Pyramide aufgebaut, deren zentraler Bestandteil ebenfalls eine Konflikthandlung ist. Die Franzsche Pyramide besteht aus fünf aufeinander aufbauenden Einheiten: Einleitung, (Konflikt-) Aufbau, (Konflikt-) Höhepunkt,

Abbau und Ausklang. Weiterhin gehört zu ihr eine Nebenhandlung, die am Anfang etabliert wird und im Verlauf des Films zu einem Handlungsumschlag, der sogenannten Peripetie, führt.[1]

Die klassischen Modelle der Drei-Akt-Struktur und der Franzschen Pyramide müssen sich nicht immer vollständig auf alle Themen anwenden lassen oder sind gegebenenfalls noch auszubauen. Der einfache dramatische Bogen reicht besonders für längere Formen, wie Dokumentationen, meist nicht aus, um den Zuschauer lange genug anzusprechen. Dann ist es notwendig, weitere kleinere dramaturgische Bögen von Beginn an logisch in die Haupthandlung einzuflechten, um immer neue Situationen zu schaffen, die die Aufmerksamkeit des Rezipienten auffrischen (vgl. Witzke und Rothaus 2010, S. 238f.).

Anfang und Ende Alle klassischen geschlossenen Formen arbeiten mit den drei grundlegenden Bestandteilen Anfang, Mitte und Ende. Die einzelnen Teile sind dabei so gestaltet, dass sich aus ihnen ein Spannungsverlauf (im Sinne einer Aufmerksamkeitssteuerung) ergibt. Wie dieser Spannungsverlauf im Einzelnen gestaltet ist, hängt von der Wahl der genannten Sub-Strukturen ab. In den meisten Fällen ist ein Konflikt oder Antagonist, der den Hauptprotagonisten herausfordert, zentraler Bestandteil des Anfangs, der auch Exposition genannt wird.

Für das Wissenschaftsfernsehen ist eine weitere wichtige Aufgabe des Anfangs, die Tonalität des Films deutlich zu machen, also mit welchen Mitteln und auf welche Weise erzählt wird. Spielen Effekte, Animationen oder besondere Experimente oder Nachinszenierungen eine Rolle, sollte das bereits zu Beginn deutlich werden, um es als Teil der Erwartungssteuerung zu nutzen und nicht im Filmverlauf überraschend und dann das Miterleben störend einzuführen.

Ebenfalls wesentlicher Bestandteil klassischer dramaturgischer Formen ist ein Wendepunkt, der die Geschichte in eine andere Richtung laufen lässt und von diesem Zeitpunkt an in den Abbau überleitet, in dem es der Hauptprotagonist dann schafft, den Konflikt zu überwinden, den Gegner zu besiegen, sein Ziel zu

---

[1] Vgl. Neumann (2008, S. 65ff.); vgl. Witzke und Rothaus (2010, S. 234f.); vgl. Kerstan (Kerstan 2002. S. 198ff.); vgl. Appeldorn (1970, S. 181ff.). Appeldorn verwendet die Franzsche Pyramide aber explizit für den Aufbau eines klassischen Dramas, das sich entweder zur Tragödie oder Komödie hin entwickeln kann. Da sich aber nicht jedes Thema eines dokumentarischen Films zu einem klassischen Drama entwickeln lässt, werden hier zwar Aspekte aus Appeldorns Ausführungen mit einbezogen, jedoch die allgemeineren Ausführungen Kerstans als Basis verwendet, die laut seiner Aussage für mehr oder weniger alle Darstellungsformen (ob Nachricht, Bericht oder Dokumentation) Verwendung finden können.

erreichen oder er letztlich auch scheitern kann. Im Wissenschaftsfilm kann ein Wendepunkt sehr gut ein Teilergebnis sein, das Resultat eines Experiments, das Eintreffen einer Nachricht von einem Konkurrenten oder Unterstützer, oder von einem anderen, in der Filmhandlung nicht auftauchenden Schauplatz.

In der Exposition des Films muss weiterhin ein Rahmen gesetzt werden, der dem Zuschauer eine Orientierung ermöglicht. Das Thema, Orte und Geschehen müssen vorgestellt werden. Die handelnden Personen (gegebenenfalls Hauptprotagonisten und Gegenspieler) sowie Objekte, die im Verlauf eine Rolle spielen, werden eingeführt. Wie auch für den fiktionalen Film gilt es zunächst, die Eigenschaften und den Handlungsantrieb eines Protagonisten für den Zuschauer schnell und klar erkennbar zu machen. In einem Film hat der Rezipient, im Gegensatz zum realen Leben, nur wenig Zeit, sich ein Bild von einer Person zu machen, da er nicht auf Nachfrage mehr über sie erfahren kann.

Der Kern eines Konflikts wird verdeutlicht und damit die Handlung in Gang gebracht. Insgesamt ist es Aufgabe der Exposition, das Interesse des Zuschauers zu wecken und ihn auf die folgenden Inhalte und Ereignisse neugierig zu machen.

> Die Exposition enthält oft auch eine Vorgeschichte [...], die das Wissen vermittelt, das notwendig ist, um die Figuren in ihrer Situation zu verstehen, um die Konstellationen zwischen ihnen zu begreifen, all das, was der Zuschauer wissen muss, um dem Geschehen, das dann stattfindet, folgen zu können (Hickethier 2007, S. 117).

Allerdings ist die Vermittlung einer Vorgeschichte nicht zwingend notwendig und kann auch, wie noch im Kapitel zur Informationsvermittlung gezeigt werden wird, an anderer Stelle im Film erfolgen. Grundsätzlich neigen journalistische Filme dazu, am Filmanfang zu viele Informationen zu präsentieren. Häufig ist das Interesse an der Vorgeschichte von Personen oder Ereignissen größer, wenn im Laufe der Filmhandlung mehr von diesen bekannt wird und die Frage nach der Vorgeschichte damit organisch entstanden ist.

Im Aufbau werden alle Informationen gegeben, die auf den Konflikt und seine glaubhafte Darstellung hinführen. Der Kern der Aussage, das heißt die wichtigste Einzelaussage, die zum Höhepunkt führt, wird gegeben. Die in der Exposition vorgestellten Protagonisten und Objekte werden ausführlich charakterisiert und mit Attributen ausgestattet.

Der Handlungsumschlag erfolgt, wie bereits beschrieben, meist durch einen zu Beginn eingeführten Nebenaspekt oder eine Nebenhandlung, die zur Auflösung des Konflikts beitragen können oder zumindest den aktuellen Zustand verändern. Dieser Punkt kann auch als Plot-Point oder Wendepunkt bezeichnet werden, da:

[...] sich durch eine Entscheidung oder neu zu bewertende Sachlage wieder neue Perspektiven eröffnen und die Handlung eine neue Richtung nimmt. Auch bei der Gliederung von Features werden Wende- oder Höhepunkte eingeplant. Häufig sind das besonders konträre Ansichten, die einander gegenübergestellt werden oder auch ergreifende Beschreibungen, die zu einer anderen Sicht auf die Dinge nötigen. [...] Peripetie ist insofern ein Mittel der Spannung, als sie dazu veranlasst, sich noch einmal neu und anders mit dem Geschehen auseinanderzusetzen (Mothes 2001, S. 110f.).

Bis zu dieser Stelle wird versucht, durchgängig Spannung aufzubauen und bis zum Höhepunkt den Kern der Aussage zu vermitteln. Ab hier nimmt der Spannungsbogen eine Wendung. Die Handlung wird Schritt für Schritt zu einem Abschluss gebracht. „Abbau und Ausklang der Erzählung sorgen für die dramaturgische Entspannung und runden den Film ab. Im Film über Gentechnik könnte dies eine Art Zusammenfassung oder Resümee sein mit Ausblick auf die Zukunft der technischen Entwicklungen" (Neumann 2008, S. 68). Bewährt haben sich Filmschlüsse, die kleine, in die Zukunft gerichtete Fragen eröffnen und so einen Nachhall im Zuschauer erzeugen.

5.4.3   Heldenreise

Die Dramaturgie der Heldenreise wurde vom amerikanischen Drehbuchautor und Publizist Christopher Vogler entwickelt. Sie ist grundsätzlich eng mit den klassischen Formen verwandt und kann mit ihnen verbunden werden, gestaltet sich jedoch noch etwas differenzierter. Vogler bezieht sich auf eine wissenschaftliche Arbeit des amerikanischen Mythenforschers Joseph Campbell. Über alle Kulturen hinweg erforschte dieser Geschichten aus Mythologie und auch Religion und stellte fest, dass diese überwiegend archetypischen Strukturen folgen, woraus er schließlich den universell gültigen Monomythos der Heldenreise entwickelte. Campbell war bereits 1949 der Überzeugung, „[...] dass alle großen Geschichten der Menschheit letztlich einem einzigen Schema folgen, das aus einer Reise eines Helden durch zwölf Stationen besteht" (Hickethier 2007, S. 120). Vogler übertrug das Modell schließlich 1998 auf die Filmdramaturgie und bei näherer Betrachtung von Filmen wie *Star Wars*, *Harry Potter* oder *Das Schweigen der Lämmer* muss ihm recht gegeben werden. Ferner spricht nichts dagegen, dieses Handwerk auch auf den journalistischen Film zu übertragen.

Die Stationen der Reise des Helden (die als Dramaturgie von Episoden zu denken ist, aber auch in einer Handlungsführung nach aristotelischem Muster enthalten sein kann) sind:

1. Ausgang ist die gewohnte Welt, aus der der Held stammt.
2. Er erhält einen Ruf zum Abenteuer;
3. der meist mit einer Weigerung des Helden beantwortet wird.
4. Der Held begegnet einem Mentor, der ihn berät und zur Reise rät, die Reise beginnt, und
5. es findet ein Überschreiten der ersten Schwelle statt, hinter der es kein Zurück mehr gibt.
6. Nun ereignen sich Bewährungsproben, der Held trifft auf verbündete und Feinde.
7. Er dringt dann zur tiefsten Höhle vor, in der er auf den Gegner trifft.
8. Dort kommt es zur entscheidenden Prüfung in der Konfrontation und Überwindung des Gegners.
9. Der Held wird belohnt (indem er z. B. das Schwert ergreift. Den Schatz oder das Elixier raubt).
10. Er macht sich auf den Rückweg.
11. Dabei kommt es zur Auferstehung des Helden, da er durch das Abenteuer zu einer neuen Persönlichkeit gereift ist.
12. Danach findet eine Rückkehr mit dem Elixier statt [...] (Vogler 1998, nach Hickethier 2007, S. 121).

Natürlich kommen die genannten Stationen nicht immer in dieser Reihenfolge oder exakt der Auflistung entsprechend vor. Auch muss es sich nicht um eine ausschließlich äußere, sondern kann sich auch um eine innere Reise des Helden handeln. In jedem Fall stellt die Heldenreise einen Übergang von einem Lebensabschnitt, wenn man so will auch von einem Wissenszustand in den anderen dar. Der Held erlaubt es dem Zuschauer sich mit ihm zu identifizieren, er treibt die Handlung voran, nimmt sein Schicksal in die Hand und steht damit für eine beispielhafte (Weiter-)Entwicklung.

5.4.4 Offene Form

Eine in der Praxis wesentlich geringere Rolle spielt die offene Form. Zieht man darüber hinaus noch mit in Betracht, dass eine Reihe offener Formen als solche erscheinen, weil der Film seine innere Struktur einfach verliert, so ist der Anteil der bewusst in offener Form gestalteten journalistischen Filme aus gutem Grund verschwindend. Im Gegensatz zu den klassischen geschlossenen Formen, die auf ein abschließendes Ende und eine Auflösung hinarbeiten, bleibt bei der offenen Form das Ende unvollständig. Der Zuschauer wird ohne eine endgültige Auflösung oder gar einen Lösungsansatz zurückgelassen. Genau durch dieses komplette Fehlen einer Lösung eignet sich diese Form nur schwerlich für das

Wissenschaftsfernsehen, da dessen Ziel ja in erster Linie die Miterlebbarkeit der Entstehung von Wissen sowie die Wissensvermittlung ist. Die Vermittlung von Wissen gelingt jedoch nur, wenn man zu einem schlüssigen Ende oder einer schlüssigen Argumentation am Ende des Films gelangt. Die offene Form sei daher hier eher der Vollständigkeit wegen erwähnt und natürlich deshalb, weil es im Falle des Gelingens zumindest sicher ist, dass man einen Film in einer ungewöhnlichen Form realisiert hat.

In der offenen Form gibt es im Gegensatz zur geschlossenen Form keinen „Roten Faden". Es ist möglich, mehrere Haupt-Handlungsstränge parallel nebeneinander laufen zu lassen und Zeitsprünge, Rückblenden oder Ortswechsel zu vollziehen. Auch kann es Einschübe geben, die eine Handlung nicht unbedingt vorantreiben, sondern nur ergänzende Informationen liefern. Weiterhin kann die Handlung, im Gegensatz zur geschlossenen Form, auch zyklisch verlaufen und muss nicht linear auf ein Ziel hinarbeiten (vgl. Ellermann 1996, S. 102f.). Denn: „So wie nicht jede Anordnung von Bildern zur Fiktion führt, führt auch nicht jede Ordnung zur Erzählung (Jost 1998, S. 204).

> Die Erzählung scheint also vor allem dort notwendige Form der Wissensvermittlung zu sein, wo ein Ereignis in seinem zeitlichen Verlauf dargestellt werden soll, denn wenn es darum geht, strukturelle Zusammenhänge eines Zustands zu erfassen, kann die narrative Form ebenfalls aufgegeben werden (Hohenberger 1988, S. 83).

So ist es auch in der folgenden dramaturgischen Struktur, in der es um die mögliche Anordnung des Inhalts um ein zentrales Thema geht, da sich nicht aus jedem Teil-Thema auch unbedingt eine vorgegebener zeitlicher Verlauf ersehen lässt.

5.4.5 Episodische (rhapsodische) Form

Einzelne in sich geschlossene Einheiten werden in der episodischen Form aneinandergereiht. Sie eignet sich nur als Darstellungsform, wenn alle Episoden im Sinne einer einheitlichen Dramaturgie um ein Thema angeordnet werden können (vgl. Appeldorn 1970, S. 178). Das Thema sollte alle Episoden zusammenhalten, bestenfalls beziehen sich die Inhalte der einzelnen Episoden in irgendeiner Form aufeinander. Ulla Mothes charakterisiert in ähnlicher Weise die rhapsodische Form, die oft im eng mit der Dokumentation verwandten Feature zu finden ist:

> Seine einführende, aus- und zusammenstellende Funktion verlangt zwar eine feste Komposition, nicht aber einen übergreifenden epischen Erzählzusammenhang.

Erzählt wird – wenn überhaupt – rhapsodisch. Die Bruchstücke erscheinen meistenteils als in sich geschlossene dramaturgische Einheiten, die sowohl für sich wie auch mit Wechselwirkungen auf die anderen Teile berichten. Diese Form des Erzählens bindet sich zurück auf die gängige Form des fragmentarischen anekdotischen Kommunizierens (Mothes 2001, S. 55).

Auch Michaela Krützen geht auf diese Form der dramaturgischen Gestaltung näher ein und bezeichnet die einzelnen Einheiten als „Nummern"oder „Attraktionen". Zusammengenommen bilden sie eine Reihung von in sich abgeschlossenen Abenteuern oder Geschichten, die alle für sich einen dramaturgischen Aufbau haben (vgl. Krützen 2006, S. 294).

Die episodische Form kann in zweierlei Art Anwendung finden. Zum einen kann sie in Form einer Serie vorhanden sein, deren einzelne Teile jeweils eine Einheit bilden. Ob diese Einheiten für sich alleine stehen und nur ein grob formuliertes gemeinsames Thema haben, oder aber alle Einheiten gemeinsam auf eine Gesamtdramaturgie hinarbeiten, kann je nach Themenlage entschieden werden. Weiterhin kann die episodische Form aber auch innerhalb eines einzelnen Filmes Anwendung finden, in dem dann Sequenzen für eine Einheit stehen. Auch hier müssen die Einheiten nicht unbedingt zeitlich und dramaturgisch aufeinander aufbauen, wenigstens aber einen inhaltlichen Zusammenhang untereinander herstellen lassen. Meist wird in solchem Fall eine tragende Einheit herausgearbeitet, die den Anfang (Exposition) und das Ende des Films markiert und insgesamt im Sinne einer klassischen geschlossenen Form zu einer dramaturgischen Steigerung, einem Abschluss findet, der alle Einheiten wir eine Klammer umgreift. In der Praxis des Wissenschaftsfernsehens ist diese Form vor allem in Reihen zu finden. Auf diese Weise wird die Zusammengehörigkeit einzelner Episoden deutlich, selbst dann, wenn sie unter Umständen im Wochenabstand gesendet werden.

5.5 Protagonisten

In fiktionalen Filmen ist weniger von Protagonisten als von Figuren die Rede, da es sich meist um erfundene Personen mit vom Autor oder Regisseur ausgedachten Charaktereigenschaften handelt. Ein Schauspieler schlüpft in eine ihm zugedachte Rolle und verkörpert diese mit seinem schauspielerischen Talent. Da es sich bei den Personen im non-fiktionalen Film dagegen meist um real existierende Menschen mit ihren tatsächliche Charaktereigenschaften und Lebensgeschichten handelt, soll an dieser Stelle von Protagonisten die Rede sein.

Es gibt verschiedene Möglichkeiten, Protagonisten für eine dramaturgische Umsetzung non-fiktionaler Filme zu finden. Zum einen ist der Fall denkbar, dass man zunächst eine Idee hat und dann Protagonisten sucht, die dieser entsprechen. Zum anderen kann sich eine Persönlichkeit als Protagonist anbieten, um die herum dann eine Geschichte ausgearbeitet wird oder deren außergewöhnliche Biografie für eine Art Porträt geeignet ist (vgl. Field 2007, S. 127ff. sowie Mast 2008, S. 305).

> Persönlichkeit kann auf doppelte Weise verstanden werden. Zum einen im Sinne von Individualität, dann ist jeder Mensch eine Persönlichkeit, oder zum anderen bezogen auf den besonderen Fall, etwa den außergewöhnlich in sich gefestigten Charakter oder die bedeutende Person im öffentlichen Leben (Mothes 2001, S. 61).

Real existierende Personen, die dramaturgisch in einen Film eingebunden werden, sollten in jedem Fall von sich aus etwas Besonderes und auffällige Eigenschaften haben oder durch ihre Herkunft oder ihr Wissen zu einem Sachverhalt eine besondere Position einnehmen. Sie können dann in verschiedene Rollen erscheinen, beispielsweise ganz klassisch als Sachverständige oder Fachleute in Interviews. Diese Form der Einbringung ist meist sehr nüchtern und sachlich. Werden hingegen Betroffene interviewt, berichten diese von ihren Schicksalen und Erlebnissen, nähert man sich bereits stark dem Faktor der Personalisierung, der bereits an anderer Stelle beschrieben wurde. „Die Hauptfiguren müssen einem als Zuschauer nicht immer sympathisch sein, aber man muss ihnen gegenüber eine emotionale Haltung einnehmen können" (Witzke und Rothaus 2010, S. 240).

Wichtig ist, dass allen im Film auftauchenden Figuren Haupteigenschaften zugeordnet und für den Zuschauer spürbar gemacht werden. Es sollte ferner gelingen, Zuschauern physiologische, soziologische und psychologische Eigenarten offen zu legen, da ihnen das eine Bezugsetzung zum eigenen Leben und damit ein genaueres Gefühl für die dargestellte Person ermöglicht.

Grundsätzlich wird in letzter Zeit in Wissenschaftssendungen vermehrt mit Alltagsgeschichten gearbeitet, das heißt mit privaten Schicksalen, die sich dem Publikum zur Identifikation anbieten und den Zuschauer so erst richtig binden (Göpfert 2006, S. 29). Das erkannte auch Werner van Appeldorn bereits sehr früh und schrieb 1970, weit vor der heutigen Diskussion um die Personalisierung, in seinen Ausführungen zur Dramaturgie, Gestaltung und Technik dokumentarischer Filme:

> Menschen und ihr Lebensraum haben [...] die größte Anziehungskraft und machen das Miterleben des Zuschauers am leichtesten. Das trifft nicht nur beim Spielfilm zu. Auch Erfolg oder Mißerfolg eines Filmberichts hängt in hohem Maße davon ab, ob die geschilderten Personen oder ihre Umwelt für den Zuschauer assoziierbar sind – ob sie ihm die Möglichkeit bieten, sich mit ihnen und ihren Gedanken zu identifizieren (Appeldorn 1970, S. 86).

Neben privaten Schicksalen ist es natürlich ebenso ist es möglich, einen Wissenschaftler mit seinem Forschungsschwerpunkt und wissenschaftlichen Forschungstätigkeiten in den Mittelpunkt zu stellen. Gerade Wissenschaftler, deren Methoden in der wissenschaftlichen Welt kontrovers diskutiert werden, eignen sich in solchen Fällen besonders. Aber egal ob Privatmann oder Wissenschaftler: In beiden Fällen wird das Handeln einer Person, ihre Eigenschaften oder ihre Persönlichkeit in den Vordergrund gebracht und aus ihr heraus eine Geschichte zu einem Thema entwickelt. Das Vorhandensein der Person allein reicht nicht aus. Persönlichkeiten können neutral präsentiert werden. Es ist jedoch wesentlich häufiger der Fall, dass sie emotional in eine Geschichte einbezogen werden, indem ihre ganz persönlichen Sichtweisen und ihre Biografien zur Geltung kommen. Deshalb müssen ihre Charakterzüge, die sie in eine besondere Stellung zu einer Situation bringen, explizit herausgearbeitet werden.

Es sollte nicht immer das Ziel sein, alle Fragen, die sich zu einer Person stellen, auch zu beantworten, sondern dem Zuschauer Material bereitzustellen, welches ihn zur Reflexion anregt (vgl. Mothes 2001, S. 80). Je mehr schließlich von einer Person preisgegeben wird, desto stärker entwickelt sich das Bild von ihr. Dadurch findet eine dramaturgische Steigerung statt.

Ebenso ist es denkbar, dass das Thema auch von mehreren Hauptfiguren ausgehend bestimmt wird und deren Biografien nebeneinandergestellt werden. Dies geschieht nicht nur unter der Prämisse, verschiedene Positionen zu beleuchten, sondern:

> Eine Figur taugt nicht nur für sich selbst als dramaturgische Persönlichkeit, sondern ihr Wesen entfaltet sich im Zusammenspiel mit anderen. [...] Sie lassen einander dann herausragen oder bringen ihre Charaktere gegenseitig hervor, wenn sie andersartig sind. Dabei geht es weniger um Gegensätzlichkeit, sondern darum, dass Figuren, die miteinander zu tun haben, in ihren Eigenschaften kontrastiert sind (Mothes 2001, S. 75).

Eine solche Konstellation kann weiterhin Konfliktpotenzial enthalten, welches für eine dramaturgische Umsetzung sehr fruchtbar ist.

Bei einem Protagonisten muss es sich nicht immer um eine real existierende Person handeln, auch wenn dies am authentischsten ist. So können Gegenstände, Tiere oder Trickfiguren zu Protagonisten gemacht werden. In einem Film, der beispielsweise auf einen Konflikt und dessen Lösung ausgerichtet ist, kann eine Hauptfigur ein Mensch, sein Gegenspieler aber ein Objekt oder Gegenstand sein „[...] wie ein ‚Roter Ballon' oder ein gefährlicher Vulkan" (Appeldorn 1970, S. 179. Hervorhebungen im Original). Ein Beispiel für den Fall, in dem weder Mensch, noch Gegenstand oder ein real existierendes Tier zum Protagonisten gemacht wird, ist die schon

mehrfach erwähnte BBC-Produktion *Im Reich der Giganten*. „So haben die Autoren
von ‚Im Reich der Giganten' einzelne Figuren als Filmhelden ins Zentrum gestellt
– die Protagonisten Big Al und Little Big Al. Die beiden Figuren bieten sich wie in
einem Spielfilmplot den Zuschauern zur Identifikation an" (Wolf 2003, S. 83). In
den im Dokumentarischen inzwischen so häufig verwendeten Inszenierungen sind
die von Schauspielern dargestellten Personen natürlich als Figuren im fiktionalen
Sinne anzusehen. Ihre Funktion und das eventuelle Übereinstimmen mit Personen,
die real existieren oder existiert haben, muss im Einzelfall betrachtet werden.

5.6   Informationsvermittlung

Die einzelnen Versatzstücke eines Filmes beziehen sich immer auf die Dramaturgie des Ganzen bzw. in der klassischen, geschlossenen Form auf den Schluss einer
Geschichte.

> Die Informationsvermittlung ist dabei der zugrunde liegende, zentrale Prozess. Der
> Zuschauer erfährt etwas, doch die Art und Weise, wie er es erfährt, wodurch er es
> erfährt und schließlich auch, ob er es z. B. als Einziger erfährt, ohne dass die betrof-
> fene Figur davon weiß, bestimmt die dramatische Wirkung der Information (Eick
> 2006, S. 43).

Spannung und eine Erwartungshaltung können beispielsweise dadurch erreicht
werden, dass zu Beginn einer Geschichte unvollständige oder gar gegensätzliche
Informationen gegeben werden, die erst im Verlauf der Geschichte vervollstän-
digt oder einander angenähert werden. Zu unterscheiden sind in erster Linie
die Was-Spannung und die Wie-Spannung. Es ist möglich, dass das Ende einer
Geschichte abzusehen ist. Hier fragt sich der Zuschauer, <u>wie</u> das Finale zustande
kommt. Ist das Ende nicht absehbar und bleibt der Zuschauer im Unklaren, fragt
er sich eher, <u>was</u> das Finale bringt (vgl. Eick 2006, S. 43f.).

Wie diese Informationen schließlich mit den Figuren verknüpft werden und
wie viel diese jeweils von ihrem eigenen Wissen preisgeben, gibt den Ausschlag
dafür, wie viel auch der Rezipient erfährt. Lassen Figuren den Zuschauer im
Unklaren oder werden Informationen nur angedeutet, kann Spannung erzeugt
werden, die auf eine Auflösung hinausläuft. Weiß aber der Rezipient mehr als
die Figur sind die Erwartungen eher auf Situationen ausgerichtet, in die ein
Protagonist geraten wird (vgl. Vale 1992, S. 86f.). Die Spannung erwächst also
immer aus der Erwartungshaltung des Zuschauers gegenüber dem Kommenden (vgl. Mothes 2001, S. 58; vgl. Eick 2006, S. 43). Die Informationsvermittlung

muss aber gerade im journalistischen Film nicht nur von den Figuren selbst ausgehen.

Eine Informationsverteilung, bei der das Publikum mehr weiß als der Akteur, kann aber auch z. B. bewirken, dass Rezipienten Figuren in Gefahr sehen, in denen sie sich selbst nicht wähnen. Sie ist besonders bei Features ein Mittel, Kritik zu äußern an dargebotenen Auffassungen. Wenn jemand nicht weiß, dass er durch eine andere Aussage bereits widerlegt wurde, werden die ideologischen Hintergründe seiner Position bloßgelegt. Die Informationsverteilung ist ein dramaturgisches Mittel, um Rezipienten in das Geschehen einzubinden (Mothes 2001, S. 59).

Weiterhin kann sich die Informationsvermittlung auch auf etwas Vergangenes, also eine Vorgeschichte beziehen, die Auswirkungen auf die präsentierte Geschichte hat.

Als dramaturgisches Mittel begriffen, kann die Vorgeschichte [...] verschiedene Funktionen haben. Sie kann die dramatische Handlung erst auslösen, sie kann eine Ruhelage schaffen, der Handlung einen neuen Auftrieb geben, die Bewegung der dramatischen Handlung abschließen, sie kann prospektiv oder retardierend eingesetzt werden und schließlich auch Figuren und ihr Verhältnis zueinander bestimmen (Eick 2006, S. 45).

Häufig stehen Vorgeschichten in der Exposition des Films. So können Charaktere und deren Motivationen besser charakterisiert und erläutert werden. Ist dies für den gewählten Inhalt jedoch nicht unbedingt notwendig oder soll der Zuschauer augenblicklich in den Bann der Handlung gezogen werden, kann sie auch an anderer Stelle erfolgen (vgl. Hickethier 2007, S. 118). Wenn sie innerhalb eines Filmes auftritt, wird in der Exposition häufig ein Geheimnis oder Rätsel präsentiert und dadurch die Integration der Vorgeschichte in den späteren Filmverlauf motiviert.

Vorgeschichten bergen aber auch die Möglichkeit, das zentrale Moment einer Erzählung zu sein, Erkenntnisprozesse erst in Gang zu bringen oder eine Handlung wieder zu beschleunigen (vgl. Eick 2006, S. 45). Im journalistischen Film reicht häufig bereits die Andeutung einer Vorgeschichte. Eine solche Andeutung „seit acht Stunden steht er im Labor…" gibt Zuschauern das zusätzliche Gefühl, an einem wichtigen Moment in die Geschichte einzusteigen und von unnötiger Vorgeschichte befreit zu sein.

Selbstverständlich kann nicht nur die Vorgeschichte Teil der Informationsvermittlung sein, sondern auch Teile der Handlung selbst. Ereignisse, die dem Zuschauer während der Filmhandlung zunächst verborgen bleiben, werden in diesem Fall wieder aufgegriffen. Dies geschieht meist in Form einer Rückblende, in der Vergangenes nicht erzählt, sondern durch die Protagonisten und Figuren sichtbar gemacht wird. Sind Rückblenden in der Exposition zu finden, werden sie als aufbauend charakterisiert, finden sie sich am Ende des Films, sind sie eher auflösend (vgl. Eick 2006, S. 45).

Innerhalb der einzelnen Einheiten kann die Aufmerksamkeit und die Information der Zuschauer zusätzlich durch „Rote Heringe", wie sie Werner van Appeldorn nennt, gesteuert werden (vgl. Appeldorn 1970, S. 154f.). Es werden im Verlauf des Films meist implizit Handlungen, Gegenstände oder Personen am Ende oder im Laufe einer Sequenz eingeführt, später wieder aufgegriffen und weitergeführt und schließlich aufgelöst. David Bordwell nennt diese Elemente, im Rahmen der klassischen Narration, Dangling Causes (vgl. Thompson 1999, S. 12). Sie haben eine erzählerische Bedeutung, halten die Narration logisch zusammen und tragen dazu bei, dass der Zuschauer, teils auch unbewusst, immer wieder neue Hypothesen über den weiteren Verlauf des Films aufstellt.

Da es im Film nur selten Denkpausen gibt, zählt weiterhin die Redundanz mit zu den wichtigsten dramaturgischen Mitteln. Informationen müssen auf unterschiedlichsten Ebenen, wie in Bildern oder Worten sowie an unterschiedlichen Stellen des Films, wiederholt werden, um sich in den Köpfen der Zuschauer zu verfestigen (vgl. Mothes 2001, S. 59; vgl. Eick 2006, S. 46). Das angemessene Ausmaß der Redundanz hängt für den journalistischen Film einerseits mit der Situation der Darbietung zusammen, insbesondere mit der Tageszeit und der Frage, ob es sich um einen durch Werbung unterbrochenen Programmfluss handelt und andererseits auch mit der Komplexität des Inhalts. Unterstellt man, dass im Wissenschaftsfernsehen häufig Dinge Gegenstand sind, die nicht zum vertrauten Umfeld von Zuschauern gehören und deren Verständnis durchaus komplizierter ist, so ist Redundanz hier ein durchaus sinnvolles Mittel. Das gilt selbst dann, wenn das Programm für eine Verwendung auf einem Sendeplatz produziert wird, der eine konzentrierte Sehsituation erwarten lässt. Um durch Redundanz kein Gefühl von Wiederholung oder gar Langerweile entstehen zu lassen, ist die Redundanz bei gleichzeitiger Modifikation der Darstellungsebenen häufig ein hervorragendes Mittel im Wissenschaftsfilm. Das heißt, eine redundante Erklärung wird bei der Wiederholung mit einem anderen Mittel gegeben. Was zunächst im Kommentartext dargestellt wurde, wird dann im Bild präsentiert oder umgekehrt.

5.7 Erzählperspektive

Weiterhin ist zu entscheiden, welche Erzählperspektive, an einigen Stellen auch Erzählmodus genannt, zugrunde gelegt wird. Im beschreibenden Modus ist der Erzähler hauptsächlich über einen sachlichen Kommentar anwesend. Wird im

Film dagegen viel mit Interviews und einer Kommunikation zwischen den Protagonisten gearbeitet, handelt es sich um einen sogenannten interaktiven Modus. Sind Erzähler und Protagonist identisch, erlebt das Publikum das Geschehen durch die Augen des Protagonisten und der Zuschauer nimmt an den Gefühlen, Gedanken und Empfindungen des Erzählers teil. Es handelt sich folglich um einen partizipierenden Modus. Im fiktionalen Modus wird das zu vermittelnde Wissen in eine fiktive Spielhandlung eingebettet und dem Zuschauer so über die Erlebnisse der Figuren vermittelt. Wird der Zuschauer direkt an sozialen Interaktionen der Protagonisten oder Figuren beteiligt, die durch einen Kommentar begleitet werden, liegt der beobachtende Modus vor. Im poetischen Modus wird hingegen weitestgehend auf einen Kommentar verzichtet, um die Bilder für sich sprechen zu lassen (vgl. Töpper und Prommer 2004, S. 27f.; vgl. Ward 2005, S. 13f.). Für das Wissenschaftsfernsehen ist die Frage der Erzählperspektive eng mit der Wahl des Genres verbunden. Während Reportageformen es mit den Protagonisten sehr nahen, begleitenden Perspektiven zu tun haben, ist die Perspektive in der Dokumentation distanzierter und beobachtender.

In Bezug auf die Zuschauerwirkung ist die Erzählperspektive letztlich das Scharnier zwischen Inhalt und Publikum. Sie sollte daher dem Zuschauer Anknüpfungspunkte bieten, um gerade bei komplexen Inhalten zu führen und quasi der Reisebegleiter und Reiseleiter in die Geschichte zu sein. Es ist deshalb wichtig, eine klare Entscheidung für eine Erzählperspektive zu treffen und den gewählten Modus über die Länge der Filmzeit nicht zu wechseln.

5.8 Montage

Die Montage kann als spielerisches Moment des Dokumentarischen bezeichnet werden, als „[...] die Auswahl und das Zusammenführen und Kommentieren von Versatzstücken. Die künstlerische Leistung besteht hauptsächlich im Arrangement" (Mothes 2001, S. 54). Sie gibt einem Film seine endgültige Struktur, einen Rhythmus, und ist damit ohne Zweifel Bestandteil seiner dramaturgischen Gestaltung.

Sinn und Zweck eines jeden Filmes ist es, eine Aussage zu transportieren. Nicht nur während der Dreharbeiten an sich muss sich der Filmemacher diesen Sachverhalt immer wieder in das Gedächtnis rufen, um für seine gewünschte Aussage geeignete und zuträgliche Inhalte zu erhalten. Auch die Festlegung einer grundlegenden dramaturgischen Struktur allein vermag dies noch nicht zu leisten, aber zumindest der Spielraum und die Entscheidung, wie der Film erzählen soll, kann damit etwas eingegrenzt werden.

Die endgültige dramaturgische Arbeit erfolgt bei non-fiktionalen Filmen meist erst in der Montage. Hier kann die Struktur mit Leben gefüllt werden, mit den Aufnahmen (einzelnen Bildern) und Inhalten, die zur Verwirklichung der gewünschten Aussage hergestellt oder zusammengetragen wurden und alle meist nur einen Teil des Aussagewunsches beinhalten. Einzelne Einstellungen werden entsprechend dem Aussagewunsch ausgewählt, zu Sequenzen verbunden, Sequenzen zu Szenen und diese schließlich zu Akten verknüpft. Die Wahl der Reihenfolge der einzelnen Einstellungen beeinflusst dabei in jedem Fall die Aussage des Films (vgl. Rabiger 2000, S. 34). Die daraus entstehenden Szenen sollten, wie auch der gesamte Film im Idealfall, einen dramaturgischen Aufbau mit Anfang, Mitte und Ende haben, wobei der Bezug der einzelnen Elemente zueinander durchgängig überprüft werden muss. Ein logischer Handlungsverlauf und eine Gesamtaussage ergeben sich also erst durch eine gezielte Auswahl, Interpretation und das komplexe Ineinandergreifen der Einzelstücke.

Natürlich kann ein Film nicht einfach eine Geschichte in ihrem vollem Umfang zeigen, sondern muss in einer gewählten Erzählzeit das zu Erzählende raffen und auch Auslassungen zulassen.

> Im Film ermöglichen dies Schnitt und Montage. Sie verkürzen Vorgänge des Außerfilmischen, komprimieren sie in Einstellungsfolgen, zeigen wechselnde Ansichten eines Geschehens, die der Zuschauer zu einer Einheit verbindet. Das Ausgelassene wird durch die Erzählung übersprungen und ist als Übersprungenes dennoch in der Erzählung vorhanden (Hickethier 2007, S. 114).

Insgesamt kann die Montage aber Kontinuität herstellen und damit eine Erzählung überzeugend, nachvollziehbar und authentisch gestalten. Besonders wichtig dafür ist „[…] eine unsichtbare Montage, oder besser: unbemerkt vom Zuschauer [...] durch vollständige Integration in die Logik der Erzählung [...]" (Hohenberger 1988, S. 94). Hauptzweck der Montage ist es, einen Film als Ganzes wahrnehmen zu können und seine Realität nicht infrage stellen zu müssen.

Das zur Verbindung der einzelnen Bilder und Versatzstücke genutzte Mittel ist der technische Schnitt, dem das gesamte Montagekonzept übergeordnet ist. Der Schnitt an sich darf vom Zuschauer nicht bewusst wahrgenommen werden, ihn nicht verwirren und damit nicht einfach als eine wahrnehmbare Unterbrechung laufender Bilder erfolgen. Der Schnitt muss der tatsächlichen Sichtweise entsprechen, mit der wir unsere Umwelt betrachten.

Zur Verbindung und Verknüpfung der Einzelstücke stehen dem Schnitt zahlreiche Möglichkeiten zur Verfügung. Dabei nimmt auch die Bearbeitung der Bildinhalte eine bedeutende Stellung ein. Die Bearbeitungsmöglichkeiten und

Kriterien in der Montage und im Schnitt, die sich auf Bild-, Ton- und kombinierte Bild-Ton-Gestaltung beziehen, sind jedoch so vielschichtig, dass sie eigentlich einer eigenen und sehr ausführlichen Betrachtung bedürfen. Die Ausführungen zu ihrem grundlegenden dramaturgischen Zweck sollen daher an dieser Stelle genügen.

5.9 Auswahl der dramaturgischen Instrumente

Grundsätzlich weist die Dramaturgie von Wissenschaftsfernsehen keine Besonderheiten gegenüber anderen Bereichen des non-fiktionalen Fernsehens auf. Da es das Hauptziel der Dramaturgie ist, Inhalte und Informationen für Zuschauer verständlich und nach Möglichkeit miterlebbar aufzubereiten, ist die dramaturgische Führung beim Wissenschaftsfernsehen besonders wichtig.

Weil die Teilhabe an einem Erkenntnisprozess in der Regel das zentrale Anliegen ist, bieten sich offene Formen nicht an, vielmehr wird Wissenschaftsfernsehen in der Regel in klassischer dramaturgischer Form zu erzählen sein. Zugrunde zu legen ist die aristotelische Drei-Akt-Struktur oder die im Fernsehalltag gebräuchliche Modifikation in das grundlegende Erzählmuster, welches sich in extremer Vereinfachung auch aus der Abb. 5.1 ergibt.

Aus einem zu verfilmenden Thema wird eine Hauptfigur, ein einzelner Protagonist, eine Gruppe, ein Abstraktum oder eine filmtreibende Frage abgeleitet und als zentrales Element der Geschichte gesetzt. Diese Hauptfigur erhält Attribute, maßgebliche für den Film relevante Eigenschaften. Diesen wird eine Herausforderung gegenübergestellt, die durch Antagonisten, durch konkrete Hürden oder auch innere Konflikte, für die es jedoch äußere Zeichen braucht, repräsentiert wird. Der Film wird entlang von Ablaufstrukturen, den Roten Fäden, soweit erzählt, bis die Herausforderung gelöst ist oder zumindest eine für den Zuschauer nachvollziehbare Veränderung eingetreten ist. Diese Veränderung erfolgt jedoch nicht unbedingt beim Protagonisten selbst, als vielmehr in der Wahrnehmung und Sicht des Zuschauers auf den Protagonisten und seine Attribute.

Die vom Autor festgelegte Erzählperspektive entscheidet, aus welcher Sicht die Geschichte erzählt wird. Bei Hauptfiguren, mit denen Zuschauern die Identifikation schwerfällt, ist eine Erzählperspektive mit einer gewissen Distanz zur Figur und damit Nähe zum Zuschauer sicher angemessen. Im Wissenschaftsfernsehen kommt der Perspektive häufig eine Scharnierfunktion zu.

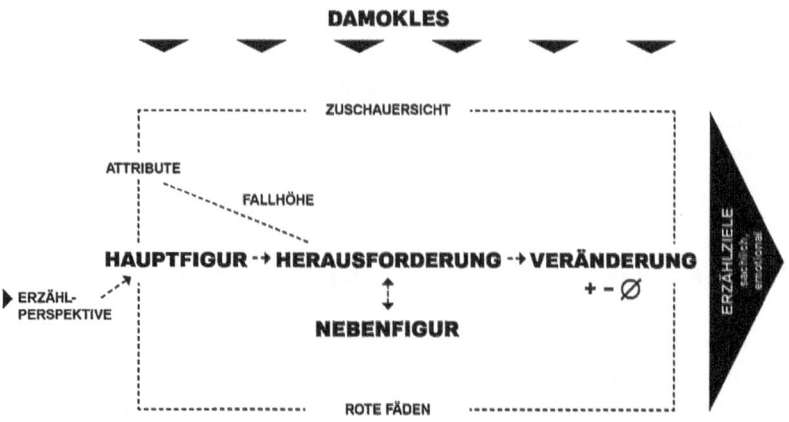

Abb. 5.1 Grundlegendes Erzählmuster journalistischer Geschichten

▶ **Zusammenfassung** Die konsequente Überführung von Themen in Geschichten und damit eine dramaturgische Struktur ist eine der zentralen Aufgaben von Autoren im Wissenschaftsfernsehen. Genau hier erfolgt die entscheidende Abweichung vom wissenschaftlichen Arbeiten, was gerade nicht in einer dramaturgisch sondern eher in argumentativen und hierarchischen Strukturen erfolgt. Die Ableitung einer Geschichte mit all ihren für die Dramaturgie notwendigen Elementen ist zugleich aber auch eine Art Lebensversicherung für Autoren. Umso klarer die Frage beantwortet ist, um wen oder was es geht und vor welcher Herausforderung die Hauptfigur steht, umso einfacher ist jede einzelne Information und jede einzelne Möglichkeit daraufhin zu überprüfen, ob sie für die Geschichte relevant ist oder in diesem Film eben gerade keine Rolle spielt. Die klare und einfach Planung einer Geschichte macht große Themen überhaupt erst beherrschbar.

Die umfassende und konsequente Entwicklung einer Geschichte zahlt sich im weiteren Produktionsprozess immer aus. Gerade im Wissenschaftsfernsehen sollte insofern der Entwicklung der dramaturgischen Struktur eine überproportionale Bedeutung zukommen. Die Beteiligung von Dramaturgen, die diesen Prozess begleiten, ist nicht unüblich und häufig nützlich. Dennoch muss die dramaturgische Struktur auch beim Wissenschaftsfernsehen als flexibles Instrument genommen und verstanden werden und eine Anpassung erfahren, wenn weitere Recherchen oder auch der Drehprozess zeigen, dass andere Protagonisten oder

Fragestellungen ein höheres Potenzial haben. Wichtig ist dann, dass alle Positionen der dramaturgischen Grundstruktur angepasst und auf die eventuelle neue Hauptfigur ausgerichtet werden.

Literatur

Appeldorn, Werner van. 1970. *Der dokumentarische Film. Dramaturgie, Gestaltung, Technik.* Bonn: Dümmler.

Appeldorn, Werner, van 1992. *Handbuch der Film- und Fernseh-Produktion. Psychologie, Gestaltung, Technik,* 3. überarbeitete Aufl. München: TR-Verlagsunion.

Bienvenido, León. 2007. *Science on television, the narrative of scientific documentary* (Engl. trans. Alicia Otano und María López). Luton: Pantaneto Press.

Eick, Dennis. 2006. *Drehbuchtheorien – eine vergleichende Analyse.* Konstanz: UVK.

Ellermann, Holger. 1996. *Das Drehbuchschreiben als Handwerk – eine vergleichende Analyse von Lehrkonzepten und der filmgeschichtlichen Bedeutung des Drehbuchschreibens unter Berücksichtigung der Marktbedingungen.* 2. Aufl. Coppengrave: Coppi.

Field, Syd. 2007. *Das Drehbuch. Die Grundlagen des Drehbuchschreibens.* Deutsche Ausgabe 2010. Berlin: Autorenhaus.

Göpfert, Winfried. 2006. Wissenschaftsjournalismus heute. In *Wissenschaftsjournalismus heute: ein Blick auf 20 Jahre WPK,* Hrsg. Christiane Götz-Sobel und Wolfgang Mock, 29–36. Düsseldorf: VDI.

Haus des Dokumentarfilms (Hrsg.). 1999. *Der Dokumentarfilm als Autorenfilm, eine Umfrage des Hauses des Dokumentarfilms.* Stuttgart: Haus des Dokumentarfilms.

Heßler, Martina. 2007. Die „Mona Lisa der modernen Wissenschaften". Die Doppelhelix-Struktur als kulturelle Ikone. In *Konstruieren, kommunizieren, präsentieren. Bilder von Wissenschaft und Technik,* Hrsg. Alexander Gall, 291–315. Göttingen: Wallstein.

Hickethier, Knut. 2007. *Film- und Fernsehanalyse.* 4. aktualisierte und erweiterte Aufl. Stuttgart, Weimar: J. B. Metzler.

Hohenberger, Eva. 1988. *Die Wirklichkeit des Films. Dokumentarfilm, ethnographischer Film, Jean Rouch.* Hildesheim (u. a.): Olms.

Howard, David, und Edward Mabley. 1996. *Drehbuch-Handwerk. Techniken und Grundlagen mit Analysen erfolgreicher Filme.* Köln: Emons. Hrsg. in Zusammenarbeit mit der Filmstiftung Nordrhein-Westfalen GmbH.

Jost, Francois. 1998. Der Dokumentarfilm: Narratologische Ansätze. In *Bilder des Wirklichen. Texte zur Theorie des Dokumentarfilms,* Hrsg. Eva Hohenberger, 195–208. Berlin: Vorwerk.

Kerstan, Peter. 2002. *Der journalistische Film, jetzt aber richtig. Bildsprache und Gestaltung,* Original-Ausgabe. 2. Aufl. Frankfurt a. M.: Zweitausendeins.

Kriwaczek, Paul. 1997. *Documentary for the small screen.* 1. publ., repr. Aufl. Oxford (u. a.): Focal Press.

Krützen, Michaela. 2006. *Dramaturgie des Films. Wie Hollywood erzählt.* 2. Aufl. Frankfurt am Main: Fischer Taschenbuch.

Mothes, Ulla. 2001. *Dramaturgie für Spielfilm, Hörspiel und Feature.* Konstanz: UVK.

Neumann, Kim. 2008. *Filmdramaturgie in Fiktion, Dokumentation und Dokudrama*. Saarbrücken: Verlag Dr. Müller.

Rabiger, Michael. 2000. *Dokumentarfilme drehen*. Dt. Erstausgabe, 1. Aufl. Frankfurt am Main: Zweitausendeins.

Schadt, Thomas. 2002. *Das Gefühl des Augenblicks*. Zur Dramaturgie des Dokumentarfilms. Lübbe: Bergisch Gladbach.

Stuber, Andre. 2005. *Wissenschaft in den Massenmedien. Die Darstellung wissenschaftlicher Themen im Fernsehen, in Zeitungen und in Publikumszeitschriften*. Aachen: Shaker. Zugleich: Universität Karlsruhe, Dissertation.

Thompson, Kristin. 1999. *Storytelling in the New Hollywood: understanding classical narrative technique*. Cambridge: Harvard University Press.

Töpper, Claudia, und Elizsabeth Prommer. 2004. Dramaturgie heißt: Räume schaffen. Erzählmodi in Lernsendungen. In *Lernen mit dem Fernsehen*, Televizion (17/2004/1), 27–28. München: Internationales Zentralinstitut für das Jugend- und Bildungsfernsehen (IZI).

Trepte, Sabine, Steffen Burkhardt, und Wiebke Weidner. 2008. *Wissenschaft in den Medien präsentieren: ein Ratgeber für die Scientific Community*. Frankfurt am Main (u. a.): Campus.

Vale, Eugene. 1992. *Die Technik des Drehbuchschreibens für Film und Fernsehen*. 3. Aufl. München: TR-Verlagsunion.

Voigt, Jürgen. 2003. *Dokumentarfilm im Fernsehen. Überlegungen zu einem facettenreichen Genre*. Hamburg: Univ. Hamburg.

Ward, Paul. 2005. *Documentary: the margins of reality*, 1. publ. London u. a.: Wallflower Press.

Witzke, Bodo, und Ulli Rothaus. 2010. *Die Fernsehreportage*. 2. überarbeitete Aufl. Konstanz: UVK.

Wolf, Fritz. 2003. *Alles Doku – oder was?* Düsseldorf: Landesanstalt für Medien Nordrhein-Westfalen (LfM). http://www.lfm-nrw.de/fileadmin/lfm-nrw/Pressemeldungen/allesdoku-kompl.pdf. Zugegriffen: 19. Okt 2012.

Besondere Gestaltungsweisen des Wissenschaftsfernsehens

6

Überblick

Für den journalistisch geprägten Film sind zwei Darstellungsebenen zu unterscheiden: die direkte und die indirekte Darstellungsebene. Zu den direkten gehören die am Originalschauplatz aufzunehmenden Bilder, Originalatmosphäre, Originaltöne und Musik. Zu den indirekten gehören die nach der Aufnahme zu integrierende Montage und die Kommentartexte. Dieses Spektrum an Gestaltungsmitteln steht jedem Filmemacher zur Verfügung, um Informationen und Aussagen im Kopf des Zuschauers entstehen zu lassen bzw. ins Bewusstsein des Zuschauers zu transportieren.

Die Darstellungsebenen gemäß Abb. 6.1 können noch weiter differenziert werden. „Bewegte oder stehende Bilder, die später im Schnitt bearbeitet werden, Interviews mit Experten, Betroffenen oder Menschen auf der Straße, der Text, die Töne bzw. Geräusche vom Drehort oder aus dem Klangarchiv, Animationen, Grafiken und Musik" (Ordolff 2005, S. 15). Welche visuellen und auditiven Mittel und Elemente für die Umsetzung genutzt werden und welche Funktionen sie erfüllen können, ist jeweils projektindividuell zu entscheiden und daran zu orientieren, wie das Erzählziel des Films und die beabsichtigte Wirkung am besten erreicht werden können. Im Wissenschaftsfernsehen geht es immer vorrangig darum, die dem Inhalt angemessene Umsetzungsweise zu finden.

O. Jacobs und T. Lorenz, *Wissenschaft fürs Fernsehen*, Praxiswissen Medien,
DOI: 10.1007/978-3-658-02423-9_6, © Springer Fachmedien Wiesbaden 2014

Abb. 6.1 Darstellungsebenen im journalistischen Film

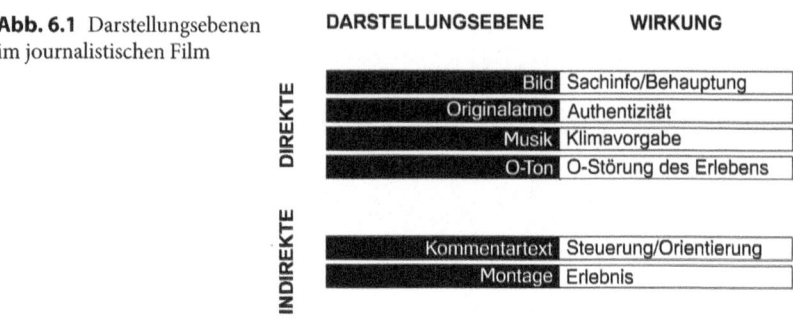

6.1   Das Verhältnis von Inhalt und Form

Das Verhältnis von Inhalt und Form ist im Wissenschaftsfernsehen von größter Bedeutung, da in der Regel erst durch die Wahl der geeigneten Darstellungsform Inhalte überhaupt verständlich gemacht werden können.

6.1.1   Grenzen der Darstellbarkeit

Besonders wichtig ist die angemessene Darstellungsform dann, wenn Vorgänge oder Zusammenhänge sich der menschlichen Wahrnehmung entziehen. Die Gründe dafür können vielfältig sein und wie folgt kategorisiert werden[1]: Finden Vorgänge an für den Menschen nicht zu erreichenden Orten statt oder sind Perspektiven notwendig, die für Menschen ohne Hilfsmittel nicht zu erreichen sind, ist die Unzugänglichkeit der die Darstellung begrenzende Faktor. Ein weiterer Grund kann die „Dauer" von Vorgängen oder Ereignissen sein, indem sie sich entweder über einen sehr langen oder über einen sehr kurzen Zeitraum vollziehen. Die Kategorie „Größe" umfasst Gegebenheiten, die sich der menschlichen Wahrnehmung entziehen, weil sie entweder zu klein oder zu groß sind. Geht es dagegen um Vorgänge oder Ereignisse, die nicht mit konkreten Aufnahmen darzustellen sind, weil es sich beispielsweise um Berechnungen oder Formeln handelt, werden diese als „Abstrakt" kategorisiert. Hängt der Mangel an Bildern jedoch damit zusammen, dass der zu beschreibende Vorgang in der Zukunft oder der Vergangenheit liegt, so ist „Aktualität" hier eine die Darstellbarkeit begrenzende Kategorie. Eine weitere technische Grenze kann in den

---

[1] Vgl. Schildknecht, BA-Arbeit (unveröffentlicht „Die Darstellung des Unsichtbaren" 2013).

Kategorie	Problem	Beispiel
Helligkeit	zu hell	Sonnenoberfläche
	zu dunkel	Unterirdischer Vorgang
Größe	zu klein	Kleinstlebewesen
	zu groß	Kontinente
Dauer	zu schnell	Lichtausbreitung
	zu langsam	Geologischer Prozess
Aktualität	Vergangenheit	Ausgestorbene Tierarten
	Zukunft	Szenarium
Abstraktes	nicht greifbarer Vorgang	Evolution
Unzugängliches	schwer zugänglich	Adlerhorst
	Perspektive	Vogelperspektive
	unter Wasser	Tiefsee
	Körperinneres	Organe

Abb. 6.2 Grenzen der Darstellbarkeit (Abb. Nach Schildknecht, Bachelorarbeit, HS Magdeburg 2013)

Extrembereichen der optischen Helligkeit liegen, sodass auch die „Helligkeit" eine begrenzende Kategorie darstellt. In der Abb. 6.2 sind solche Kategorien tabellarisch mit einigen Beispielen belegt.

Selbstverständlich kann es darüber hinaus auch inhaltliche Gründe geben, die Schranken für die Darstellbarkeit bilden. Diese sind jedoch nicht durch angemessene Gestaltungsmittel zu lösen, sondern müssen bei der Wahl der dramaturgischen Struktur und der inhaltlichen Projektentwicklung berücksichtigt werden und gehören daher nicht in diesen Kontext.

Die klare Identifikation des Problems ist die erste Voraussetzung zu seiner Lösung. Grundsätzlich stehen allen die Darstellbarkeit begrenzenden Faktoren zwei Arten von Lösungen gegenüber, die erzählerische und die technische. Die technische Herangehensweise ist dabei häufig nur die scheinbar näher liegende.

Die gestalterische Lösung Für alle vorstehenden, die Darstellbarkeit begrenzenden Problemkreise, gibt es Möglichkeiten, mit relativ konventionellen technischen Mitteln dem Zuschauer dennoch ein Bild zu vermitteln. Der Weg dazu führt in der Regel über die Reduktion des Darzustellenden auf den sachlichen Kern des berichtsgegenständlichen Effekts oder Gegenstands. Zu dieser Abstraktion wird sich in aller Regel eine Analogie in der Natur finden lassen, in der durch die entsprechende textliche Ergänzung der Effekt vor dem geistigen Auge des Zuschauers entsteht. Zum Beispiel, indem man die Drift der Kontinentalplatten auf Bildern eines Vulkanausbruchs erklärt oder indem man den Vorgang in eine Miniaturwelt übersetzt und nachmodelliert. In diesem Fall könnte die Drift der Kontinentalplatten also durchaus auch in der Nahaufnahme von sich verschiebenden Steinen, Geröll und Sand, die man am Ostseestrand selbst bewegt, veranschaulicht werden.

Problematisch werden Szenen immer dann, wenn für Zuschauer die Einordnung nicht oder kaum möglich ist, wenn sie also vortäuschen, echte Abbildungen zu sein und nicht symbolhaft. Eine Klarheit, sei es durch Offenlegen des Prozesses des Zustandekommens der Szene oder eine visuelle Eindeutigkeit, die sich von anderen Szenen des Films abhebt, wird von Zuschauern in der Regel toleriert. Jedenfalls besser als ein Verwischen der Abstraktion, bei dem letztendlich Irritationen entstehen und die Frage, ob das nun echt ist oder nicht oder wie die Szene wohl zustande gekommen ist, von der Rezeption des eigentlichen Inhalts ablenkt.

Handwerklich wichtig ist bei den dramaturgischen Analogien zur Visualisierung des Nichtdarstellbaren, dass man sich der grundlegenden Wirkung der filmischen Mittel bewusst ist. Dass bildliche Vorwärtsbewegungen den Fortgang von Zeit, Rückwärtsbewegungen die Entfernung, Untersichten besondere Größe, geringe Farbigkeit Vergangenheit bedeuten, sind nur die elementarsten Beispiele dafür.

Ein weiterer grundlegender Weg, der Problematik der Grenzen von Darstellbarkeit mit den Mitteln der Dramaturgie zu begegnen, besteht in der Adaption der wissenschaftlichen Arbeitsweise für den Film. Auch wenn es auf den ersten Blick häufig nicht so scheint, so stehen Wissenschaftler im Kern zwar anders motiviert, aber letztlich doch vor ähnlichen Problemen wie Filmemacher, nämlich: wie erklärt man bestimmte Effekte und was sind äußere Zeichen für unsichtbare Zusammenhänge. Die genaue Kenntnis der wissenschaftlichen Methodik kann insofern ein wichtiges Hilfsmittel für den Filmemacher sein. Voraussetzung dafür ist die konsequente Durchdringung der Beweisketten im wissenschaftlichen Arbeiten. Gelingt es, eine für den Zuschauer nachvollziehbare Hypothese aufzustellen, liefert das den Anker für eine ungewisse Zuschauererwartung. Wenn es beispielsweise in dieser verlassenen Gegend tatsächlich Bären gäbe, so müsste ein hier gezeigtes totes Wild bis morgen verschwunden sein. Das würde genau die Erwartung aufbauen, die Zuschauer dem Film folgen lässt, und das Fehlen des Wildes am nächsten Tag werden sie als Beweis akzeptieren, dass es tatsächlich Bären gibt, auch wenn keines der Tiere zu sehen war.

Ähnlich verhält es sich mit viel komplexeren Zusammenhängen. Die Hypothese, dass, wenn es unter dem Eis der Antarktis Vulkane gibt, sich bei voranschreitender Abnahme des Eispanzers die darunter liegenden Bergkuppen heben müssten, ist so plausibel, dass der nachfolgende wissenschaftliche Nachweis, dass sich Messpunkte gehoben haben, im Zuschauer zur Vorstellung von unterirdischen Vulkanen führen wird.

Wichtig sind einfache „Wenn → Dann" -Verknüpfungen bei dieser Art des Arbeitens und damit also Fragestellungen, die zu eindeutigen Antworten führen können. Es wird sich dabei in aller Regel nicht um die gleichen, in der Regel viel differenzierteren Fragestellungen der betreffenden Wissenschaft handeln, sondern tatsächlich um parallele, die methodische Analogie nutzende, journalistische Fragen.

Die technische Lösung Auch für den technischen Umgang mit der Problematik der Darstellungsgrenzen gibt es zwei Grundrichtungen. Einerseits natürlich die konsequente Nutzung aktueller technischer Entwicklungen in Film und Fernsehen selbst, wobei die Forschungsabteilung des staatlichen japanischen Fernsehens NHK hier der weltweite Vorreiter sein dürfte, um Bilder von Dingen zu schaffen, die bis dato als nicht drehbar galten. NHK macht diese Technik im Rahmen von Koproduktionen oder zum Teil auch durch den Verkauf von Equipment dabei auch Dritten zugänglich. Die technische Entwicklung erfolgt kontinuierlich und mit hohem Tempo, sodass eine Detaillierung an dieser Stelle wenig sinnvoll wäre.

Andererseits stärker in der Hand des Autors und damit mit erheblichem Potenzial der Individualisierung des Films ausgestattet ist der technische Weg, der sich der Übertragung von Methoden aus der Wissenschaft bedient. Dabei kommt es nicht darauf an, die Methodik zu verwenden, die Wissenschaftler bei der Befassung mit dem Thema des Films nutzen, als vielmehr auf den Übertrag aus anderen Bereichen der Wissenschaft. Zu den am stärksten mit bildgebenden Verfahren arbeitenden Bereichen der Wissenschaft dürften derzeit die Medizin und die Militärtechnik gehören. Methoden, die dort genutzt werden, um Unsichtbares sichtbar zu machen, lassen sich häufig in die Fernsehproduktion zur Darstellung völlig anderer Themen übertragen. Militärische Aufklärungsdrohnen in Filmen über Natur oder Geologie sind dafür ebenso ein Beispiel wie Endoskope zur Visualisierung in Wissenschaftsfilmen über Natur, Vulkanismus oder Klimaveränderungen.

Problematisch bei allen technischen Lösungen ist, dass sie in der Regel mit dem aktuellen Stand der Technik verbunden sind und dieser entwickelt sich, gerade was die bildgebenden Verfahren betrifft, derzeit so rapide fort, dass auch die zugehörigen Sehgewohnheiten einer schnellen Veränderung unterliegen. Entsprechende Filme erscheinen so möglicherweise sehr schnell als veraltet. Man muss sogar so weit gehen, dass die konsequente Nutzung moderner Verfahren im Film ein recht kurzfristiges Verfallsdatum für den Film insgesamt integriert. Gerade für Themen, die erwarten lassen, über einen langen Zeitraum relevant zu sein und zu bleiben, besteht hier die Gefahr, unnötige Verwertungsrisiken einzugehen. Häufig ist daher die dramaturgische Lösung des Problems des Nichtdarstellbaren die nachhaltigere.

Letztendlich ist es die Leistung des Autors, die jeweils angemessene Form der Umsetzung zu finden. Beim Wissenschaftsfernsehen ist es das so sehr wie in kaum einem anderen Bereich.

6.1.2   Das Zusammenspiel der Darstellungsebenen

Je komplexer ein Sachverhalt ist, umso sehr mag man zunächst geneigt sein, die Erklärung dem Text und damit einer der indirekten Darstellungsebenen zu überlassen. Das ist in Anbetracht der Tatsache, dass Journalismus ursprünglich ein textbasiertes Handwerk ist, verständlich und wegen der vergleichsweise hohen Eindeutigkeit von Sprache für komplizierte Sachverhalte auch nachvollziehbar. Für das Medium Fernsehen bedeutet die Fokussierung auf den Text als maßgebliche Darstellungsebene allerdings immer einen Verzicht auf Wirkungsintensität, da Text, wie schon zuvor beschrieben, weniger für Emotionalität sorgen kann. Den im Fernsehen gewollten Effekt des Miterlebens wird man eher durch den gekonnten Einsatz der direkten Darstellungsebenen erreichen.

Umso eher dem Thema also zunächst einmal keine Emotionalität immanent ist, und das dürfte beim Wissenschaftsfernsehen häufig der Fall sein, desto wichtiger ist es, zunächst zu prüfen, ob die Geschichte in Bild und Ton zu erzählen ist und der Kommentartext auf die ihm gemäße Funktion der Steuerung und Orientierung im Film reduziert werden kann. Es wird dabei fast nie möglich sein, dass alle Darstellungsebenen gleichermaßen und zur selben Zeit das Erzählziel des Films ansteuern. Wichtig ist jedoch, dass immer eine Darstellungsebene Träger der Information ist, die das Erzählziel ansteuert und somit für den miterlebbaren Fortgang des Films sorgt. Ähnlich einem Keil von Zugvögeln, bei denen sich die führenden Vögel immer wieder abwechseln, jedoch die ganze Gruppe die Richtung beibehält.

Die entsprechende Kombination erfolgt in der Montage. Ein organischer und damit miterlebbarer Wechsel zwischen den Darstellungsebenen wird dann besonders gut gelingen, wenn eine verschränkte Montage erfolgt, das heißt,

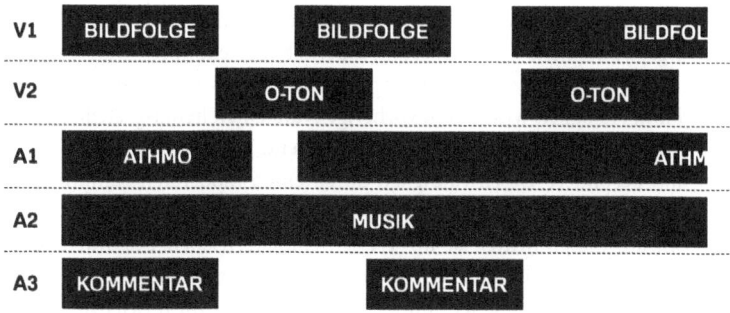

Abb. 6.3 Verschränkte Montage

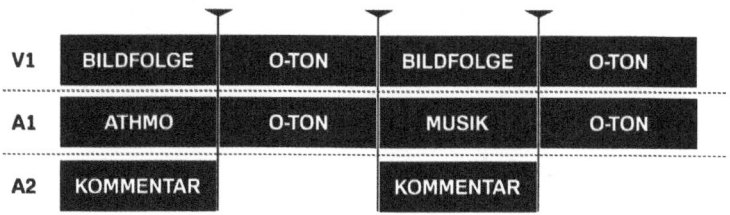

Abb. 6.4 Trennende Montage

Szenenwechsel nicht gleichzeitig auf allen Ebenen erfolgen. Damit ist gemeint, dass beispielsweise Bild- und die verschiedenen Tonebenen nicht gleichzeitig geschnitten werden (s. Abb. 6.3).

Im Gegensatz dazu steht die vor allem in Berichten und Nachrichten verwendete harte oder trennende Montage (s. Abb. 6.4).

Diese harte Art der Verbindung von Darstellungsebenen ist nur dann geeignet, wenn der inhaltliche Anreiz für Zuschauer so hoch ist, dass das emotionale Involvement nicht so wichtig ist. Das wird nur bei besonderer Aktualität oder inhaltlich persönlich relevanten Themen der Fall sein. In den meisten Fällen, in denen diese Praxis auftaucht, ist es allerdings einfach schlechtes Handwerk.

Eine weitere Möglichkeit für das komplizierte Sachverhalte außerhalb der normalen Erlebniswelt von Zuschauern behandelnde Wissenschaftsfernsehen, die dem guten Zusammenspiel der Darstellungsebenen immanent ist, ist die Orientierung durch Kontrastierung.

Dabei erfolgt die Herausstellung von inhaltlich entscheidenden Momenten durch die größtmögliche Kontrastierung innerhalb der einzelnen Darstellungsebenen. Das heißt beispielsweise, besondere Lautstärke eines Vorgangs braucht zuvor Stille im Film, Helligkeit wird durch vorherige Dunkelheit herausgestellt, ein Höhepunkt wird durch einen langsamen Schnitt, folgend auf eine schnelle Schnittfolge erzeugt und besondere Geschwindigkeit durch einen moderaten Schnittrhythmus zuvor.

Der Einsatz dieser Mittel ist im Wissenschaftsfernsehen besonders wichtig, weil sie eine subtile Hilfestellung für die Wahrnehmung des Zuschauers sind. Sie unterstützen die Unterscheidung zwischen wichtig und unwichtig, zwischen allgemein und besonders und damit die Steuerung des Gefühls für das Thema. Zugleich braucht diese Arbeitsweise keine zusätzliche Filmzeit, wie es beispielsweise Hinweise durch Kommentartext bedeuten würden.

Die konsequente Auseinandersetzung mit den Möglichkeiten und Grenzen der direkten Darstellungsebenen ist die Voraussetzung, um mit den indirekten das größtmögliche filmische Erlebnis zu schaffen.

6.2   Visuelle Gestaltung

Die visuelle Gestaltung dokumentarischer Filme erfährt durch unsere zunehmend visuell geprägte Kultur immer größere Beachtung, und die Erwartungen des Publikums werden durch zahlreiche Gestaltungsmittel, zu denen kontinuierlich immer neue hinzukommen, erfüllt. Neben Fotografien dienen Abbildungen, Grafiken, Modelle, Nachbauten, Animationen und ganze künstlich geschaffene 3D-Räume zur Veranschaulichung und Darstellung der „[…] neuesten wissenschaftlich-technischen Erkenntnisse, Entwicklungen und Ereignisse" (Heßler 2007, S. 291).

> Kaum mehr ein wissenschaftliches Ergebnis oder Ereignis, das nicht visualisiert wird – unabhängig davon, ob es sich um etwas Sichtbares handelt oder um Phänomene, die *per se* nicht sichtbar sind. Nichts scheint den Betrachtern zu entgehen, und selbst das, wovon es keine Bilder gab oder gibt, wird ins Bild gebracht. ‚Visuelle Lücken', so Ralf Adelmann, werden gefüllt (Heßler 2007, S. 291. Hervorhebungen im Original).

Konnte früher im Fernsehen nur präsentiert werden, was durch Film- oder fotografische Aufnahmen bereits vorlag, was neu gedreht oder nachinszeniert werden konnte, so sind die Möglichkeiten heute durch computergenerierte Bilder deutlich größer. Wichtig ist das für das Wissenschaftsfernsehen besonders, da Ergebnisse von Zuschauerforschungen zeigen, dass die Erinnerungsleistung signifikant höher ist, wenn Sachverhalte bildlich dargestellt werden. „Bildlich umsetzbare Fakten, Beweise, Handlungen und Zusammenhänge sollten möglichst auf die visuelle Ebene verlagert und nicht im Text gestaltet werden" (Kuhle 2007, S. 34). Während vor allem in durch Aktualität motivierten Medien der Kommentartext ein durchaus geeignetes Mittel ist, Hauptträger der Information zu sein, gewinnt die Rolle des Bildes umso stärker, je weniger vertraut die zu einem Sachverhalt gehörenden Bilder für Zuschauer sind, umso schwerer also die visuelle Ergänzung textbasierter Informationen fällt. Im Wissenschaftsfernsehen ist das fast immer der Fall, sodass die Ausdifferenzierung der Visualisierungsmöglichkeiten von überproportionaler Wichtigkeit ist.

6.2.1   Kameraarbeit

Die Aufnahme von realen und an Originalschauplätzen sichtbaren Objekten mit der Kamera ist die Urform der Filmarbeit, bei der Einstellung um Einstellung das Material gedreht wird, welches später durch Schnitte zu einer filmischen Handlung zusammengesetzt wird. Der Begriff der Einstellung ist im Rahmen der Kameraarbeit auf zwei Weisen zu verstehen. Zum einen bezeichnet eine Einstellung die Aufnahme zwischen Ein- und Ausschalten der Kamera, also schlichtweg ein Stück Film, oder bei der digitalen Aufzeichnung eine Video-Datei. Zum anderen ist mit Einstellung aber auch die Haltung des Regisseurs oder Autors zum Inhalt gemeint.

Die Kameraarbeit ist von Anfang an zentraler Bestandteil jeglicher Gestaltungs- und Aussagemöglichkeiten, die dem Regisseur oder Autor zur Verfügung stehen. Mit einer bewussten Gestaltung kann der Autor seine Einstellung zum Gezeigten hervorheben, Dinge und Personen betonen oder sie in den Hintergrund rücken lassen. Die Perspektive, aus der man etwas zeigt, kann also den Aussagewunsch und auch den Standpunkt, den man hat, unterstreichen. Man muss sich vor der Aufnahme im Klaren sein, ob man Nähe oder Distanz aufbauen will, Details hervorheben oder einen Überblick verschaffen möchte (vgl. Kerstan 2002, S. 64ff.). Im Wissenschaftsfernsehen findet die Haltung und damit die Einstellung des Autors zum Gegenstand seiner Darstellung in der Kameraarbeit dadurch ihren Ausdruck, dass Dinge in der erklärenden Draufsicht, der Respekt erzeugenden Untersicht, in unnatürlich verzerrenden Perspektiven, warm oder kalt, dargestellt werden. Die Bestandteile der Kameraarbeit sind vielfältig und bestehen aus der Kamerabewegung, wie Flügen, Fahrten oder Zooms sowie einzelnen Bildausschnitten, die unterschiedlich gestaltet und auch unterschiedlich miteinander kombiniert werden können.

Mit guten Bildern kann man aber die Wahrnehmung steuern, indem man durch Farbe, Licht und Struktur das wesentliche in den Vordergrund hebt. Oder indem man ein Objekt aus der Nähe zeigt. Oder es in Bewegung bringt. Ein gutes Bild ist immer eine ziemlich starke Behauptung: ›Ja, was du hier siehst ist neu. Du kennst es noch nicht. Es lohnt sich, liebes Gehirn, wenn du dich damit beschäftigst.‹ (Hallet 2008, S. 436. Hervorhebungen im Original).

Beim Wissenschaftsfernsehen wichtig sind nicht nur einzelne Kameraeinstellungen, die optische Reize für Zuschauer bieten, sondern vor allem, dass es gelingt, so viel wie möglich filmische Forterzählung mit der Kamera zu leisten, der Kameraarbeit also einen erheblichen Teil der angestrebten Aussage der Szene zu übertragen. Dabei helfen nicht primär illustrierende oder gar didaktische Einstellungen, wie es beispielsweise Zooms sind, vielmehr müssen sich die Bilder der Dramaturgie unterordnen und geeignet sein, eine innerszenische Dramaturgie herzustellen, die Szene für Szene das Prinzip von Herausforderung, Lösung und Veränderung hin zur Frage und Erwartung für die nächste Szene wiederholt. Diese Kette bildlich anzulegen gibt dem Kommentartext die Möglichkeit, sich auf Erklärungen außerhalb des Bildes zu konzentrieren und damit dem Film eine besondere Erzähltiefe zu verleihen.

Immer mehr Bilder im Wissenschaftsfernsehen sind deshalb gut inszeniert. Sie wirken geheimnisvoll und rätselhaft durch besondere Lichtstimmung, durch besondere Blickwinkel, durch Großaufnahmen und Unschärfen. Doch eine solche Inszenierung macht noch kein gutes Bild. Oft verursacht sie sogar Enttäuschung. Wenn nämlich ein Bild durch starke visuelle Reize Bedeutsames behauptet, aber zu wenig Inhalt hat, dann ärgern wir uns, denn unsere Aufmerksamkeit wird nicht belohnt. Gute Bilder brauchen also kraftvolle Geschichten; sonst sind sie nur Effekt (Hallet 2008, S. 437).

Da, anders als in der aktuellen Reportage, in einer Wissenschaftsdokumentation Handlung und Inhalt gut im Vorhinein festzulegen sind, ist die Arbeitsweise des Spielfilms, Szene für Szene aufzulösen, gut übertragbar. Auflösung heißt dabei, im Vorhinein die einzelnen Kameraeinstellungen festzulegen, die gedreht und aus denen dann die Szenen zusammengesetzt werden sollen. Im Wissenschaftsfernsehen ermöglicht diese Arbeitsweise eine hohe erzählerische Präzision und Effizienz beim Dreh.

6.2.2   Tricks und Demonstrationen

Gerade im (natur-)wissenschaftlichen Bereich sind Visualisierungen mittels Trick-Techniken häufig unabdingbar. Oft ist nur durch ihre Anwendung eine

Darstellung sowie Verarbeitung mancher Sachverhalte möglich, da sich diese der menschlichen Wahrnehmung entziehen oder Zeiträume umfassen, die nur durch Nachbearbeitungstricks wie Fast oder Slow Motion gerafft oder gedehnt und somit sichtbar gemacht werden können.

> Es ist keineswegs so, daß Tricks nur angewandt werden, um in Phantasiefilme irreale Gags einzubauen. Tricks sind [...] keineswegs die Domäne des Spiel- oder Unterhaltungsfilms. Sie haben ihren Platz ebenso in der Dokumentation und veranschaulichen dort reale Vorgänge, die direkt nicht fotografierbar sind: einen Sternenhimmel über einem bestimmten Gebiet, den ‚Sonnenwind', der die Erd-kugel umströmt, den Wachstumsverlauf einer Pflanze u. v. a. m (Appeldorn 1992, S. 233. Hervorhebungen im Original).

„Also slow motion and acceleration – eventually by computer – can be useful [...], a nice example is the acceleration opening a flower" (Willems und Göpfert 2006, S. 8). Weiterhin werden in Wissenschaftsdokumentationen Sachverhalte oder Phänomene gerne demonstriert. Die Demonstration kann im Dokumenta-rischen verschiedene Funktionen erfüllen. Die Vorgehensweise bei Experimenten und deren Ergebnisse werden für den Zuschauer nachvollziehbar dargestellt und in einen dramaturgischen Zusammenhang zum bisher Gezeigten gestellt. Oftmals lassen sich Vorgänge aber auch nur schwer mit Worten beschreiben und es ist besser, sie schlichtweg zu zeigen:

> Showing movements: in processes in which movements are essential (duplicating DNA in a living cell, for instance), it is insufficient to describe what you can see. You need a camera and when you want to reach many people, you need TV (or Internet). No photo or series of pictures can beat the power of a TV film that shows the reality (Willems und Göpfert 2006, S. 8).

Oft dienen Experimente der Verifizierung oder Falsifizierung gemachter Annah-men und Hypothesen. Um die Ergebnisse der Experimente und Phänomene sichtbar zu machen, bedienen sich Wissenschaftsdokumentationen der Visuali-sierungsmöglichkeiten, die ihnen die Wissenschaften zu Verfügung stellen. Dazu zählen Teleskop- und Mikroskop-Aufnahmen ebenso wie Bilder, die mittels Computertomografen oder Ultraschallgeräten hergestellt werden. Was sich selbst mit diesen Visualisierungsmöglichkeiten nicht darstellen lässt, wird durch com-putergenerierte Bilder (sogenannte CGIs), wie beispielsweise Grafiken und Ani-mationen inszeniert. Auf diese wird später noch genauer eingegangen.

Eine Demonstration kann zudem anhand von haptischen Modellen geschehen.

Modelle spielen eine bedeutende Rolle für die Präsentation wissenschaftlicher Arbeit, nicht nur für das Fernsehen [...]. Modelle erscheinen durch ihre Dreidimensionalität ihrem Publikum mit deutlich größerer sensueller Attraktivität ausgestattet als zweidimensionale Anschauungen und erlauben es zudem, experimentelle Laborpraktik mit dem Bild der jeweiligen Wissenschaft und der Analyse einer öffentlichen Präsentation zu verbinden (Flach 2005, S. 6).

Da Modelle im Fernsehen natürlich vom Zuschauer nicht als dreidimensional erfasst werden können, übernehmen Protagonisten dies sozusagen in ihrem Auftrag. Sie nehmen die Modelle in die Hand, arbeiten mit ihnen, drehen sie und deuten auf sie. Auch die Kamera kann für den Rezipienten Details explizit hervorheben und heranzoomen. Die Attraktivität ihrer Verwendung könnte in Zukunft noch gesteigert werden, sobald auch im fernsehtechnischen Bereich die Rezeption in 3D möglich ist. Diese Entwicklung ist heute schon abzusehen.

Immer in Betracht ziehen sollte man aber auch die Demonstration mit Originalmaterialien an Originalschauplätzen und mit Originaltechnik, die neben der puren Sachinformation in der Regel auch sehr gut die Problemstellungen mit erzählt, vor denen Wissenschaftler zum Zeitpunkt der Entdeckung standen.

6.2.3 Inszenierungsmöglichkeiten

Nach-Inszenierungen, im Branchen-Neusprech auch Re-Enactments genannt, haben im dokumentarischen Sektor derzeit Konjunktur. Man findet kaum Dokumentationen, in denen nicht wenigstens gelegentlich nachgestellte Szenen auftauchen (Wolf 2003, S. 72).

Da es im Dokumentarischen durchaus Lücken durch unvollständiges oder gar nicht vorhandenes Material zu einigen Inhalten geben kann, dienen Nach-Inszenierungen dazu, mögliche Lücken sowohl im Visuellen als auch Narrativen zu schließen sowie auch möglicherweise sonst gar nicht Darstellbares überhaupt erst umzusetzen zu können. „Sie erfüllen damit ein ungeschriebenes Gesetz des Fernsehens, wonach nicht existiert, was nicht abgebildet werden kann" (Wolf 2003, S. 72). Weiterhin kommen Inszenierungen der Erwartungshaltung der Zuschauer in Hinsicht auf Unterhaltung und ansprechende Bilder entgegen. Bereits Robert Flaherty nutzte eine Form der Nach-Inszenierung für seinen Film *Nanuk, der Eskimo* (1922) (vgl. Barnouw 1993, S. 35).

Während der Schneidearbeiten in Toronto steckte er versehentlich 9000 Meter belichtetes Filmmaterial in Brand und mußte dann Fördergelder beschaffen, um die Szenen neu zu drehen. Weil er Handkurbelkameras und unempfindliches

Filmmaterial benutzte, welches künstliches Licht erforderte, und wegen der denkbar schlechten Wetterbedingungen mußte Flaherty die Eskimos bitten, ihre alltäglichen Verrichtungen zu ganz bestimmten Zeiten und zum Teil in nachgestellten Szenen nachzugehen (Rabiger 2000, S. 39f.).

Durch die geschickte und unbemerkte Einbindung können nachgestellte Szenen dem Zuschauer aber auch Authentizität vorgaukeln. Zum Teil Erfundenes oder Arrangiertes wird dann vom Zuschauer als tatsächlich so Geschehenes rezipiert. Daher waren in Dokumentationen szenische Rekonstruktionen lange Zeit verpönt, inzwischen zählen sie aber zum Standard. „Der Vorwurf der Fiktionalisierung war rasch entkräftet. Die Autoren wurden nicht müde zu betonen, dass szenische Elemente zwar formal aus der fiktionalen Werkstatt stammen, der Inhalt aber wissenschaftlich verbürgt sei [...]" (Brauburger 2005, S. 321). Für rein illustrierende Elemente in historischen Kontexten mag diese Argumentation gelten, es kann aber durchaus vorkommen, dass auch Spielszenen eingebunden werden, die nur noch wenig mit tatsächlichen Ereignissen zu tun haben. Die Möglichkeiten sind an dieser Stelle jedoch noch nicht an ihrem Ende angekommen, wie bereits das Kap. 3 zu den Begriffen der Fake-Dokus und fiktiven Dokumentationen gezeigt hat. Pure Fiktion scheint inzwischen im Dokumentarischen kein Ding der Unmöglichkeit mehr zu sein und findet unter dem Titel der Vor-Inszenierung Verwendung (vgl. Wolf 2003, S. 74f.). Diese stehen unter dem Motto des „Was wäre wenn ..." und führen Zukunftsvisionen vor Augen, projizieren gegenwärtige Entwicklungen in die Zukunft, zeigen hypothetische Auswirkungen katastrophaler Ereignisse oder behandeln im Rahmen von Gegenwartsfiktionen alternative Vergangenheitsentwürfe (vgl. Hißnauer 2011, S. 333ff.).

Ist dies der Fall, muss von Beginn des Films an deutlich gemacht werden, dass dieser durchaus fiktionale Elemente enthält und muss beschrieben werden, in welchem Bezug diese zur Realität und damit zum dokumentarischen Gehalt stehen. Weiterhin sollten fiktionale Figuren beispielsweise klar von real existierenden Protagonisten unterschieden werden.

Das einfachste Mittel, fiktionale Elemente kenntlich zu machen, sind Text-Einblendungen, die offen legen, ob etwas nachgestellt, inszeniert oder vollkommen fiktiv ist. Natürlich darf deren Verwendung nicht zu stark in die Gesamtdramaturgie eingreifen, weshalb sie nur selten zu finden sind (vgl. Neumann 2008, S. 75). Meist genügt es zu Beginn, mittels des Off-Kommentars darauf aufmerksam zu machen.

Ein im Wissenschaftsfernsehen gut anwendbares Mittel ist die symbolhafte Nachinszenierung, indem weniger auf die Menschendarstellung gesetzt wird als vielmehr auf Handlungen oder einzelne Handgriffe unter Anwendung der für den Film maßgeblichen Methoden.

6.2.4 Grafiken und Animationen

Grafiken und Animationen werden sowohl im dokumentarischen Bereich als auch in der aktuellen Berichterstattung gerne und häufig eingesetzt. Das liegt vor allem an der Technik, die immer besser und perfekter wird. […] Damit einher geht der Wunsch, möglichst alles, was interessant ist oder zu sein scheint, für das Fernsehen zu visualisieren (Ordolff 2005, S. 117).

Computergrafiken und -animationen dienen in erster Linie dazu, dem Rezipienten komplexe Zusammenhänge zu erklären und schwer Darstellbares leicht nachvollziehbar und verständlich zu gestalten. "(Computer) animations are also powerful instruments for explaining complicated processes like the movement of air or the function of a machine" (Willems und Göpfert 2006, S. 8). Ihre Verwendung hat aber auch Konsequenzen für die Erwartungshaltung der Zuschauer und deren Bilder von der Wissenschaft. So ist beispielsweise die „[…] farbige, computeranimierte Doppelhelix der DNA in den Köpfen der Fernsehzuschauer als scheinbar reales Abbild des körpereigenen Proteins fest eingebrannt, obwohl das wirkliche Protein weitaus unscheinbarer aussieht" (Göpfert und Lange 2006, S. 158).

Der Einsatz von Grafiken und Animationen eröffnet dem Dokumentarischen aber auch ganz neue Möglichkeiten. Besonders seit der Entwicklung digitaler Techniken zählen computergenerierte Grafiken, bewegte Bilder oder 3-D-Animationen zum Standardrepertoire vieler Produktionen (vgl. Ordolff 2005, S. 117). Die Entwicklung der genannten Techniken verhalf gerade Wissenschaftsdokumentationen zur möglichen Darstellung bisher nicht umsetzbarer Inhalte. „Man kann jetzt in den Menschen hineinsehen. Man kann darstellen, wie biochemische Prozesse funktionieren. Es lassen sich Vorgänge animiert und sehr realistisch zeigen, die bisher nicht zu filmen waren" (Wolf 2003, S. 112). Das Themenspektrum, gerade für wissenschaftliche Dokumentationen, hat sich also extrem erweitert. „So lässt sich beispielsweise die Frage, auf welche Art und Weise Atome funktionieren, mittels Grafiken oder Animationen darstellen" (Ordolff 2005, S. 118). Hilfreich sind in solchen Fällen vor allem 3-D-Animationen, die gedreht und aus allen möglichen Positionen betrachtet werden, aber auch Formen und Strukturen zum Vorschein bringen können (vgl. Willems und Göpfert 2006, S. 8).

Animationen in Form von virtuellen Szenarien sind auch als Teil der (Nach-) Inszenierungsmöglichkeiten zu sehen. Dies ist besonders der Fall, wenn eine Szene nur sehr kompliziert, durch eine reale Inszenierung oder gar nicht zu realisieren wäre. „Und bei mancher Dokumentation über astronomische Themen ist kaum noch zu unterscheiden, welche Bilder von einer Raumsonde und welche aus dem Computer stammen" (Göpfert und Lange 2006, S. 158).

Ohne, dass tatsächlich mit einer Kamera gedreht werden muss, ermöglichen sie es, Szenen zu visualisieren oder ganze Filme zu erstellen. Ein gutes Beispiel für einen solchen Fall ist die weltweit erfolgreiche Produktion *Reich der Giganten* (Originaltitel *Walking with Dinosaurs*) von BBC, in der man die beiden Protagonisten Little Big Al und Big Al durch ihr Dinosaurier-Leben begleitet.

Welches Potential in den virtuellen Bilderwelten steckt, hat BBC mit ihren großen Mehrteilern über die Dinosaurier demonstriert. [...] Die Grenzen zwischen Fiktion und Realität sind hier aufgehoben. Nicht nur kommen die Bilder zur Gänze aus dem Rechner, die Filme selbst sind dramaturgisch gebaut wie klassische Tierfilme und arbeiten mit Spielfilm-Methoden. [...] Die animierten Saurier aus Fiction und Doku sind nicht auseinanderzuhalten (Wolf 2003, S. 83).

Aber auch Aktivitäten im Weltraum, wie Flugbahnen von Meteoriten oder schwarze Löcher fallen in den Bereich der komplett aus Computern stammenden Inszenierungen und computergenerierten Bilder. Sie sind grundsätzlich nicht anders darstellbar. „Kein Astrophysiker hat bisher ein Schwarzes Loch wirklich zu Gesicht bekommen. In unserem kollektiven Bewusstsein haben wir uns aber längst ein Bild davon gemacht" (Göpfert und Lange 2006, S. 158).

Dass es inzwischen die Möglichkeit gibt, wirklich alles visualisieren zu können, heißt also nicht, dass alles, was visualisiert wird, auch authentisch ist. Auch wenn Filmemacher meist darauf bestehen, sich auf wissenschaftliche Fakten zu berufen. Gerade das Beispiel *Im Reich der Giganten* macht dies deutlich, da dieser Film eigentlich gar keine visuelle Referenz zur Wirklichkeit mehr enthält. Animationen und virtuelle Bilder können das Verständnis des Zuschauers für Authentizität manipulieren, seine Blicke regelrecht derealisieren und das zunehmend auch in „[...] Informationssendungen. Die Airbus-Truppentransporter A 400 M etwa flogen wochenlang virtuell durch die Fernsehnachrichten, obwohl sie real noch gar nicht existierten" (Wolf 2003, S. 83).

So mancher Zuschauer hat ohnehin schon Zweifel, ob ihm im Fernsehen Authentisches präsentiert wird. Und das mit Recht. Nicht selten gaukeln Reporter auf der Suche nach spannenden Bildern eine Wirklichkeit vor, die mithilfe des Textes in einen Zusammenhang gestellt wird, den es so nie gegeben hat. [...] Grafiken und Animationen, die ja Bilder auf Bestellung sind, fehlen immer die authentischen, menschlichen Bezüge, weil sie am Computer entstanden sind (Ordolff 2005, S. 120).

Trotz dieser Kritik: Wissenschaftsdokumentationen sind ohne generierte Bilder, Grafiken und Animationen nicht mehr denkbar. Sie werden auch in Zukunft eine große, wenn nicht sogar immer größere Rolle spielen. Ihr Potenzial ist noch lange nicht vollständig ausgenutzt und sie können als Bereicherung für das Dokumentarische gesehen werden, insofern sie nicht zu sehr verfälschen. „Sie erweitern die

Abbildung, erschließen neue Räume, können spielerisch neue Ansichten erkunden und auch routinierte Formate auffrischen" (Wolf 2003, S. 84).

Problematisch kann der Einsatz von Grafiken und Animationen im Wissenschaftsfernsehen unter ökonomischen Gesichtspunkten sein, da die sich rasch ändernden ästhetischen Gewohnheiten von Zuschauern dazu führen können, dass entsprechende Dokumentationen schneller als alt erscheinen, als es inhaltlich eigentlich sinnvoll wäre. Der Einsatz von stark symbolhaften Darstellungen, im Manga- oder Comic-Stil ist ein Versuch, diese Problematik in der Praxis abzumildern.

6.3 Auditive Gestaltung

> Die Dimension ‚auditive Gestaltung' im Film umfaßt alle Formen der verbalen sprachlichen Information, der nichtsprachlichen verbalen Äußerung, der Geräusche sowie musikalischer Tonsignale. Alle akustischen Signale können Funktionen für den Informationstransfer übernehmen (Hamm 1985, S. 143).

Die auditive Gestaltung ist wesentlich für die Informationsvermittlung in Filmen. Im Folgenden sollen die wichtigsten auditiven Gestaltungsmittel näher betrachtet und ihre Funktionen herausgearbeitet werden. In der späteren Analyse gilt es, für alle auditiven Mittel auch deren Ursprung zu beschreiben. „Ist die Tonquelle im Bild zu sehen, spricht man von On-Ton (von engl. On the screen). Ist sie nicht sichtbar, spricht man von Off-Ton (Off the screen)" (Kamp und Rüsel 1998, S. 42). Je nachdem können die auditiven Mittel zusätzliche dramaturgische Funktionen erhalten, die ebenfalls in die folgenden Beschreibungen mit einbezogen werden sollen.

6.3.1 Ton und Geräusche

Der Ton zählt in dokumentarischen Darstellungsformen zu den wichtigsten authentisierenden Gestaltungsmitteln (vgl. Ordolff 2005, S. 31; vgl. Kamp und Rüsel 1998, S. 41). Ein guter Ton ist für die Wirkung eines Films unerlässlich, seiner bewussten Gestaltung sollte daher entsprechend große Beachtung geschenkt werden. Leider wird er häufig zum Stiefkind des Films gemacht. Das liegt meist daran, dass die Filme so sehr mit Text überladen werden, dass schlichtweg kein Platz ist für natürliche Töne (vgl. Kerstan 2002, S. 118).

> Die Cutterin […] wird Wert legen auf den begleitenden O-Ton. Lässt sie ihn dominieren? Oder läuft er nur mit? Starker Originalton […] gibt der Szene einen anderen

Akzent als eine konventionelle Begleitmusik aus dem Archiv. Wenn sie kann, wird die Cutterin immer dem Originalton den Vorzug geben. Er wirkt ‚echter'. Auch deshalb unterhält die Wissenschaftsabteilung der BBC in Bristol ein umfangreiches Archiv von Naturlauten aller Art (Voigt 2003, S. 47f. Hervorhebungen im Original).

Die sogenannte Atmo (Atmosphäre) setzt sich zusammen aus „[…] Mischgeräuschen, die in ihrer Gesamtheit dem Schauplatz entsprechen, den man augenblicklich erlebt, deren Entstehung sich also bei differenzierter Aufmerksamkeit mit einzelnen visuellen Eindrücken unseres Umfeldes verbinden läßt" (Kerstan 2002, S. 120). Die Atmo trägt wesentlich zur Glaubwürdigkeit eines Films bei. Töne und Geräusche können zudem, ähnlich der Musik, die Bedeutung von Bildern beeinflussen, verstärken oder verändern und tragen in hohem Maße zum Verständnis der präsentierten Bilder bei (vgl. Kamp und Rüsel 1998, S. 41).

Der Zuschauer findet sich in bestimmten Situationen sofort zurecht, wenn er die dazu passenden Töne hört: das Läuten einer Glocke, das Schließen einer Bustür oder das Martinshorn der Feuerwehr. Töne wie diese haben eine sprechende Wirkung, die die Bedeutung der dazugehörigen Bilder nachdrücklich unterstützt. Wichtig ist, dass die markanten Töne im Zusammenhang mit den entsprechenden Bildern gezeigt werden (Ordolff und Nüschen 2005, S. 31).

Werden aber zum Dargestellten gehörende natürliche Töne oder Geräusche einfach weggelassen, leidet die Authentizität und damit der Eindruck dokumentarischer Echtheit erheblich (vgl. Kamp und Rüsel 1998, S. 43). Die Bilder wirken dann verfremdet und unecht. Ebenso kann im Audio-Visuellen mit Geräuschen gearbeitet werden, die keinen sichtbaren Ursprung haben und den Rezipienten dann verunsichern oder gar erschrecken. Meist können so die Emotionen der Zuschauer manipuliert werden (vgl. Kamp und Rüsel 1998, S. 43). „Hier ist sicher der Grund dafür zu suchen, dass Geräusche, deren Ursprung wir nicht erkennen können, eher in unser Bewusstsein dringen als Geräusche, die mit visuellen Eindrücken verknüpft sind" (Kerstan 2002, S. 119). Beide Fälle können erheblich zur Aufmerksamkeitserregung und -steuerung beitragen. Erst wenn das Geräusch mit einem visuellen Eindruck bestätigt werden kann und sich seine Herkunft daraus erklärt, fällt die Spannung wieder ab (vgl. Kerstan 2002, S. 119).

6.3.2 Musik

Musik als dramaturgisches Mittel funktioniert nicht ohne das Zusammenspiel mit den Bildern, O-Tönen und Geräuschen. Gerade in längeren Filmen wird häufig versucht, eher langweiligen Passagen durch Musik eine konstruierte Spannung zu verpassen (Ordolff 2005, S. 129).

Musik ist ein typisches Gestaltungsmittel des Spielfilms, weshalb ihren weitrei-chenden Möglichkeiten und ihrem gezielten Einsatz im Dokumentarischen lange Zeit kaum Beachtung geschenkt wurde. Der Einsatz von Musik ist nicht zwin-gend, sie hat aber Eigenschaften, die sie auch für den dokumentarischen Film nützlich machen. Ist Musik vorhanden, arbeitet sie immer an der Wirklichkeit und Authentizität eines Films mit und kann verschiedene dramaturgische Funkti-onen übernehmen.

> Sie kann Zusammenhänge herstellen, Zeitsprünge deutlich machen oder fehlende Geräusche ersetzen. Im besten Fall dient sie nicht nur der Illustration, sondern leiht dem Protagonisten des Films ihre Stimme. Sie drückt dann als zusätzliche Ebene sub-til das aus, was nicht sichtbar ist, oder agiert im Unterbewusstsein des Zuschauers als Kommentierung dessen, was auf dem Bildschirm zu sehen ist (Ordolff 2005, S. 125).

Musik kann Bewegungen illustrieren, Bilder integrieren, wichtige Details hervor-heben, örtliche Einordnungen geben oder das Zeitempfinden relativieren und damit grundlegend Bildaussagen unterstützen oder verändern (vgl. Rabiger 2000, S. 469; vgl. Corner 2005, S. 54; vgl. Schadt 2002, S. 269ff.). Sie kann die Stimmung der Bilder beeinflussen und beim Zuschauer Gefühle und Emotionen wie Trauer, Glück, Ruhe oder Spannung verstärken oder gar erst evozieren (vgl. Kamp und Rüsel 1998, S. 44f.). Zudem kann Musik künstliche Ebenen projizieren, die beson-ders in wissenschaftlichen Filmen gerne eingesetzt werden. Sie ist:

> [...] in der Lage, reale Bilder in einen abstrakten Zusammenhang zu bringen. [...] Auch für Dokumentationen ist das Erzeugen solcher Ebenen durch Musik denkbar, vor allem bei Themen, die sich mit Visionen in der Zukunft beschäftigen, wie bei-spielsweise das Klonen, die Entwicklung neuer Technologien oder Prognosen über die Zerstörung der Umwelt (Ordolff 2005, S. 127).

Wird sie zur Untermalung eingesetzt, schließt das nicht aus, dass gleichzeitig ein abstrakter Zusammenhang hergestellt wird. Weiterhin kann Musik zur Dramatur-gie eines Films beitragen, indem sie einen gewissen Takt vorgibt und damit hilft, dem Film eine Struktur zu geben (vgl. Ordolff 2005, S. 125). Diese Anwendung ist in Dokumentationen eher selten und wird, wenn überhaupt, zur Strukturierung einzelner Sequenzen genutzt. Da Wissenschaftsdokumentationen sich thematisch eignen, international Verbreitung zu finden, ist die lizenzrechtliche Klärung von eingesetzter Musik unbedingt angezeigt, da bei vielen ausländischen Programm-anbietern die hier für den Fernseheinsatz vergleichsweise unkomplizierten Rege-lungen mit der GEMA nicht gelten, Musikrechte für das Ausland also einzeln geklärt werden müssen. Wegen der dabei entstehenden Kosten kann es sich dem-gegenüber sehr leicht lohnen, eigene Musik komponieren zu lassen.

6.3.3 Interviews

Interviews sind inhaltlich gerade in Wissenschaftsdokumentationen wichtig, andererseits sind sie aber die größtmögliche Störung des filmischen Erlebens. Während situative Originaltöne den Erlebnisfluss nicht stören, da eine Situation weiter läuft oder der Befragte seine Tätigkeit fortführt und sie deshalb dramaturgisch auch der Atmosphäre zuzurechnen sind, haben Interviews keinen entsprechenden natürlichen Hintergrund. Im Wissenschaftsfernsehen ist hier also eine Abwägung zwischen filmischem Erleben und inhaltlicher Forterzählung zu treffen.

Ein Interview zielt immer auf den Kern der Sache. Es ist keine Plauderei und auch kein Gespräch. Das Ziel von Interviews für Fernsehbeiträge ist es, bestimmte Aussagen zu bekommen. Das können Statements zu bestimmten Fakten sein, aber auch Meinungen und Persönliches. Entscheidend ist, dass die Authentizität und die Bedeutung der Aussagen durch die Person, die sie vornimmt, wesentlich erhöht wird (Ordolff 2005, S. 89).

Bevorzugte Interviewpartner sind in Wissenschaftsdokumentationen natürlich Experten aus der Wissenschaft, die zu einem bestimmten Fachgebiet über hohen Sachverstand verfügen. Expertenaussagen und -meinungen werden meist nicht vom Publikum infrage gestellt. Drückt sich der Experte klar und verständlich aus, werden seine Aussagen als glaubwürdig, relevant und interessant angesehen. Tut er dies allerdings nicht, bildet sich beim Publikum eine negative Sicht auf ihn (vgl. Stuber 2005, S. 91).

Darüber hinaus leben Wissenschaftsdokumentationen aber auch vom „Blick hinter die Kulissen", was für Interviewpartner spricht, die aus eigenem Erleben Dinge als Augen- oder Zeitzeugen beschreiben können, selbst wenn sie keine Fachexperten sind.

Es gibt verschiedene Interviewtechniken, von denen für Dokumentationen bevorzugt das Gegenstandsbezogene, das verschränkte und das persönliche Interview (vgl. Ordolff 2005, S. 91f.) eingesetzt werden. Ein gegenstandsbezogenes Interview ist die Technik, die bei Dokumentationen am häufigsten Einsatz findet. Es bezieht sich auf einen konkreten Sachverhalt und auf die Information. Üblicherweise kommen in Wissenschaftsdokumentationen so Experten zu Wort, es können aber auch Augenzeugen oder Verantwortliche sein.

Während das gegenstandsbezogene Interview eher objektiv sein soll, bietet das verschränkte Interview die Möglichkeit einer individuelleren Sichtweise des Interviewten. „Es soll einen Zusammenhang zwischen Handeln, Einstellung und Fakten sichtbar gemacht werden. So wird der Genforscher z. B. nach seinen Ansichten zum therapeutischen Klonen gefragt" (Ordolff 2005, S. 91).

Eine dritte Technik stellt das persönliche Interview dar. Hier stehen die Ansichten und Erfahrungen des Interviewten selbst im Zentrum, ein Thema, zu dem er sich aus seiner Sicht äußert (vgl. Mast 2008, S. 298).

Die Art der Aussage kann also zum einen je nach Thema, aber auch nach Art des Interviews, von tatsachenbetonten Äußerungen oder Fakten bis hin zu Interpretationen von Sachverhalten stark variieren. Die Wahl des Gesprächspartners (oder mehrerer Partner) ist dementsprechend durch das Anliegen und das Thema des Films bedingt:

> […] genau wie bei der Entwicklung fiktiver Geschichten. Gesprächspartner werden sowohl nach inhaltlichen Schwerpunkten oder Aspekten als auch nach ihrer biografischen Prägung, ihren Ansichten ausgesucht. (Mothes 2001, S. 105).

Befragt werden in der Regel Einzelpersonen. Sollen verschiedene Sichtweisen und Aussagen zu einem Thema beleuchten oder gegenüberstellen werden, kann durch die Zusammenführung einzelner Interviews auch eine Art Dialog erzeugt werden:

> Ansichten werden nebeneinander gestellt, verschiedene und verschiedenartig vertretene Ziele wechselweise arrangiert. Ebenso wie bei einem echten Dialog ergibt dies eine fortschreitende Erörterung, die an ein inhaltliches Ziel gelangt und die Deutung des Autors verständlich macht. Voraussetzung dafür ist, dass zu jedem Teilaspekt des Themas mehrere Ansichten eingeholt werden, dass also inhaltliche Schwerpunkte in die Fragenkataloge eingehen (Mothes 2001, S. 106).

Weiterhin können durch die Gestik, die Mimik und die Sprechweise des Interviewten Zusatzinformationen vermittelt werden. Allerdings besteht bei Interviews immer die Gefahr, dass sich der Zuschauer durch zu abstrakte oder zu langatmige Erklärungen schnell langweilt. Es sollten während des Interviews auch andere Bildinhalte gezeigt werden und die Kamera nicht nur auf der interviewten Person verharren. Die Sprache wird dann im Off über die Bilder gelegt. Weiterhin kann die Interviewsituation aufgelockert werden, indem sie beispielsweise eher als ein Gespräch gestaltet wird, in welchem nicht nur ein festgelegter Fragenkatalog durchgearbeitet wird (vgl. Kuhle 2007, S. 23; vgl. Kriwaczek 1997, S. 57f.).

Das Interview kann in der wissenschaftlichen Dokumentation wesentlich schlechter als bei Alltagsthemen mit Bildern unterschnitten werden, da es in der Regel keine Beobachtungen gibt, die filmische sinnvoll als gleichzeitig ablaufend oder als subjektiver Blick des Interviewten präsentiert werden können. Um Interviews dennoch schneiden zu können, sollten sie mit zwei Kameras aufgenommen werden, die in verschiedenen Einstellungsgrößen aus derselben Achse drehen und so jederzeit einen Umschnitt ermöglichen.

6.3.4   Text und Kommentar

Im Fernsehdokumentarismus lassen sich im Gegensatz zum klassischen Spielfilm oft nicht alle Informationen nur über die Bilder, Töne und die dargestellten
Geschichten transportieren. Für den langen Autoren-Dokumentarfilm mag dies
nicht unbedingt zutreffen, es wird oftmals versucht „[…] den Film für sich sprechen zu lassen" (Neumann 2008, S. 59).

Für das Wissenschaftsfernsehen spielt diese Form jedoch eine untergeordnete
Rolle. Der Kommentartext ist hier vielmehr ein ungewöhnlich wichtiges Mittel,
da er all das ergänzen muss, was auf den anderen Darstellungsebenen nicht dar-
stell- und erklärbar ist. Auf genau diese Rolle sollte er sich jedoch auch beschränken und tatsächlich nur das ergänzen, was anders nicht erzählbar ist, da er ein
vergleichsweise schwaches Mittel ist, was die Wirkung auf den Zuschauer betrifft.

Die Form, die im Fernsehdokumentarismus am meisten zu finden ist, ist eine
direkte Ansprache des Publikums. Wird der Sprechertext in dieser Weise vom
Bild des Protagonisten getrennt und quasi auf den Film gelegt, ist er als Stimme
eines Zeugen anzusehen. Das Risiko besteht darin, dass der Text die Bilder und
Töne entwertet, wenn er dazu führt, dass diese nur noch als Illustration des
Redeinhalts wirken. Vermieden wird dieser Effekt, indem der Text tatsächlich nur
Ergänzungen liefert, auf das Bild reagiert und sachlich einen gewissen Abstand
zum Bild behält. Das wird nur gelingen, wenn der Kommentartext erst für den
fertigen Film, nach Fertigstellung der Schnittfassung, erarbeitet wird.

Grundsätzlich dominiert in Fernsehdokumentationen häufig ein Off-Kommentar aus nicht ausgewiesener Perspektive, der die Stellung des Erzählers einnimmt.
Verhält sich der Kommentar inhaltlich synchron zum auf der Bildebene Dargestellten, liefert er dem Rezipienten keine neuen und nützlichen Informationen.
Werden aber zusätzliche Informationen gegeben, erfüllt er die Funktion eines all-
wissenden Kommentators (vgl. Nichols 1998, S. 150f.; vgl. Kamp und Rüsel 1998,
S. 44). Ein Wechsel der Erzählperspektive, beispielsweise hin zu subjektiven Einstellungen, ist im Dokumentarischen eher selten zu finden. Der Blick wird meist
distanziert auf eine Figur oder einen Sachverhalt gelenkt und weniger aus dem
Blickwinkel einer Figur in Form eines Miterlebens erzählt (vgl. Hohenberger 1988,
S. 266; Ordolff 2005, S. 17). Eine klare Entscheidung für eine Erzählperspektive ist
Teil des handwerklichen Prozesses. Im Wissenschaftsfernsehen kommt ihr insofern eine besondere Bedeutung zu, als sie häufig ein gutes Bindeglied zwischen den
berichtsgegenständlichen Experten und den Zuschauern sein kann. Gerade bei
einer hohen Fachspezifik des Inhalts kann die Entscheidung für eine zwar neugie-
rige, aber fachlich nicht kompetente Person, vorteilhaft sein. In der Praxis hilft es
häufig, sich eine tatsächliche Figur vorzustellen, die einem die Geschichte erzählt.

Die Funktion des Kommentartextes sollte in jedem Fall sein, sachliche und sinnvolle Informationen zu liefern. Er manipuliert und beeinflusst den Zuschauer nicht. Da Bilder für sich alleine oftmals Fragen aufwerfen und unterschiedlich interpretiert werden können, hat der Kommentar die Aufgabe sie zu ergänzen, einzuordnen oder zu erklären.

Er kann zum Rettungsanker werden, wenn es darum geht, einen neuen Protagonisten ohne großen Aufwand einzuführen, zurückliegende Ereignisse zusammenzufassen und wichtige Hintergrundinformationen knapp und Präzise zu vermitteln. Vor allem dann, wenn ein Film in einer knapp bemessenen Zeitspanne viel sagen soll, gewinnt man mit dem Kommentar Raum für visuelles ‚Begleitmaterial‘ (Rabiger 2000, S. 455, Hervorhebungen im Original).

Der Text des Kommentars muss sehr bewusst gestaltet werden. Am besten geht ins Ohr, was der Alltagssprache am nächsten kommt. Dies ist inzwischen auch wissenschaftlich erwiesen (vgl. Voigt 2003, S. 30; vgl. Rabiger 2000, S. 456). Niemand gibt nur einfach Texte von sich, „[...] sondern Äußerungen. Die aber sind kurz, bei Weitem nicht immer grammatisch vollständig, sie wiederholen sich, sind bildhaft und verbal" (Ordolff 2005, S. 103). Dieses elliptische Texten ist nur im Fernsehen möglich und stellt die wohl engste Verschränkung von Bild und Kommentartext dar. Dem Sprecher muss es möglich sein, den Text flüssig zu sprechen, der Zuhörer wiederum muss den Inhalt schnell verstehen und erfassen können. Aus diesem Grund ist zu beachten, dass die Texte aus leicht sprechbaren, kurzen und einfachen Hauptsätzen bestehen. Am besten bleiben die Informationen hängen, die am Ende eines Satzes stehen, sodass Fernsehtexte endbetont sein sollten. Die zweitwichtigste Information gehört an den Satzanfang. Informationen, die in der Mitte des Satzes stehen, werden in linearen audiovisuellen Medien kaum erinnert und sind insofern weitgehend wirkungslos.

Falls es der Charakter des Textes und damit die Erzählperspektive zulässt, auch eigene Gedanken zu formulieren, sollten diese Raum in eigenen differenzierten Sätzen erhalten. Diese jedoch sollten eher kurz gestaltet werden, damit der Zuschauer sie vollständig erfassen kann. Zudem sollte darauf geachtet werden, dass Texte nicht zu dicht werden und sich auf zentrale Aussagen beschränken.

Die Aufmerksamkeit des Zuschauern ist so massiv durch die anderen Darstellungsebenen Bild und Ton beansprucht und gebunden, dass viel weniger Kommentartext verarbeitet werden kann, als es der Fall wäre, wenn der Zuschauer nur den Text hören oder lesen würde. Insbesondere dann, wenn der Text keinen Raum für Gedankenpausen lässt, die zur Wirkungserlangung des Gesagten wichtig sind, kann das zur Überforderung des Zuschauers führen (vgl. Ordolff 2005, S. 80; vgl. Rabiger 2000, S. 458). Manchmal ist es auch sinnvoll, vollkommen auf

Text zu verzichten und nur die Bilder für sich stehen und wirken zu lassen. „Eine Variante, die gerade in längeren Filmen sehr sinnvoll ist. Vor allem wenn Stimmung erzeugt werden soll, kann ein Text stören. Hier hinterlässt das Bild immer stärkere Eindrücke als das Wort" (Ordolff 2005, S. 81). Text hat nur dann eine Rechtfertigung, wenn er tatsächlich Zusätzliches beitragen kann. Um seine Aufgabe richtig zu erfüllen, muss er dem Rezipienten zusätzliche Informationen geben. Fehler können aber auch in die gegenteilige Richtung gemacht werden.

> Das Gegenteil der Doppelung von Text und Bild ist die Text-Bild-Schere. In diesem Fall stimmen die Aussagen von Text und Bild nicht überein. […] Die Wahrnehmung des Zuschauers ist dann gestört, weil der visuelle und der auditive Kanal gleichzeitig gegensätzliche Aussagen aufnehmen müssen (Ordolff 2005, S. 79).

Weiterhin ist es notwendig, bei Texten auf den Stil und die Stimmung des Films zu achten. Dem Sprecher muss es möglich sein, dies aus dem Text herauszulesen, um ihn richtig zu interpretieren und ihm einen entsprechenden Duktus geben zu können (vgl. Rabiger 2000, S. 458; vgl. Schadt 2002, S. 272f.). Nicht für jedes Thema eignet sich beispielsweise eine durchgehend nüchterne Beschreibung.

> Ein ausgewogener, nicht zu wortlastiger Kommentar, professionell und einfühlsam gesprochen (dazu sind Männer so gut geeignet wie Frauen) präzise in seine Details, mutig in der Aussage – solch ein Kommentar ist das Salz in der Suppe des Dokumentarfilms, macht ihn unverwechselbar und lässt ihn im Gedächtnis des Zuschauers bleiben. […] Der Kommentar soll zum Nachdenken anregen. Das setzt Distanz voraus. Distanz zur Sache, zu den handelnden Personen, zu sich selbst und zur eigenen Meinung. Das heißt nicht, dass der Kommentar nicht auch provozieren, nämlich ohne Zorn und Eifer eine unangenehme Einsicht vermitteln dürfte (Voigt 2003, S. 31).

In letzter Zeit ist oft zu beobachten, dass für lange dokumentarische Formen gerne professionelle (Synchron-)Sprecher prominenter Schauspieler engagiert werden (vgl. Ordolff 2005, S. 103). In Wissenschaftsdokumentationen kann das unter Umständen zu Ablenkungen und Irritationen führen, und zwar dann, wenn sich mit der Stimme das Bild eines Schauspielers oder einer Filmfigur verbindet, der man die Kompetenz des Erzählers zum Thema der Dokumentation nicht zutraut. Das Potenzial der prominenten Besetzung des Sprechers liegt fraglos darin, dass unter Umständen zusätzliche Zuschauer motiviert werden könnten, sich für das Thema zu interessieren.

▶ **Zusammenfassung** Die Darstellungsebenen, die dem Fernsehen zur Verfügung stehen, müssen für wissenschaftliche Sendungen vollständig ausgenutzt und besonders sorgfältig kombiniert werden, um einerseits für ein möglichst hohes Erleben und andererseits für eine große Erzähltiefe zu sorgen.

Dazu sind zunächst die direkten Darstellungsebenen für die filmische Erzählung zu nutzen. Mit dem Text steht eine wichtige indirekte Darstellungsebene zur Verfügung, die je nach Bedarf ergänzen, steuern und orientieren kann oder zusätzliche Informationen liefert, die außerhalb des Bildes liegen.

Die Betonung der direkten Darstellungsebenen kann im Arbeitsprozess dadurch gestärkt werden, dass zunächst versucht wird, die filmische Erzählung so weit wie irgend möglich ihnen zu überlassen und erst nach Fertigstellung von Bild und Ton um den Kommentartext zu ergänzen.

Auf auditiver Ebene konkurrieren Musik, Atmo, O-Ton und das Sondergeräusch des Kommentartextes miteinander, wobei die Atmosphäre für die Authentizität und damit das Erleben sorgt. Musik kann Stimmungen verstärken, Handlungsstränge und Räume markieren. O-Ton unterbricht das Erleben und verlagert den Fortgang der Filmerzählung auf die Ebene der Sachinfo und kommt somit dem Kommentartext sehr nahe. Der Kommentartext wiederum liegt auf allen anderen auditiven Ebenen und reduziert dadurch deren Wirkung entsprechend.

Zusätzliche Spannung kann innerhalb der Darstellungsebenen durch den Einsatz von dramaturgischen Gegenpolen gelingen.

Literatur

Appeldorn, Werner van. 1992. *Handbuch der Film- und Fernseh-Produktion. Psychologie, Gestaltung, Technik.* 3. überarbeitete Aufl. München: TR-Verlagsunion.

Barnouw, Erik. 1993. *Documentary – a history of the non-fiction film.* 2. Aufl. Oxford: Oxford University Press.

Brauburger, Stefan. 2005. Doku-Drama. In *Fernsehjournalismus*, Hrsg. Martin Ordolff, 311–326. Konstanz: UVK.

Corner, John. 2005. Television, documentary and the category of the aesthetic. In *New challenges for documentary*, Hrsg. Alan Rosenthal, 48–58. Manchester: University Press.

Flach, Sabine. 2005. *Eine kulturelle Ikone – Die Doppelhelix.* http://www.blue-genes.de/textarchiv.html. *Zugegriffen: 01. Juli 2012.*

Winfried, Göpfert und Volker Lange (Hrsg.). 2006. *Medienkompetenz: Wissenschaft publik gemacht.* Herausgegeben von der Klaus Tschira Stiftung. http://www.wisskommtv.de/wp-content/uploads/2008/08/01-mfw-handbuch.pdf. Zugegriffen: 14. Aug 2012.

Hamm, Ingrid. 1985. *Inhalt und audiovisuelle Gestaltung – der Einfluß thematischer Aspekte auf die Gestaltung von Verbrauchersendungen des Fernsehens.* Nürnberg: Verlag der kommunikationswissenschaftlichen Forschungsvereinigung.

Heßler, Martina. 2007. Die „Mona Lisa" der modernen Wissenschaften". Die Doppelhelix-Struktur als kulturelle Ikone. In *Konstruieren, kommunizieren, präsentieren. Bilder von Wissenschaft und Technik*, Hrsg. Alexander, Gall, 291–315. Göttingen: Wallstein.

Hallet, Thomas. 2008. Was sind gute Bilder im TV? In *WissensWelten: Wissenschaftsjournalismus in Theorie und Praxis*, Hrsg. Holger Hettwer, et al., 436–437. Gütersloh: Verl. Bertelsmann Stiftung.

Hißnauer, Christian. 2011. *Fernsehdokumentarismus, theoretische Näherungen, pragmatische Abgrenzungen, begriffliche Klärungen.* Konstanz: UVK.

Hohenberger, Eva. 1988. *Die Wirklichkeit des Films. Dokumentarfilm, ethnographischer Film, Jean Rouch.* Hildesheim (u. a.): Olms.

Kamp, Werner, und Manfred, Rüsel. 1998. *Vom Umgang mit Film.* 1. Aufl. Berlin: Volk-und-Wissen-Verlag.

Kerstan, Peter. 2002. *Der journalistische Film, jetzt aber richtig. Bildsprache und Gestaltung.* Original-Ausgabe, 2. Aufl. Frankfurt a. M.: Zweitausendeins.

Kriwaczek, Paul. 1997. *Documentary for the small screen.* 1. Aufl. Oxford (u. a.): Focal Press.

Kuhle, Christiane. 2007. *Qualität im Fernsehen. Wissensvermittlung in Wissenssendungen.* Saarbrücken: VDM.

Mast, Claudia. 2008. *ABC des Journalismus – Ein Handbuch.* 11. Aufl. Konstanz: UVK.

Mothes, Ulla. 2001. *Dramaturgie für Spielfilm, Hörspiel und Feature.* Konstanz: UVK.

Neumann, Kim. 2008. *Filmdramaturgie in Fiktion, Dokumentation und Dokudrama.* Saarbrücken: Verlag Dr. Müller.

Nichols, Bill. 1998. Dokumentarfilm – Theorie und Praxis. In *Bilder des Wirklichen. Texte zur Theorie des Dokumentarfilms*, Hrsg. Eva Hohenberger, 164–182. Berlin: Vorwerk.

Ordolff, Martin. 2005. *Fernsehjournalismus.* Konstanz: UVK.

Ordolff, Martin, und Ludger Nüschen. 2005. Dokumentation, Feature und Dokumentarfilm. In *Fernsehjournalismus*, Hrsg. Martin Ordolff, 261–280. Konstanz: UVK.

Rabiger, Michael. 2000. *Dokumentarfilme drehen.* Dt. Erstausgabe, 1., Aufl. Frankfurt am Main: Zweitausendeins.

Schadt, Thomas. 2002. *Das Gefühl des Augenblicks. Zur Dramaturgie des Dokumentarfilms.* Bergisch Gladbach: Lübbe.

Stuber, Andre. 2005. *Wissenschaft in den Massenmedien. Die Darstellung wissenschaftlicher Themen im Fernsehen, in Zeitungen und in Publikumszeitschriften.* Aachen: Shaker. Zugleich: Universität Karlsruhe, Dissertation.

Voigt, Jürgen. 2003. *Dokumentarfilm im Fernsehen. Überlegungen zu einem facettenreichen Genre.* Hamburg: Univ. Hamburg.

Willems, Jaap, und Winfried, Göpfert (Hrsg.). 2006. *Science and the power of TV.* Amsterdam: VU University Press, Da Vinci Institute.

Wolf, Fritz. 2003. *Alles Doku – oder was?* Düsseldorf: Landesanstalt für Medien Nordrhein-Westfalen (LfM). http://www.lfm-nrw.de/fileadmin/lfm-nrw/Pressemeldungen/allesdoku-kompl.pdf. Zugegriffen: 19. Okt 2012.

Exemplarische Analyse von Wissenschaftsdokumentationen

7

Überblick

Es liegt auf der Hand, dass es für Wissenschaftsdokumentationen kein Geheimrezept gibt und dass es auch nicht die eine Herangehensweise gibt, die alle diesem Themenbereich immanenten Herausforderungen löst. Vielmehr ist es notwendig, sich die besonderen Anforderungen an Wissenschaftsdokumentationen im Arbeitsprozess selbst immer wieder vor Augen zu führen und nach geeigneten Lösungen dafür zu suchen, ganz gleich, wie diese letztlich aussehen. Da der Katalog der Herausforderungen bei den meisten von Wissenschaftsfernsehen behandelten Themen ähnlich ist, stellt sich einerseits aufseiten der Macher eine besondere Lernkurve ein und ist andererseits die Evaluation von Produkten aus dem Umfeld der Fragestellung, vor der man als Autor möglicherweise gerade selbst steht, besonders hilfreich. Unter 7.2 werden Wissenschaftsdokumentationen analysiert, die in den vergangenen Jahren eine gewisse Beachtung gefunden haben. Aus deren detaillierter Analyse lassen sich Besonderheiten und besondere Herangehensweisen an die spezifischen Anforderungen an Wissenschaftsprogramme ablesen.

7.1 Methoden der Film- und Fernsehanalyse

In der Film- und Fernsehanalyse gilt es, grundlegend zwischen den empirisch-sozialwissenschaftlichen Methoden und den hermeneutischen Interpretationsverfahren zu unterscheiden (vgl. Hickethier 2007, S. 29).

O. Jacobs und T. Lorenz, *Wissenschaft fürs Fernsehen*, Praxiswissen Medien,
DOI: 10.1007/978-3-658-02423-9_7, © Springer Fachmedien Wiesbaden 2014

Innerhalb der empirisch-sozialwissenschaftlichen Methoden werden, häufig in Form von Inhaltsanalysen, Schwerpunkte in den Äußerungen der Massenmedien quantitativ ermittelt und somit beispielsweise Worthäufigkeiten oder Stärken von Argumenten statistisch erfasst. Sie eignen sich daher vor allem, um größere Datenmengen über einen längeren Zeitraum zu bearbeiten und diese intersubjektiv fassbar zu machen. Bei der quantitativen Methode geht es allerdings weniger um die Ästhetik und Bedeutungsstrukturen einzelner Medienbeiträge (vgl. Stuber 2005, S. 8; Hickethier 2007, S. 29f.).

Das hermeneutische Interpretationsverfahren soll dagegen vor allem dazu dienen, auch verborgene Bedeutungen innerhalb mehrdeutiger audiovisueller Werke zum Vorschein zu bringen und Strukturen der Gestaltung hervorzuheben. So ist es möglich, zusätzliche Bedeutungsebenen und Sinnpotenziale aufzudecken, die ohne eine Interpretation nicht ersichtlich sind. Eine gewisse Subjektivität kann durch das hermeneutische Interpretationsverfahren zwar nicht ausgeschlossen, aber durch den Bezug auf ein konkret benanntes Erkenntnisinteresse und nachvollziehbare Argumentationsgänge, die zu transparenten Aussagen führen, gemildert werden (vgl. Hickethier 2007, S. 30f.; Korte 2001, S. 24).

Die im Untersuchungsprozess gewonnen Erkenntnisse werden schließlich sprachlich dargestellt. „Die im ganzheitlichen Wahrnehmungsvorgang während der Filmbetrachtung vorhandene Simultanität verschiedener Faktoren wird zunächst in ein überschaubares Nacheinander methodisch aufgelöst, in weiteren Schritten das Zusammenspiel der einzelnen Elemente untersucht und die historische Wirkungsdominanz im Rahmen der Kontextaufbereitungen bewertet" (Korte 2001, S. 24).

Die systematisierte Betrachtung eines Films kann mitte eines Filmprotokolls erfolgen. Dieses erfordert eine genauere Beobachtung als das reine Betrachten und fördert die Bewusstwerdung des Film- und Fernseherlebnisses. Filme werden so zitierbar und intersubjektiv überprüfbar gemacht. Nur in den seltensten Fällen ist jedoch ein detailliertes Einstellungsprotokoll anzufertigen (vgl. Hickethier 2007, S. 33f.). Dieses beruht auf der Auflistung von Einstellungen, also Bildabfolgen zwischen Öffnen und Schließen des Kamera-Verschlusses als kleinste filmische Einheit, und stellt somit eine fast vollständige und aufwendige Transkription des Films dar (vgl. Korte 2001, S. 32ff.). Das Sequenzprotokoll hingegen orientiert sich an Handlungselementen, die aus mehreren zusammenhängenden Folgen von Einstellungen bestehen können (vgl. Korte 2001, S. 38). Der Film wird auf der Ebene von Sequenzen und Subsequenzen unterteilt. Diese werden zeitlich und formal erfasst und beschrieben und bieten eine überschaubare Darstellung, die eine Analyse der filmischen Gesamtstruktur ermöglicht. Sequenzen sind die kleinste dramaturgische Bedeutungseinheit des Films:

[...] die den Film in Abschnitte gliedern, deren Einstellungen in einem räumlichen, zeitlichen oder gedanklichen Zusammenhang stehen. Die Sequenzabgrenzung orientiert sich primär am Zusammenhang der Bilderfolge. Die Grenzen sind in der Regel durch einen Wechsel der Handlung, des Ortes oder der Zeit gegeben (Hamm 1985, S. 138).

Da sich die zu erfassenden Kategorien und Darstellungsformen für jeden Film und je nach Erkenntnisinteresse unterscheiden können, dürfen diese nicht verallgemeinert und müssen dem individuellen Fall angepasst werden (vgl. Korte 2001, S. 38f.). Weiterhin weist Hickethier darauf hin, dass die Einheit des Ortes innerhalb einer Sequenz nicht zwingend notwendig ist, solange sich ein Handlungszusammenhang bestimmen lässt (vgl. Hickethier 2007, S. 35).

7.1.1 Anwendung auf Wissenschaftsfernsehen

Die zuvor gemachten Ausführungen über die Film- und Fernsehanalyse beziehen sich grundlegend zwar auf Spielfilme, aber auch Fernsehsendungen und dokumentarische Programme lassen sich mit den gleichen Methoden analysieren. Gerade für Wissenschaftsdokumentationen ist die Anwendung dieser Methoden geeignet, da sie zu einer relativ hohen Objektivierung der Ergebnisse führen und angemessen detailgenau sind.

Weit weniger relevant ist bei der Evaluation von Wissenschaftsprogrammen, mit welcher Häufigkeit oder über welche Zeiträume bestimmte Gestaltungsmöglichkeiten angewendet werden, sondern wichtig ist primär, wie in ausgewählten Dokumentationen dramaturgisch und gestalterisch gearbeitet wird. Aus diesem Grund ist das hermeneutische Interpretationsverfahren die geeignete Arbeitsweise. Die filmischen Merkmale werden auf der Ebene von Sequenzen erhoben. Im Protokoll werden die Sequenzen in ihrer zeitlichen Abfolge dargestellt sowie fortlaufend nummeriert.

Die visuelle Ebene umfasst die Protokollierung des Handlungsortes und insgesamt der Protagonisten, die zu sehen sind. Ergeben sich auf dieser Ebene Veränderungen hinsichtlich des Ortes bzw. der visuellen Darstellung, handelt es sich zwar um Subsequenzen und dies wird im Protokoll kenntlich gemacht, jedoch werden sie nicht explizit zeitlich erfasst. In erster Linie soll nur die Verwendung der Gestaltungsmittel Originalaufnahmen (O) oder computergenerierte Bilder (CGI) aufgezeigt werden. Dabei wird in der Spalte zur visuellen Ebene nicht explizit unterschieden, ob es sich bei den Originalaufnahmen um Spielszenen, Archivaufnahmen oder Neu-Drehs handelt. Da diese Besonderheiten meist eine dramaturgische Funktion innerhalb des Narrativen haben, werden sie gemeinsam mit Animationen (Anim.), Experimenten (Exp.) oder Demonstrationen (Dem.) als Handlungselemente in der Spalte zur narrativ-dramaturgischen Gestaltung erfasst. Die Gestaltungsmöglichkeiten der *auditiven Ebene* werden weitgehend vollständig dargelegt. Zwar ist die Transkription in diesem Bereich sehr aufwendig, mit ihr kann aber eine gute Verbindung zur narrativ-dramaturgischen Ebene hergestellt werden. Zudem lassen sich die Eigenschaften der Protagonisten besser kenntlich machen. Aufgenommen werden Off-Kommentare, Interviews und Reden von Protagonisten sowie die Gestaltungsmittel Musik und Geräusche/ Töne. Bei allen auditiven Gestaltungsmitteln wird zudem immer die Quelle des Ton-Signals (On/Off) berücksichtigt, da diese zusätzlich Auskunft über ihre dramaturgische Funktion geben kann. Musik und Geräusche werden nur explizit benannt, wenn sie auch Auswirkung auf die Strukturierung und allgemein dramaturgische Gestaltung haben. Dadurch soll deutlich werden, auf welcher filmischen Darstellungsebene die filmische Erzählung hier vorangetrieben wird.

Auf der *narrativ-dramaturgischen Ebene* werden die Handlung (in Form einer Zusammenfassung), die Verwendung narrativer Elemente sowie die dramaturgische Bedeutung aller bisher genannten Ausdrucksmittel erfasst. Sind hier Besonderheiten in den Bereichen der Erzählfaktoren, Erzählformen und im Erzählmodus zu finden, werden sie in einer gesonderten Spalte ausgewiesen (beispielsweise Emotionalisierung, Personalisierung, Visualisierung von Informationen durch Texteinblendung, Spielszenen usw.). Zeigen sich zudem Besonderheiten in der Kameraarbeit (z. B. Fast oder Slow Motion sowie Nahaufnahmen (N) oder Aufnahmen aus der Vogelperspektive (V)) und haben diese einen besonderen dramaturgischen Zweck, werden sie hier ebenfalls vermerkt.

7.1.2   Analyse der Wissenschaftsdokumentation

Bei der Betrachtung der Programmstrukturen im deutschen Fernsehen wird deutlich, dass Dokumentationen deutscher Produzenten meist mit einer Dauer von etwa 45 Minuten und Sendungen internationaler Anbieter mit bis zu 52 Minuten angelegt werden.

Die Auswahl geeigneter Wissenschaftsdokumentationen orientiert sich an den bekanntesten deutschen, aber auch an internationalen Anbietern auf dem Fernsehmarkt, da hier zunächst einmal zu unterstellen ist, dass sie auf ein breites Publikum zielen. Die Tatsache, dass sie mehrfach wiederholt wurden, sollte ein Indikator dafür sein, dass sie beim Publikum funktionieren. Als Anbieter wird dabei derjenige verstanden, der mit seinen eigenen finanziellen und produktionstechnischen Mitteln den größten Anteil an der Herstellung hat oder den Auftrag zur Herstellung vergeben hat. Ausgewählt für die Analyse werden hier die Hersteller und Auftraggeber BBC, ZDF, WDR und ARTE.

Ferner wird auf die Bezeichnung der Darstellungsform geachtet. Ob es sich um Einzelstücke oder um einen Teil aus einer Reihe oder einer Mini-Serie handelt, wird nicht unterschieden.

Von den vier genannten Anbietern wird jeweils eine Dokumentation analysiert, um das Spektrum der Gestaltungs- und Ausdrucksmittel möglichst breit zu halten. Dennoch werden die Dokumentationen so ausgewählt, dass sich wenigstens immer zwei von ihnen vom wissenschaftlichen Thema und Inhalt her nahe stehen.

Um dem Anspruch der Modernität gerecht zu werden, wird darauf geachtet, dass die Dokumentationen zum Zeitpunkt der Analyse nicht älter als sieben Jahre sind. Für dieses Ausschlusskriterium relevant ist das Produktionsjahr.

Bei allen Dokumentationen handelt es sich um deutschsprachige Ausgaben, was nicht zwingend als Ausschlusskriterium für ihre Internationalität zu sehen ist. Die Dokumentationen sind zwar synchronisiert, es ist aber, durch einen Blick auf die internationalen Angebotskataloge, sichergestellt, dass die Sendelängen nicht im Nachhinein dem deutschen Standard angepasst wurden.

Zur Analyse werden folgende Wissenschaftsdokumentationen herangezogen:

(1) ZDF (-Enterprises): Armageddon – Der Einschlag (1/2)
    Produktionsjahr: 2007
    Produzent: Gruppe 5 Filmproduktion
    Im Auftrag von: ZDF
    Ko-Produktion: ZDF-Enterprises und Discovery Channel US, France 2
    Buch/Regie: Ralf Blasius, Stefan Schneider (Regie)
    Erstausstrahlung: ZDF, 25.09.2007, 20.15 Uhr

(2) BBC (Exklusiv): Das Geheimnis der Schwerkraft – Auf der Suche nach der Weltformel
    Originaltitel: What on Earth is wrong with Gravity?
    Produktionsjahr: 2008
    Produzent: BBC (Worldwide)
    Buch/Regie: Paul Olding
    Erstausstrahlung: VOX, 13.08.2008, 23:10 Uhr

(3) ARTE: Expedition ins Gehirn (2/3): Der Einstein-Effekt
    Produktionsjahr: 2006
    Produzent: colourFIELD
    Im Auftrag von: Radio Bremen und ARTE

| Buch/Regie/Produktion: | Petra Höfer und Freddie Röckenhaus |
| Erstausstrahlung: | ARTE, 21.02.2006, 20.15 Uhr |

(4) ARTE:	Das Wunder Mensch – Unser Körper in Zahlen
Produktionsjahr:	2010
Produzent:	Touch Productions
Im Auftrag von:	WDR und ARTE
Regie und Buch:	Mike Schaefer
Erstausstrahlung:	ARTE, 26.11.2010, 21.45 Uhr

7.2   Analyse

Zu allen Dokumentationen finden sich die Sequenzprotokolle im Online-Angebot von Springer VS. Um die Notwendigkeit einer zusätzlichen Inhaltsangabe zu vermeiden, wird die narrativ-dramaturgische Ebene zu Beginn betrachtet.

7.2.1   ZDF: Armageddon – Der Einschlag (1/2)

Narrativ-dramaturgisch In *Armageddon – Der Einschlag (1/2)* wird auf Basis wissenschaftlicher Fakten und Annahmen ein fiktiver Erzählmodus hergestellt. Wissenschaftler diskutieren die potenzielle Bedrohung und die Auswirkungen eines Kometeneinschlages auf der Erde, so wie sie heute existiert. Die Annahmen und Hypothesen der Wissenschaftler werden in Form von Spielszenen vor-inszeniert. Zu Beginn wird vom Off-Kommentar darauf hingewiesen, dass es sich um eine „mögliche Geschichte" handelt (Seq. 2).

Grundsätzlich muss unterschieden werden zwischen real existierenden Personen, die sich als Experten zu ihrem jeweiligen Fachgebiet äußern, und zwischen Figuren, die als Protagonisten in den Spielszenen fungieren.

Die Dokumentation lässt sich in 18 Sequenzen unterteilen. Sie baut klar auf dem dramaturgischen Prinzip von Ursache und Wirkung auf. Um das Geschehen besser einordnen zu können, wird zu Beginn ein kurzer, aufbauender Rückblick in die Zeit der Dinosaurier gegeben, deren Existenz durch einen Kometeneinschlag beendet wurde. Es wird deutlich gemacht, dass sich ein ähnliches Szenario in der heutigen Zeit durchaus wiederholen könnte und die Bedrohung als solche anerkannt werden muss (Seq. 1).

Damit ist der Sprung in die Gegenwart dramaturgisch begründet. Die Erkenntnisse, die Wissenschaftler aus dem vor 65 Millionen Jahren stattgefundenen

Ereignis erlangten, werden auf die heutige Zeit übertragen und mögliche Auswirkungen dargelegt. In gewissem Maße wird die Struktur durch die Erkenntnisse aus der Forschung vorgegeben und ist somit als gefunden zu bezeichnen. Da allerdings nicht wissenschaftlich belegt werden kann, wie sich solch ein Ereignis auf die heutige Gesellschaft auswirkt, stellen die Wissenschaftler hier eine Hypothese auf. Diese lautet: Wenn ein ähnlich großer Komet auf die Erde einschlägt, fällt die Gesellschaft in mittelalterliche Zustände zurück (Seq. 3). Der Film folgt schließlich den Erkenntnisverläufen, die von den Wissenschaftlern in Form von Annahmen und Hypothesen gegeben werden und die sie durch eine wissenschaftliche Vorgehensweise zu belegen versuchen. Der Film folgt hier dem Prinzip „Wenn → Dann", das sich aus einer Kette von Fragen zu den möglichen Folgen eines Kometeneinschlages ergibt.

Die ersten sechs Sequenzen befassen sich ausführlich mit dem Hauptkonflikt: der Bedrohung durch einen Kometen, der sich auf Kollisionskurs mit der Erde befindet. Die Wissenschaftler ordnen die in den Spielszenen gegeben Informationen ein oder greifen ihnen vor. Die Spielszenen wiederum zeigen, wie sich diese Bedrohung auf das alltägliche Leben auswirken könnte und wie versucht wird, sie abzuwenden. Alle Protagonisten und Handlungsorte werden eingeführt und namentlich vorgestellt. Sequenz 6 schließt mit der Tatsache, dass der Komet einschlagen wird, und bildet damit einen Wendepunkt.

Ab hier findet eine differenzierte Auseinandersetzung mit den einzelnen Protagonisten der Spielszenen und den Spezialgebieten der Wissenschaftler statt. Die Nebenhandlungen sind auf vier verschiedene Orte der Erde verteilt. Die Auswirkungen des Einschlags sind, je nach Standort, unterschiedlich ausgeprägt und haben verschiedene Einflüsse auf das Leben der Protagonisten.

Noah Boyle, der zunächst noch als Wissenschaftler versucht hat, die Bedrohung abzuwenden (Seq. 4, 6, 10), bleibt in seinem Observatorium auf Hawaii von den direkten Folgen des Einschlags weitestgehend verschont (Seq. 14, 16, 17). Fernando Martinez, ein Gastarbeiter in Huston (Texas), versucht, zu seiner Familie nach Mexiko zu gelangen, und begibt sich unwissentlich in große Gefahr (Seq. 4, 8, 12, 14). Die Geschichte der Familie Mattend in Paris (Frankreich) verdeut licht die Auswirkungen einer solchen Katastrophe auf die moderne Gesellschaft (Seq. 4, 13, 14). Ein Pygmäen-Volk in der Nähe von Kamerun bildet dazu den Kontrast, denn als Jäger und Sammler haben seine Mitglieder höhere Überlebenschancen als beispielsweise Manager oder Wissenschaftler, die sich der neuen Situation extrem anpassen müssen (Seq. 8, 14, 16).

Der Höhepunkt der zweiteiligen Dokumentation wird durch den Kometeneinschlag bereits in der ersten Folge erreicht (Seq. 14). Die Hypothese zu Beginn des Films wird am Ende wieder aufgegriffen (Seq. 17) und dient der Überleitung zum zweiten Teil, in dem es um die Situation nach dem Einschlag mit all seinen Langzeitkonsequenzen geht.

Die Informationsvermittlung findet vollständig statt. Der Zuschauer erhält Informationen vermittels eines allwissenden Erzählers, der über den Off-Kommentar anwesend ist. Dessen Aussagen werden durch Expertengespräche aufgegriffen und verifiziert. Informationen, die durch die Figuren der Spielszenen gegeben werden und nicht ganz vollständig erscheinen, werden durch den Off-Kommentar oder Aussagen der Wissenschaftler komplettiert. Die Figuren der Spielszenen sind dementsprechend auf einem geringeren Wissensstand als der Zuschauer und sehen drohende Gefahren oft nicht kommen (Seq. 12).

Sämtliche Informationen, die sich auf bestimmte Zeitpunkte beziehen und durch Texteinblendungen gegeben werden, haben keine Jahresangaben (unter anderem: Seq. 4, 6, 8, 12, 13, 14). Die Sendung kann somit nie ihre Aktualität verlieren, aber auch ihre Fiktivität wird durch diesen Umstand unterstrichen. Die Tages- und Zeitangaben finden bis zum Höhepunkt eine dramaturgische Steigerung. Sie verdichten sich zunächst von Wochen auf Tage, dann auf Minuten und schließlich auf Sekunden. Die erzählte Zeit umfasst, mit Ausnahme des Rückblicks in der Exposition, den 28. Juli (vier Wochen vor dem Einschlag, Seq. 2) bis drei Tage nach dem Einschlag (Seq. 17).

Visuell Zu Beginn kann eine klare inhaltliche Trennung von Originalaufnahmen und Spielszenen erfolgen. Ab Sequenz 12 ist die Trennung nicht mehr möglich. Die Einschübe mit den Aussagen der Experten sind inhaltlich zu sehr an die Spielszenen gebunden. Sie bestehen aus einzelnen Einstellungen und sind zu kurz, um als eigene Sequenzen gelten zu können.

Es wird in keiner Weise versucht, den Spielszenen einen dokumentarischen Anschein zu geben. Das Geschehen wird außerdem aus Perspektiven gezeigt, die eine Kamera in der Realität niemals einnehmen könnte. Die Ausbreitung einer Feuerwand wird beispielsweise aus deren Perspektive dargestellt oder aus dem Blickwinkel einer Figur gedreht, die durch ein Fernglas in den Himmel blickt (Seq. 14). Die Fiktionalität der Spielszenen wird oft durch eine nicht naturalistische Farbgebung unterstrichen (Seq. 1, 5, 9, 15, 16). Insgesamt ist zu beobachten, dass die Spielszenen im zweiten Drittel der Dokumentation deutlich zunehmen.

Der Anteil an CGIs ist durch die Spielszenen und Weltraumanimationen sehr hoch. 3D-Modelle oder Grafiken kommen in der Dokumentation jedoch kaum zum Einsatz. Nur wenige Aussagen und Feststellungen der Wissenschaftler werden durch sie belegt. Anhand eines Newton-Pendels wird einmal die Impulserhaltung von Energie demonstriert während ein anderes Mal ein Bohrkern der Verdeutlichung verschiedener Sedimentschichten dient (Seq. 14 und 15).

Archivbilder werden sehr sparsam eingesetzt, was durch die starke Fiktionalität begründet ist. Nur Ereignisse, die auch bisher schon stattfanden, wie
Erdbeben, Feuer- oder Panikausbrüche in Menschenmassen werden durch Archivaufnahmen veranschaulicht.

Eindrucksvolle Bilder werden, auch wenn es sich um computergenerierte Bilder handelt, ohne Kommentar stehen gelassen und können dadurch ihre Wirkung ausgiebig entfalten.

Auditiv Der Off-Kommentar ist in dieser Dokumentation das dominierende
Element. Auch innerhalb der Spielszenen wird immer wieder auf ihn als Erzähler zurückgegriffen. Da die Spielszenen zu Beginn meist sehr kurz (zwischen einer
und zwei Minuten) und dazu durch verschiedene Handlungsorte stark voneinander getrennt sind, dient der Kommentar immer der örtlichen Einordnung. Auf
der visuellen Ebene ist diese Information nicht immer ersichtlich.

Die Figuren haben in den Spielszenen nur sehr wenig Text, weshalb die Informationsvermittlung hauptsächlich über den Kommentar erfolgt. Er verbindet die
Sequenzen dramaturgisch, indem er am Ende oder Anfang der Sequenzen eine
neue Frage oder ein neuer Hinweis aufwirft (Seq.1, 5, 14, 17). Insgesamt ist die
Ausdrucksweise des männlichen Sprechers als sehr ruhig zu bezeichnen. Damit
bildet er einen Gegenpol zu den sich überschlagenden Ereignissen auf der Bildebene. Insgesamt wurde nicht zu dicht getextet und der Zuschauer hat an vielen
Stellen die Möglichkeit, eine Gedankenpause einzulegen und die Bilder auf sich
wirken zu lassen.

Die Aussagen der Experten sind klar strukturiert. Zu jeder Auswirkung
kommt ein Wissenschaftler zu Wort, dessen Forschungsschwerpunkt speziell in
dem jeweiligen Bereich liegt. Michael Kahn ist Spezialist für die Missionsanalyse
von Raumfahrtprojekten (Seq. 5), Wolf Dombrowsky ist Soziologe und Spezialist für Katastrophenmanagement (Seq. 8). Jay Melosh kann sich als Geophysiker
besonders zu physikalischen Auswirkungen äußern (Seq. 9) und Alan Harris leitet ein internationales Forschungsprojekt zur Abwehr möglicher Kollisionen mit
Himmelskörpern (Seq. 11). Die Aussagen werden nicht in Form von Interviews
gestaltet, sondern als Gespräch der Forscher untereinander. Der Rezipient wird
dabei nie direkt aus der Handlung heraus angesprochen.

Musik wird nur innerhalb der Spielsequenzen oder bei computergenerierten
Animationen als dramaturgisches Mittel genutzt. Die zumeist klassische Musik
erzeugt durch ihre Gestaltung, beispielsweise in Form von aufgeregten Streichern
oder dumpfen Bläsern (Seq. 2, 6, 8), beim Rezipienten Gefühle wie Unsicherheit
und Bedrohung. Während der Rede der Wissenschaftler oder bei Archivaufnahmen wird ihr Einsatz vermieden.

Geräusche und Töne werden meist im Zusammenhang mit ihrer Quelle gezeigt. Insgesamt herrscht die Atmosphäre von Originalaufnahmen auch innerhalb der Spielszenen vor. Haben Geräusche eine wichtige dramaturgische Funktion, werden sie durch ihre Lautstärke hervorgehoben. Der Komet wirkt beispielsweise nur bedrohlich, weil seine fliegende Masse durch ein dumpfes Grollen verdeutlicht wird. Im Off werden Geräusche lediglich dann eingesetzt, wenn sie der kurzzeitigen Spannungserzeugung dienen sollen und ein drohendes Unheil ankündigen. Ihre Herkunft wird jedoch immer schnell deutlich gemacht.

Einordnung Es wäre naheliegend, den vorliegenden Film als fiktive Dokumentation zu definieren. Aber dies kann nur eingeschränkt gelten, da an keiner Stelle versucht wird, den Anschein zu erwecken, dass es sich um Bilder realer Ereignisse handelt. Spielszenen sind klar als solche zu erkennen und der Kommentar weist sofort zu Beginn des Films darauf hin, dass es sich nur um eine mögliche Geschichte handelt. Der Film basiert auf Fakten eines Kometeneinschlages, der vor 65 Mrd. Jahren stattfand und dessen Auswirkungen heute gut erforscht sind. Er bietet den Blick in eine mögliche Zukunft, überträgt die Auswirkungen eines Kometeneinschlags auf die heutige Zeit, in der die Menschen die Welt beherrschen, und will den Rezipienten für diese Thematik sensibilisieren. Insgesamt kann der Film als eine Mischung aus fiktiver Dokumentation und Doku-Drama gesehen werden.

7.2.2 BBC: Das Geheimnis der Schwerkraft – Auf der Suche nach der Weltformel

Narrativ-dramaturgisch Der Film *Das Geheimnis der Schwerkraft – Auf der Suche nach der Weltformel* stellt einen Forscher und Wissenschaftler als Protagonisten in den Mittelpunkt. Brian Cox ist Teilchenphysiker und sucht nach Antworten auf seine Fragen hinsichtlich einer bisher nicht gänzlich erforschten Naturkraft: der Schwerkraft.

Die Dokumentation kann in zwölf Sequenzen eingeteilt werden. Das Thema Schwerkraft bietet von sich aus keine dramaturgische Struktur, diese wird künstlich erzeugt. Eine übergeordnete Dramaturgie kann in der Reise des Wissenschaftlers Brian Cox gesehen werden, der sich am Anfang des Films eine Frage stellt und sich dann auf den Weg macht, diese zu beantworten. In einem gewissen Maß handelt es sich hier um eine verfilmte Recherche, da Brian Cox die Position eines Reporters einnimmt, der eine konkrete Antwort auf eine Frage zu erhalten versucht. Es findet eine dramaturgische Steigerung statt, denn während er diese Frage beantwortet, wird eine neue aufgeworfen, die ihn noch näher an die Auflösung des Rätsels bringen könnte und ihn zu immer neuen Orten, Experten, Einrichtungen und damit Puzzleteilen zur Beantwortung der filmtreibenden Frage führt. Insgesamt ist die Dokumentation in der Erzählform eines Rätsels, gekoppelt mit einer starken Personalisierung, gestaltet.

Spannung wird zunächst durch unvollständige Informationen zu Beginn des Films und durch die Aussage erreicht, dass es vielleicht möglich ist, das größte Rätsel unseres Universums zu lösen, ohne dieses explizit zu benennen (Seq. 1). In der ersten Sequenz schafft es die Dokumentation innerhalb von 82 Sekunden, fast alle folgenden Handlungsorte zu visualisieren und wichtige Persönlichkeiten wie Einstein oder Newton einzuführen. In der zweiten Sequenz stellt Brian Cox schließlich sich und seinen Beruf vor. Er eröffnet verschiedene Fragen und Hypothesen, die den Zuschauer durch den ganzen Film begleiten.

Die dramaturgischen Einheiten sind in genau fünf Stationen (Seq. 3, 5, 7, 9, 11) einzuteilen, die Brian Cox anläuft, um das Rätsel zu lösen. Diese sind Newtons Geburtshaus, das McDonald-Observatorium, das Kit-Peak-Observatorium, das LIGO Forschungszentrum und das Fermilab. Verbunden werden die fünf Stationen durch eine aufbauende Sequenz und vier zusammenfassende sowie überleitende Sequenzen (Seq. 2, 4, 6, 8), die räumlich deutlich von den Stationen getrennt werden können.

Cox selbst ist die Stimme des OFF-Kommentars, aber auch durchgängig als Protagonist zu sehen, der als solcher spricht und sich direkt an den Zuschauer wendet. Als Erzähler führt er aus seiner Sicht der Dinge durch den gesamten Film. Er zeigt bewusst seine Emotionen durch Lachen, Zögern oder Nachdenklichkeit (Seq. 3, 5, 6). Insgesamt handelt es sich also um einen partizipierenden Erzählmodus.

Der Zuschauer kann sich aus verschiedenen Gründen gut mit dem Protagonisten identifizieren und entwickelt ihm gegenüber Sympathie. Brian Cox wirkt jugendlich und flippig und hat eine sehr natürliche Art, sich seiner Umgebung mitzuteilen. Es erscheint dem Rezipienten zunächst eher unwahrscheinlich, dass es sich hier tatsächlich um einen echten Wissenschaftler handelt. Brian Cox gelingt es jedoch, sich durch seine Aussagen als solcher zu verifizieren. Er ist selbst sehr wissbegierig und gibt nicht vor, allwissend zu sein. Somit wirkt er in keiner Form belehrend. Der Zuschauer hat die ganze Sendung über das Gefühl, auf dem gleichen Wissensstand wie Brian Cox zu sein, da er sein Wissen immer offen preisgibt. Der Zuschauer wird von Beginn an mit der ungewissen Erwartung auf Spannung gehalten, ob Cox es schaffen wird, das Rätsel zu lösen oder nicht. Eingebettet in die Erkenntnisverläufe, die Brian Cox während seiner Reise macht, gelangt auch der Zuschauer zu neuem Wissen. Um an dieses neue Wissen zu gelangen, werden die Teilaspekte des Themas, die sich aus den von Cox aufgestellten Fragen ergeben, mithilfe der Einbeziehung von Nebenfiguren behandelt.

Neben Cox gibt es drei weitere Wissenschaftler, die in dieser Dokumentation zu Wort kommen. Das sind der Apollo-Veteran Peter Shelus vom McDonald-Observatorium, Joe Giaime vom LIGO Forschungszentrum und Greg Landsberg vom Fermilab (Seq. 5, 9, 11). Sie werden von Brian Cox interviewt. Dieser ist die meiste Zeit als Interviewer im Bild zu sehen und reagiert auf die Aussagen und Verhaltensweisen seiner Interviewpartner. Gelegentlich greift er sogar direkt in deren Aussagen ein. Die Anzahl an Wissenschaftlern erscheint zunächst aufgrund der Komplexität des Themas als zu gering, da aber Brian Cox selbst Wissenschaftler ist, bleibt die wissenschaftliche Basis den ganzen Film über gegeben.

Einen wirklichen Abschluss findet Brian Cox'Reise und Fragestellung nicht, da es auch für die Fragen, die er innerhalb des Films gestellt hat, keine endgültigen wissenschaftlichen Antworten gibt. Der Rezipient gibt sich aber damit zufrieden, da er trotzdem alles, was die Wissenschaft bisher darüber herausgefunden hat, nun auch weiß. „Und wenn es Dinge gibt, die Sie nicht verstehen, dann befinden Sie sich in guter Gesellschaft, denn niemand versteht sie." (Seq. 12). Ähnlich einem Western, in dem der Held zum Ende in den Sonnenuntergang reitet, um neuen Aufgaben entgegenzugehen, geht auch Cox in den Sonnenuntergang. Wohl wissend, dass er noch weiter forschen muss, um seine Fragen endgültig beantworten zu können.

Die Gestaltung in Form eines Westerns ist eher implizit als explizit angelegt, aber an manchen Stellen tritt sie deutlich zutage. So finden die Aufnahmen der überleitenden Sequenzen in einer Wüstenlandschaft mit Kakteen statt. Zur Beantwortung seiner Fragen verlässt Cox die Wüstenlandschaft und reist von einer Stadt zur nächsten. Er wirkt dabei manchmal etwas heimatlos, da er immer in Hotels oder Motels wohnt.

Visuell Auf der visuellen Ebene wird, mit Ausnahme weniger computergenerierter Bilder, bevorzugt mit Original- oder Archivaufnahmen gearbeitet. Es gibt keine offensichtlichen Spielszenen.

Grafiken und Animationen werden nur an Stellen eingesetzt, an denen sie unentbehrlich sind, z. B. um zu demonstrieren, wie Licht durch Quasare gebrochen wird und es zu der Erscheinung von Doppelsternen kommt (Seq. 7). Auch die Raum-Zeit kann nicht anders als mit einem virtuellen, dehn- und streckbaren Raster visualisiert werden (Seq. 7, 8), da der Sachverhalt zu abstrakt ist. Gleiches gilt für die Elemente der Materie (Seq. 1, 10), die zu klein sind, um sie mit einer Kamera filmen zu können. Auch die Darstellung des Urknalls (Seq. 1, 9, 10) muss computergeneriert nach-inszeniert werden.

Einzelne Einstellungen werden durch einen Unschärfefilter oder ein Fischaugen-Objektiv (Seq. 9) verfremdet. Sollen beispielsweise die möglichen Auswirkungen von Gravitationswellen visualisiert werden, so dehnen sich vereinzelte Bilder in die Länge oder Breite (Seq. 7, 9).

Insgesamt werden wissenschaftliche Tätigkeiten und Phänomene immer erklärt oder demonstriert, sei es in Experimenten oder schlicht durch Gestik und Mimik der Protagonisten (Seq. 5, 7, 9). Weiterhin spielen Vergleiche eine große Rolle. Die Größe der Reflektoren, die während der ersten Mondlandung dort zurückgelassen wurden, wird beispielsweise mit der Größe eines Fotos verglichen, das der Wissenschaftler Peter Shelus in seiner Hand hält (Seq. 5), oder es werden die Auswirkungen von Gravitationswellen in der Raum-Zeit mit einem Sprung in einen Pool verglichen, was ein Kräuseln der Wasseroberfläche bewirkt (Seq. 9).

Vereinzelt sind Archivaufnahmen und Fotografien eingebunden, die besondere Ereignisse wie die Mondlandung (Seq. 4) oder das Auftauchen eines Doppel-Sterns (Seq. 7) dokumentieren. Sind zu einem Sachverhalt keine Archivaufnahmen vorhanden, wie beispielsweise zu der Person Isaac Newton, wird nicht versucht, durch Inszenierungen visuelle Lücken zu schließen. Um eine dramaturgische Verbindung herzustellen, begibt sich Cox stattdessen zu Newtons Geburtshaus und erzählt eine Anekdote („In einem Film über die Schwerkraft, darf die Anekdote mit dem Apfel nicht fehlen.", Seq. 3), die Newtons diesbezügliche Forschung beeinflusst haben soll.

Die Visualisierungsmöglichkeiten der Wissenschaft werden ebenfalls, meist im Rahmen von Experimenten, genutzt. Beispielsweise wird mittels eines Weltraumteleskops ein Laserstrahl in das All gesendet, der von reflektierendem Material auf dem Mond zurückgesendet werden soll (Seq. 5).

Auditiv Die Stimme des Off-Kommentars ist gleichzeitig die Stimme des Erzählers und Hauptprotagonisten. Brian Cox präsentiert sich im Film selbst durch seine Rede als Person, aber auch als Kommentarsprecher. Als allwissend kann er daher insgesamt nicht bezeichnet werden. Es gelingt ihm jedoch, trotz der gewissen Subjektivität, sachliche und sinnvolle Informationen zu geben und den Zuschauer nicht zu beeinflussen. Eine Doppelung der Bildebene oder eine Bild-Text-Schere wird nicht verursacht. Der Off-Kommentar hält alle Episoden übergreifend zusammen und geht oft nahtlos von der einen in die andere über. Über den Kommentar werden immer Informationen zur Einordnung des aktuellen Handlungsortes gegeben, damit sich der Zuschauer orientieren kann. Insgesamt wurde aber nicht zu dicht getextet und genug Raum für die Wirkung der Bilder an sich gelassen.

Sämtliche sprachlichen Mittel des Films sind sehr alltagsnah gestaltet. Bis auf wenige Fachausdrücke, die nur vorkommen wenn sie unausweichlich sind, ist alles gut verständlich und nicht zu sehr mit wissenschaftlichen Informationen überladen. Es gibt zahlreiche Pausen, die es dem Zuschauer ermöglichen, das bisher Gesehene und Gehörte zu verarbeiten.

Für die Interviews begibt sich Cox in die Umgebung der zu interviewenden Personen und befragt sie direkt an ihren Arbeitsplätzen. Alle diese Personen haben einen hohen Sachverstand zur jeweils aufgeworfenen Frage und geben Cox in gegenstandsbezogenen Interviews ausführlich Auskunft. Die Interview-Situationen an sich sind dabei sehr locker in Form von Gesprächen gestaltet, damit eine Interaktion zwischen Cox und seinem jeweiligen Interview-Partner stattfinden kann. Die Rede der interviewten Personen wird nicht nur synchron zu ihrem Erscheinen hörbar gemacht, sondern auch im Off über illustrierende Bilder gelegt.

Die Geräuschkulisse besteht überwiegend aus einer natürlichen Atmosphäre der Schauplätze und Archivaufnahmen wie die der Mondlandung. So ist beispielsweise deutlich Neil Armstrongs Äußerung „That's one small step for man… one… giant leap for mankind" (Seq. 4) zu hören. Künstliche Geräusche werden nur innerhalb der wenigen Computeranimationen oder bei stark verfremdeten Bildern genutzt. Sie dienen dazu, das auf der Bildebene Gezeigte (und ebenfalls Verfremdete) zu unterstützen.

Der Einsatz von Musik findet sehr bewusst statt. Oft handelt es sich nicht um eine extra für diesen Film hergestellte Filmmusik, sondern um Stücke aus der Musikgeschichte, die inhaltlich gut zum Thema passen. Von der Band Inspiral Carpets findet das Stück *Saturn 5* in Sequenz fünf Verwendung. Es handelt sich um ein sehr dynamisches, poppiges Lied, das Brian Cox' flippige und lustige Art unterstreicht. Es geht aus dem Off in das On des Autoradios über und Cox wippt im Takt des Liedes mit, was die Wirkung nochmals verstärkt. In einem eher nachdenklichen Moment in Sequenz 6 wird das jazzige Lied *Gravity* von John Mayer gespielt. Zur Untermalung wird in erster Linie Orchestermusik genutzt, einzelne Instrumente werden gelegentlich dramaturgisch zur Erzeugung von Gefühlen wie Spannung oder Unruhe genutzt. Bei der Rede von Protagonisten oder in Interviews ist keine Musik zu hören, um die Aussagen in den Vordergrund zu stellen.

Einordnung Der hier vorliegende Film kann als klassische Dokumentation mit Elementen einer verfilmten Recherche bezeichnet werden, die dem Zuschauer eine Teilhabe an gemachten Erkenntnissen erleichtern und ein Miterleben ermöglichen. Insgesamt wird versucht, soweit es möglich ist, alle Annahmen und Phänomene mit Originalaufnahmen zu belegen. Nicht einmal Spielszenen finden Eingang in den Film. Die implizite Gestaltung mit Ausdrucksmitteln eines Westerns kann als spielerisches Moment gesehen werden, das dem gesamten Film eine gewisse Leichtigkeit verleihen soll.

7.2.3 Expedition ins Gehirn – Expedition II: Der Einstein-Effekt

Narrativ-dramaturgisch Das Thema des Films *Der Einstein-Effekt* lässt an sich keine natürliche Struktur erkennen. Es werden verschiedenen wissenschaftliche Facetten und Betroffene zur Thematik andersartiger Gehirne dargestellt, die manchen Menschen zu außergewöhnlichen Talenten, auch Inselbegabungen genannt, verhelfen, aber auch Ursache für verschiedene Formen des Autismus sind.

Der Film lässt sich in 19 Sequenzen unterteilen, wobei viele der Sequenzen auch als Episoden mit zeitlich abgrenzbarem Inhalt und Sub-Thema für sich stehen. Es ist eine Aneinanderreihung verschiedener Beispiele bzw. Betroffener, wissenschaftlicher Forschungstätigkeiten und Expertenaussagen zum Überthema. Gelegentlich stehen Experten und deren Erfahrungen oder Experimente als eigene Episoden, meist ergänzen sie aber nur Informationen zu den vorgestellten Protagonisten und sind dann als Teil derer Episoden anzusehen.

Um die Problematik der puren Aneinanderreihung von Episoden und damit der reinen Aneinanderreihung von Informationen zu vermeiden, werden zwei Aspekte der Thematik besonders herausgehoben und ihre Handlungsstränge in Teilaspekte zerlegt, die nicht kompakt abgehandelt werden, sondern über den Film verteilt werden. Mit ihnen beginnt der Film in den ersten Sequenzen und sie werden in ihrer Dramaturgie zwischen den einzelnen Episoden immer wieder aufgegriffen und weitergeführt. Der Einstieg in den Film geschieht durch die Darstellung eines außergewöhnlichen Experiments an der Universität von Sidney, das mit einem Science-Fiction-Film verglichen wird. „In einem Labor der Universität lassen sich Freiwillige mit magnetischen Impulsen Teile des Gehirns abschalten." (Seq. 1). Der Zuschauer wird gleich zu Beginn mit den Mitteln der Ungewöhnlichkeit und Kuriosität an den Film gebunden. Erst nach der Vorstellung dieses Experiments beginnt der Vorspann mit Reihen- und Titeleinblendung, in dem alle noch kommenden Protagonisten kurz zu sehen sind und das Thema vorgestellt wird (Seq. 2). Somit wird in den Zuschauern eine Erwartungshaltung aufgebaut. An einer späterer Stelle des Films, als wieder ein Blick auf die Probanden des Experiments gegeben wird, stellt der Erzähler fest: „In den Labors der Universität von Sidney sind die Versuchspersonen Mike und Alice inzwischen bei einem weiteren Test angekommen." (Seq. 14) und stellt damit einen zeitlichen Verlauf her. Der zweite übergreifende Aspekt wird in der dritten Sequenz eingeführt. Hier wird ein Hauptprotagonist vorgestellt, mit dessen Geschichte der eigentliche Film beginnt, auf den immer wieder zurückgegriffen wird und mit dem er auch endet. Um Stephen Wiltshire, der auch die lebende

Kamera genannt wird, wird eine dem Film übergeordnete dramaturgische Struktur erfunden. Stephens fotografisches Gedächtnis erlaubt es ihm, nach einem einzigen Blick auf Objekte und ganze Städte, exakte Zeichnungen davon anzufertigen, mit allen Details, die sich ein Mensch mit einem normalen Gehirn niemals merken könnte. Für *Der Einstein-Effekt* darf sich Stephen 45-Minuten lang von einem Helikopter ein Bild von der Altstadt Roms machen und soll dieses dann, bis zum Ende der filmischen Erzählung, in einer Panoramazeichnung festhalten. Von Anfang an wird durch diese Aufgabe eine ungewisse Erwartung, „schafft er es, oder schafft er es nicht", aufgebaut (Seq. 3), und eine dramaturgische Steigerung simuliert: „Keiner von uns hätte zu Beginn hohe Wetten abgeschlossen, dass es Stephen in den nächsten drei Tagen gelingen wird, Rom aus dem Kopf zu zeichnen." (Seq. 3). Bei allen anderen Episoden und Protagonisten findet keine derartige dramaturgische Steigerung statt.

Es ist zudem klar zwischen Haupt-Protagonisten und Nebenprotagonisten zu unterschieden. Neben Stephen Wiltshire (Seq. 3, 9, 13, 18) sind Matt Savage, ein Musik- und Mathematik-Savant (Seq. 6, Seq. 11) sowie Alonzo Clemens, ein Skulptur-Savant (Seq. 16), zu nennen. Zu diesen drei Haupt-Protagonisten kommen als Nebenprotagonisten, die nicht so detailliert wie Stephen, Matt oder Alonzo charakterisiert werden, Probanden in verschiedenen wissenschaftlichen Experimenten hinzu, wie beispielsweise im Experiment von Prof Allan Snyder zu Beginn und im Verlauf des Films (Seq. 1, 8, 14) oder in einem Experiment mit Sängern der Stuttgarter Oper an der Universität Tübingen (Seq. 15). Weiterhin zählen dazu natürlich die Experten und Forscher, die der Sendung ihre wissenschaftliche Basis verleihen. Hier sind der Gehirnforscher Allan Snyder der Universität Sidney (Seq. 1, 8, 14), Prof. Elkhonon Goldberg von der Universität New York (Seq. 3), Dr. Darold Treffert von der Wisconsin Medical Society (Seq. 5, 6, 15, 16), Prof. Gerhard Roth von der Universität Bremen (Seq. 10, 17) und Prof. Michael Fitzgerald vom Trinity College Dublin (Seq. 9, 11, 12) sowie Dr. Boris Kleber von der Universität Tübingen (Seq. 15) zu nennen. Wenn man so möchte, kann als vierter Hauptprotagonist der Erzähler selbst gesehen werden. Er dient oft als Vergleichssubjekt oder Beispiel für Selbstversuche und tritt in dieser Funktion auch selbst vor die Kamera (Seq. 4, 10). Besonders zum Vergleich mit Stephen Wiltshire wird er herangezogen, da er als Künstler durchaus über zeichnerisches Talent verfügt, aber im Vergleich zu Stephen ein ebenso normales Gehirn wie der Zuschauer hat und sich damit nicht jedes Detail eines Bildes exakt merken und es nicht wiedergeben kann (Seq.4).

Der Film baut sehr stark auf den Narrationsfaktor Kuriosität – durch die Inselbegabungen– und der Erzählform der Personalisierung und Emotionalisierung auf. Der Erzähler Benjamin Völz alias Ben Gash gibt dem Zuschauer durch seine Ausdrucksweise zahlreiche Möglichkeiten zur Identifizierung (Seq. 2, 4, 5, 9, 10, 13, 16, 17, 18), und auch mit den Protagonisten kann der Zuschauer sehr gut mitfühlen. Sie werden sehr emotional dargestellt, beschrieben wie freundlich sie sind, wie sich ihr Leben durch die Andersartigkeit ihrer Gehirne verändert hat und wie schwierig es beispielsweise im Fall von Matt Savage ist, mit einer solchen Diagnose aufwachsen zu müssen, aber auch als Wunderkind bezeichnet zu werden (Seq. 5, 6). Es wird deutlich gemacht, dass ein ähnliches Schicksal jedermann treffen kann, da das Phänomen nicht nur von Geburt an vorhanden sein muss, sondern auch, wie im Fall von Alonzo Clemens, nach einem Unfall eintreten kann.

Insgesamt wird der Forschungsstand zu Gehirnschäden und andersartig strukturierten Gehirnen, ob angeboren oder im Laufe des Lebens zustande gekommen, ausführlich dargestellt und durch die zahlreichen Beispiele und Experimente gut veranschaulicht. Es wird aber auch deutlich gemacht, dass es im wissenschaftlichen Bereich noch immer Lücken gibt und die Phänomene und ihre Ursachen noch nicht gänzlich erforscht wurden. Insgesamt kommen Forscher aus verschiedenen Ländern und mit spezifischen Forschungsbereichen zu Wort, wobei manche von ihnen nur eine sehr kurze Rolle übernehmen, wie beispielsweise Prof. Elkhonon Goldberg von der Universität New York (Seq. 3), Prof. Michael Fitzgerald vom Trinity College Dublin (Seq. 9, 11, 12) sowie Dr. Boris Kleber von der Universität Tübingen (Seq. 15). Auch verzichtet man nicht darauf, kontroverse Meinungen und umstrittene Forschungstätigkeiten und Experimente einfließen zu lassen, wobei hier in erster Linie Prof. Allan Snyder zu nennen ist: „Unter konservativen Gehirnforschern gilt der gelernte Physiker, gelinde gesagt, als exzentrisch. Seine Theorien waren so lange umstritten, bis sie von anderen Kollegen untermauert wurden." (Seq. 8).

Durch die hohe Anzahl an Protagonisten kann man sich zeitweise nur schwerlich auf den jeweiligen Sachverhalt konzentrieren, auch wenn das Hauptaugenmerk auf den drei bzw. vier Hauptprotagonisten liegt. Die vielen Nebenprotagonisten und Nebenschauplätze dienen zwar insgesamt einer umfassenden Betrachtung des Themas mit all seinen Facetten, lassen aber Teile des Films als sehr abgehackt erscheinen und erschweren dem Zuschauer zeitweise sowohl die Orientierung als auch die Zuordnung, welcher Sachverhalt gerade thematisiert wird.

Das Ende des Films mit der Fertigstellung des Panoramabildes von Stephen Wiltshire bietet dem Zuschauer eine gute Möglichkeit, mit der Erzählung abzuschließen. „Er hat es tatsächlich geschafft und ist offensichtlich zufrieden mit seinem Werk." (Seq. 18). Damit schließt der Film, aber weniger mit einem wissenschaftlichen als mit einem emotionalen Aspekt.

Die Informationsvergabe erfolgt zum Großteil über den Kommentar, in Experimenten über die Probanden und Forscher und im Fall der Haupt-Protagonisten durch die Angehörigen. Überleitungen von einer in die andere Episode finden, wenn überhaupt, durch den Kommentar statt. Gelegentlich wirft dieser dann neue Fragen auf oder gibt am Ende einer Episode neue Informationen, die dann in der nächsten Episode detailliert ausgearbeitet werden (Ende Seq. 1, 2, 4, 7, 18). Es gibt aber auch Stellen, an denen einen Überleitung gänzlich zu fehlen scheint und der Übergang daher sehr abgehackt erscheint. Insgesamt wird mit vielen Vergleichen gearbeitet.

Visuell Auf der visuellen Ebene arbeitet die Dokumentation in erster Linie mit dokumentarischen Original- und Neuaufnahmen. Die Haupt-Protagonisten werden in ihren Alltag begleitet und ihre Erlebnisse sowie Fähigkeiten, die sie besonders machen, werden festgehalten. Weiterhin werden die Protagonisten gezielt an Orte gebracht, an denen sie und ihr Talent in den Mittelpunkt gestellt werden. So wird Alonzo Clemens Talent, detailgetreue Pferde-Skulpturen aus Ton formen zu können, auf einem Pferdehof in Szene gesetzt (Seq. 16), aber nur, wie deutlich ausgesagt wird, damit sich der Zuschauer ein Bild von der Detailtreue machen kann: „Wir haben Alonzo nur auf eine Pferdefarm in seiner Nachbarschaft gebracht, damit Sie sehen können, wie exakt seine Tonpferde sind. Alonzo selbst braucht keine Vorlage." Auch die Aufgabe, vor die Stephen Wiltshire gestellt wird, findet an einem sehr neutralen Ort statt. Zum einen kann er sich so besser auf seine Aufgabe konzentrieren, zum anderen musste es ein Ort sein, an dem ein solch großes Panorama überhaupt Platz zur Entfaltung seiner Wirkung erhalten kann (Seq. 3, 9, 13, 18).

Computergenerierte Bilder werden nur eingesetzt, wenn der Sachverhalt zu abstrakt oder kompliziert zu erklären und mit der Notwendigkeit einer gewissen Fachsprache verbunden ist. So werden beispielsweise die einzelnen Bereiche des Gehirns, die bei den jeweiligen Protagonisten betroffen sind, immer wieder in computergenerierten Animationen verdeutlicht und farblich hervorgehoben (Seq. 10, 17). Dabei handelt es sich aber nicht um irgendein Modell des Gehirns, sondern um das des Erzählers Ben Gash. Auf diesen Umstand wird mehrmals explizit verwiesen, wie beispielsweise in Sequenz 10: „Natürlich arbeiten dieselben Filter auch in meinem Kopf und Sie können sich das anschauen, weil man mich für diese Reihe in einen Tomografen geschoben und die Daten animiert hat. Was Sie sehen, ist also wirklich MEIN Gehirn." Oder in Sequenz 17: „In meinem Gehirn ist es wie bei Ihnen [...]". Ben Gashs Gehirn steht symbolisch für alle *normalen* Gehirne, wie es auch die der Zuschauer sind. Weiterhin wird bevorzugt mit den

Visualisierungsmöglichkeiten der Wissenschaften selbst gearbeitet. Wissenschaftliche Gerätschaften kommen zum Einsatz und Versuchsaufbauten werden deutlich gezeigt und demonstriert, während Experimente an Probanden vorgeführt werden (Seq. 1, 8, 14, 15). Gegen Ende des Films wird in Sequenz 14 der Weiterführung des zu Beginn des Films eingeführten Experiments viel Raum gegeben.

Dramaturgisch werden an keiner Stelle Aufnahmen in Fast oder Slow Motion, Modelle oder Grafiken eingesetzt, ebenso wenig wie Inszenierungen aller Art. Nur am Anfang des Films, im eigentlichen Vorspann in der zweiten Sequenz, werden kurz Fast Motion Aufnahmen von den Hauptprotagonisten, aber auch von unbekannten Personen gezeigt, die wohl einer Art Einführung dienen und die Außergewöhnlichkeit der Personen interpretieren sollen. Eine Mischung aus dokumentarischen Originalaufnahmen und Computer-Animationen findet sich ebenfalls in dieser zweiten Sequenz sowie bei der näheren Charakterisierung und Ausdifferenzierung der Hauptprotagonisten. Hierzu finden nahe Kamerafahrten um deren Köpfe statt. Ihr jeweiliges Talent wird mit hellen Grafiken von mathematischen Formeln und Zeichnungen visualisiert, die sich um diese Köpfe drehen (Seq. 1, 6, 9). Der Hintergrund dieser Aufnahmen ist bewusst unscharf gestaltet, damit die Grafiken deutlich zu sehen sind.

Gelegentlich wird mit langen Einstellungen und Kamerafahrten gearbeitet (Seq. 1, 10, 11, 14), die es dem Zuschauer ermöglichen sollen, alles gut im Blick zu haben und beobachten zu können. Dabei tritt deutlich zutage, dass der normale Mensch seine Umgebung durchaus anders wahrnimmt, als es zum Beispiel die Protagonisten tun.

Um die Abgrenzung der einzelnen Sequenzen und Episoden zu veranschaulichen, werden häufig harte Schnitte gesetzt. Insgesamt wird viel mit Nahaufnahmen von Köpfen gearbeitet und der Fokus auf die Gestik und Mimik aller Protagonisten gelegt. Es *dreht* sich sozusagen alles um die Köpfe. Zudem spielen Aufnahmen aus der Flug- bzw. Vogelperspektive eine große Rolle. So startet der Film mit Bildern des Hafens von Sidney aus der Vogelperspektive (Seq. 1), Stephen Wiltshire sieht sich die Stadt Rom aus der Vogelperspektive an (Seq. 3, 4, 6, 9). Wenn die Komplexität einer Tätigkeit verdeutlicht werden soll oder zusammenhängende Geschehnisse zeitgleich stattfinden, findet der Split Screen Anwendung (Seq. 14, 18).

Experten werden immer sehr neutral an ihren Arbeitsplätzen interviewt (Seq. 3, 5, 6, 8, 10, 11, 12, 14, 15, 16, 17). Die Angehörigen der Betroffenen werden ebenfalls an sehr neutralen Orten interviewt, befinden sich aber nie allein in der Situation. Die Betroffenen, über die sie Auskunft geben, sind immer im Hintergrund des Bildes wahrzunehmen, was die Zugehörigkeit der Personen zueinander verdeutlicht (Seq. 3, 5, 9, 11, 16).

Ortsangaben werden nie schriftlich gegeben, sondern immer vom Kommentar gemacht. Bei manchen Bildern, besonders am Anfang des Films (Seq. 1), würde die Einordnung der Örtlichkeit auch rein aus der visuellen Ebene heraus möglich sein. Trotzdem wird vom Kommentar die Information auch auf der auditiven Ebene gegeben.

Auditiv Der Sprecher der gesamten Reihe *Expedition ins Gehirn*, Benjamin Völz alias Ben Gash, oder besser gesagt seine Stimme, dürfte eigentlich jedem Fernsehzuschauer vertraut sein. Benjamin Völz ist unter anderem deutscher Schauspieler, Künstler und Synchronsprecher. Er hat bereits vielen Figuren aus Film und Fernsehen seine Stimme geliehen und ist beispielsweise die deutsche Stimme von David Duchovny, Charlie Sheen oder Keanu Reeves. Seit mehreren Jahren ist er aber auch häufig als Off-Sprecher und Erzähler in Dokumentarfilmen und Dokumentationen tätig.

Signifikant für den Film ist, dass der Kommentar deutlich subjektiv gestaltet wurde. In seiner Funktion als Kommentator gibt Ben Gash zahlreiche Hintergrundinformationen an den Zuschauer weiter, wobei er natürlich gelegentlich Fachbegriffe verwenden muss. Mit diesen lässt er den Zuschauer jedoch nicht alleine, sondern macht deutlich, dass sie ihm selbst genauso unbekannt oder unverständlich sind wie dem Publikum. So beispielsweise in Sequenz 17, in der er näher auf verschiedene Regionen des Gehirns eingeht und deren Fachbezeichnungen nennt: „Mit einem Botenstoff prägen diese beiden Strukturen also meine Kreativität und meine Persönlichkeit, dabei kannte ich bis jetzt nicht mal ihre Namen: Substantia Nigra und Ventralis tegmentalis areal."

Somit bietet er dem Publikum eine ganz klare Identifikationsmöglichkeit an. Aus diesem Grund aber kann der Kommentator nicht als durchgängig allwissender Erzähler angesehen werden. Natürlich verfügt er offensichtlich über mehr Informationen als der Zuschauer, macht aber deutlich, dass er an vielen Stellen nur Wissenschaftler und wissenschaftliche Erkenntnisse zitiert, und wird damit bewusst auf eine ähnliche Wissensstufe wie der Zuschauer gestellt. Auch wird aus vielen Interviewsituationen klar, dass nicht er der derjenige ist, der die Interviews führt, denn im On des Films ist deutlich eine andere Frauen- oder Männerstimme zu hören, die die Fragen an die Betroffenen und Protagonisten stellen.

Die Off-Stimme dominiert den gesamten Film gegenüber der Sprache in der Atmo oder Interview-Passagen. Auch während Experimente durchgeführt werden ist die Stimme des Kommentators meist dominierend und erklärt Vorgehensweisen und Absichten. Während dieser Situationen gibt es nur gelegentlich kurze Auflockerungen, indem durch die Protagonisten in der beobachteten Situation direkt Informationen aus der Atmo heraus gegeben werden. So zum

Beispiel während des Experiments von Professor Allan Snyder in Sequenz 14, dessen Assistent sich an einen Probanden richtet und verlauten lässt: „Jetzt haben Sie eine Minute Zeit, einen Hund zu zeichnen". Somit wird dem Zuschauer nur selten die Möglichkeit gegeben, Informationen direkt aus der Handlungsebene zu ziehen.

Zudem wird der Zuschauer sehr oft von Kommentator, Experten oder den Interviewten Angehörigen direkt angesprochen, als ob er ihnen gegenübersitzen würde. Besonders der Kommentator tut dies häufig aus der filmischen Situation heraus und rüttelt den Zuschauer damit auf. So fühlt sich dieser wieder explizit in das Geschehen eingebunden.

An vielen Stellen wird den Bildern genug Raum gegeben, ihre Wirkung entfalten zu können und nicht zu dicht mit Sprache und Text gearbeitet. Der Text orientiert sich zwar stark an der Bildebene, eine Doppelung dieser Ebene findet aber selten und nur kurzweilig statt. Überwiegend hält der Text zusätzliche und neue Informationen bereit. Mit Ausnahme vereinzelter Fachwörter ist die Sprache den gesamten Film über dennoch sehr alltagsnah gestaltet und besteht aus, für den Zuschauer gut verständlichen, kurzen Sätzen. Den durch seine langjährige Tätigkeit als Synchronsprecher erlernten guten Duktus hört man dem Sprecher deutlich an, was es sehr angenehm macht, ihm zuzuhören.

Im Film kommen nicht nur Experten in Interviews zu Wort, sondern auch Angehörige der Betroffenen. Sie werden immer in Form eines persönlichen Interviews in Gegenwart der Betroffenen befragt und äußern sich daher sehr subjektiv. Interviews mit den Betroffenen selbst kommen nur sehr selten und sehr kurz vor, da diese durch ihren Autismus und damit oft verbundene geringe soziale Kompetenzen für solche Situationen nicht unbedingt prädestiniert sind. Der Versuch wird dennoch unternommen, was dem emotionalen Aspekt des Films sehr zugutekommt (Seq. 11, 16, 18). Da sie im Gegensatz zu den meist autistischen Haupt-Protagonisten nicht nur in ihrer eigenen Welt leben, kommen die Angehörigen oder Betreuer des Haupt-Protagonisten wesentlich häufiger zu Wort, beschreiben Situationen und das Leben mit den Betroffenen. Die Interviews der Experten können in erster Linie als gegenstandsbezogen bezeichnet werden. Vor, während und nach den Interviews wird die Rede oftmals von ihren Bildern getrennt und im Off über dokumentarisches Material gelegt. Die Aussagen werden so belegt oder illustriert.

Auf künstlich erzeugte Geräusche wird in diesem Film gänzlich verzichtet, doch auch natürliche Töne und Geräuschen, die direkt aus der Atmo der Szenen stammen, sind sehr selten. Sie werden nur an wenigen Stellen gezielt hörbar gemacht, wenn sie beispielsweise zu wissenschaftlichen Geräten wie Computer-Tomografen, Magneten oder anderen Gerätschaften gehören und während laufender Experimente erzeugt werden (Seq. 1, 8, 14, 15). Nur selten dienen sie dazu, die Einordnung der Örtlichkeit zu erleichtern, wie es zum Beispiel in Sequenz 3 der Fall ist. Hier werden die Geräusche des Hubschraubers, in dem Stephen Wiltshire gerade sitzt, signifikant hervorgehoben. Weitaus dominierender sind der Off-Kommentar und die Musik.

Musik wird in *Der Einstein-Effekt* zwar durchgängig aber dennoch sehr gezielt eingesetzt. Die Musik wurde nicht eigens für den Film komponiert. Bei dem den gesamten Film dominierende Stück, das immer wieder auftaucht und die Grundstimmung des Films durch ein Takt gebendes Metronomgeräusch und einen spannungssteigernden Bass, Glockengeräusche sowie Trommeln vorgibt, handelt es sich um *„Down and Out"* des deutschen Musiker-Duos Boozoo Bajou. Peter Heiders und Florian Seyberths jazz- und downbeatartige Stücke umrahmen nahezu den ganzen Film und so finden, jeweils passend zur Stimmung unterschiedlicher Sequenzen, weitere Stücke wie *„Satta"* und *„Camioux"* des Duos Verwendung. Sie verleihen dem Film insgesamt eine sehr mystische Grundstimmung. Bei weiteren Musikstücken handelt es sich um Werke des Filmmusikkomponisten Thomas Newman, die eigens für den Film Erin Brockovich komponiert wurden. Hierzu zählen *„Chicken fat lady"*, das von seiner Grundstimmung her ebenfalls eher mystisch angelegt ist und *„On the plume"*, dem ein in erster Linie etwas motivierenderes Klavier zugrunde liegt. Als den Film abschließendes Stück dient der Titel *„Closet romantic"* von Damon Albarn, Frontman und Songwriter der Band Blur, das bereits 1996 in den Soundtrack des Films Trainspotting Eingang fand. Das Stück löst den bisherigen mystischen Grundcharakter der Musik und des Films etwas auf und leitet mit einer positiveren Stimmung aus ihm heraus. Insgesamt dient die Musik der dramaturgischen Strukturierung. Sie führt dazu, einzelne Episoden voneinander abzutrennen und macht die Einordnung, was inhaltlich zusammengehört, damit leichter. Innerhalb der einzelnen Sequenzen setzt die Musik an Stellen aus, an denen die Aufmerksamkeit der Zuschauer besonders gefordert ist, wie es in Interviews oder bei Experimenten der Fall ist. Am Ende der Sequenzen setzt sie zudem bewusst aus und markiert einen Übergang. Setzt hingegen der Kommentar aus, wird sie stark hochgezogen und bildet auf der auditiven Ebene das dominierende Element. Insgesamt gibt es nur überschaubare Zahl an unterschiedlichen Musikstücken, was zunächst vermuten lässt, dass sie als Leitmotive der einzelnen Protagonisten angedacht sind, was sich allerdings nicht durchgängig bestätigt. Ein besondere Rolle spielt Musik innerhalb der Sequenzen mit dem Musik-Savant Matt Savage, der selbst am Klavier sitzt, Musik im On erzeugt, und damit sein künstlerisches Talent völlig in den Mittelpunkt gestellt wird (Seq. 6).

Einordnung Der Film *Expedition ins Gehirn: Der Einstein-Effekt* kann eindeutig als klassische Dokumentation bezeichnet werden. Fiktionalisierungen und

Spielszenen werden in keiner Form eingesetzt. Es wird mit dokumentarischen Neuaufnahmen gearbeitet, welche die Verhaltensweisen und Eigenschaften der Hauptprotagonisten porträtieren und die durch Wissenschaftler eingeordnet, gedeutet und analysiert werden. In einem gewissen Rahmen können die einzelnen Sequenzen als Bestandteile kleinerer Porträts der für den Film ausgewählten Savants gesehen werden, durch die Anzahl der Protagonisten handelt es sich jedoch nicht ausschließlich um eine porträtartige Darstellungsweise. Vielmehr wird das Thema in viele kleine Handlungsstränge zerlegt, die die Gesamtheit aus unterschiedlichen Perspektiven beleuchten.

7.2.4 ARTE/WDR: Das Wunder Mensch – Unser Körper in Zahlen

Narrativ-dramaturgisch Die Dokumentation *Das Wunder Mensch – Unser Körper in Zahlen* setzt die sonst nur schwer greifbare Vorgänge, Daten und Zahlen unseres menschlichen Körpers auditiv sowie visuell sichtbar um. Diese Vorgehensweise wird zu Beginn ausdrücklich betont. „Doch wir werden diese Zahlen nicht nur nennen, wir werden sie vor allem auch zeigen." (Seq. 1).

Das Wunder Mensch kann in acht Sequenzen unterteilt werden. Die ersten zwei Sequenzen dienen der Einleitung und der Präsentation der Vorgehensweise mittels eines Beispiels (Seq. 2) während sich die folgenden fünf mit verschiedenen Lebensabschnitten eines Menschenlebens auseinandersetzen. Die achte Sequenz kann dem Abspann zugeordnet werden.

Die Erzählfaktoren Sympathie, Alter, Sex und Liebe spielen in der Darstellung der einzelnen Lebensphasen eine große Rolle. Propagiert wird der Film als eine Reise des Menschen von der Zeugung bis ins hohe Alter und wird damit von der Erzählform der Personalisierung geprägt. Spielszenen finden nicht aufgrund einer beabsichtigten Fiktionalisierung Eingang in den Film, sondern zur einfachen Demonstration realer Vorgänge und Phänomene. Da die Dokumentation allerdings nicht alle Stationen eines Menschenlebens behandelt und es keinen zentralen Konflikt gibt, kann ihm keine klassisch-geschlossene, sondern nur eine chronologische Struktur zugeordnet werden. Diese verweist am Ende der Sendung sogar zyklisch auf ihren Anfang, was aber mehr einer Art Zusammenfassung und einer nochmaligen Einordnung dient.

In den Mittelpunkt werden nicht explizit benennbare Protagonisten gestellt, sondern der menschliche Körper im Allgemeinen. Viele verschiedene Personen dienen als Beispiele und werden nicht als Persönlichkeiten mit individuellen Eigenschaften vorgestellt. Zur Auflockerung gibt es zwischen den einzelnen

Stationen des Lebens immer wieder Bilder, die nicht direkt zu der genannten Reise gehören. Sie visualisieren allgemeine Sachverhalte.

Weiterhin arbeitet die Dokumentation an einigen Stellen nach dem Frage-Antwort-Prinzip. Eine Frage wird durch den Off-Kommentar in den Raum gestellt und soll in Interviews (O-Tönen) von Passanten auf der Straße beantwortet oder zumindest erraten werden. Diese Vorgehensweise wird aber an einigen Stellen unterbrochen und der Kommentar gibt gleich im Anschluss an die gestellte Frage die Antwort.

Die Informationen werden vollständig durch den Off-Kommentar, der gleichzeitig allwissender Erzähler ist, gegeben. Wissenschaftler kommen als Experten in Interviews zu Wort, ihre Aussagen geben aber meist keine wirklich neuen Informationen, sondern unterstreichen nur das vonseiten des Off-Kommentars bereits Festgestellte. Auffallend ist, dass Interviews nur marginal und kurzweilig eingesetzt werden, dafür aber eine hohe Anzahl an Personen vorkommt. Die Redundanz ist durch die gleichzeitige Vermittlung der Informationen auf immer zwei Ebenen, der visuellen und der auditiven, gegeben.

Visuell Die visuelle Ebene wird bestimmt von Demonstrationen und durchgängigen Texteinblendungen. Zahlen sind ein nur sehr schwer greifbares Ausdrucksmittel und gerade in der Vielzahl, wie sie in diesem Film vorkommen, müssen sie dem Zuschauer schnell und eindrucksvoll visualisiert werden. Die Zahlen werden immer auf zwei Ebenen präsentiert. Auf der Auditiven durch den Kommentar und auf der visuellen durch Texteinblendungen oder durch die Demonstration an sehr vereinfachten aber eindrucksvollen Modellen. Die Menge an Schweiß, die ein Mensch in seinem ganzen Leben ausscheidet, wird beispielsweise durch Eimer visualisiert, die die Form eines riesigen Tropfens bilden (Seq. 2). Um die Anzahl von Schritten zu verdeutlichen, die ein Baby am Tag läuft, wird ein riesiger Schuhabdruck, bestehend aus 610 Paar Schuhen, auf einer Wiese als Modell geformt (Seq. 4). Auf Ebene der Inszenierungen werden die Protagonisten eingesetzt, um beispielsweise als zahlreiche Schwimmer in einem Pool Spermien darzustellen, die um die Wette schwimmen (Seq. 3) oder weiß gekleidete Kinder auf einem Tennisplatz werden zu Lungenbläschen umfunktioniert, die sich ausbreiten und wieder zusammenziehen (Seq. 4). Die Liste der Beispiele ließe sich endlos fortsetzen. Diese Sachverhalte hätten durchaus auch auf andere Weise demonstriert werden können, bieten durch die Einbindung der Protagonisten und alltagsnaher Gegenstände aber einen höheren Grad an Identifikation und Personalisierung.

Aufnahmen in Fast Motion dienen immer dazu, Zeiträume zu raffen, deren ausführliche Darstellung nicht notwendig ist (Seq. 5 gegen Ende). Die Slow

Motion findet keine Verwendung. Tricktechniken werden zahlreich eingesetzt und dienen der visuellen Reizverstärkung (Seq. 1, 2, 4, 5, 7). So setzen sich
Modelle oder Gegenstände per Tricktechnik von selbst zusammen oder Übergänge von einer in die andere Sequenz werden durch Trickblenden verdeutlicht.

Grafiken und Animationen werden, im Vergleich zu den bereits genannten
Gestaltungsmöglichkeiten, eher selten eingesetzt. Visualisiert werden durch computergenerierte Animationen in erster Linie Vorgänge im menschlichen Körper
wie der wachsende Fötus im Bauch einer Mutter (Seq. 3) oder die Vorgänge im
Gehörgang bei der Aufnahme von Schallwellen (Seq. 3). Weiterhin werden Sachverhalte, die nur schwerlich durch Originalaufnahmen darzustellen sind, als
kleine Trickfilme eingebunden. Die Belastung der Gelenke mit bis zu einer Tonne
bei einem Sprung wird beispielsweise durch eine Trickfigur, die mit ihren Beinen
ein Auto balanciert, visualisiert (Seq. 4).

Die Visualisierungsmöglichkeiten der Wissenschaften an sich werden in die-
ser Dokumentation zahlreich genutzt. Bilder von Ultraschall-Geräten, Computer-
Tomografen und Mikroskopaufnahmen finden nahezu in jeder Sequenz ihren
Einsatz. Archivaufnahmen und Fotos finden in hingegen keinen erkennbaren
Eingang.

Eine Unterscheidung, bei welchen Szenen es sich um Spielszenen oder dokumentarisches Material handelt, ist nicht immer ersichtlich. Meist kann aber
davon ausgegangen werden, dass es sich um Inszenierungen handelt. Die Personen, die zuvor in dokumentarisch anmutenden Szenen zu sehen waren, werden
später gezielt herausgegriffen, um als Beispiel eines allgemeinen Sachverhaltes zu
dienen.

Auditiv Auch in dieser Dokumentation ist der Off-Kommentar auf der auditiven
Ebene das prägende Element, das sämtliche Sequenzen miteinander verbindet
und immer zur Einordnung dargestellter Sachverhalte oder Handlungsorte dient.
Er führt den Zuschauer als allwissender Erzähler durch den Film und spricht ihn
in manchen Sequenzen sogar direkt aus der Handlung heraus an („Sehen Sie es?",
Seq. 3). Diese direkte Ansprache kann durch die Vielzahl an sachlichen Informationen begründet sein, die durch den Kommentar gegeben werden. Der Rezipient hat nur selten die Möglichkeit für eine Gedankenpause, da sehr dicht getextet
wurde und seine Aufmerksamkeit durch die direkte Ansprache gelegentlich auf-
gefrischt werden muss. Bilder werden nur in seltenen Fällen für sich stehen gelassen und meist mit der direkten Ansprache aus dem Geschehen heraus gekoppelt
(Seq. 3). Der männliche Sprecher gibt dem Text trotz seiner hohen Informationsdichte eine gute und sehr flüssige Dynamik, wirkt an manchen Stellen durch
die Unausgewogenheit von Text und Bild aber etwas gehetzt. Auffällig in dieser

Dokumentation ist, dass die Bild- und Tonebene immer sehr nah aneinander stehen und es häufiger zur Doppelung der Ebenen kommt.

Kommen Wissenschaftler als Experten zu Wort, sprechen diese alle sehr alltagsnah und nutzen für ihre Aussagen gerne Übertreibungen, Aufzählungen und zahlreiche Vergleiche oder sprechen den Zuschauer, ähnlich dem Off-Kommentar, direkt an (Seq. 3, 4, 5ff.). Es handelt sich immer um Aussagen zu bestimmten Fakten und Themenbereichen im Rahmen gegenstandsbezogener Interviews. Die Interviewten verfügen aus ihrer beruflichen Stellung heraus über jeweiliges Fachwissen. Ihre Rede erfolgt immer synchron zum Bild und wird nie von ihnen als Charakter getrennt. An manchen Stellen werden O-Töne von Passanten auf der Straße zur Auflockerung und Personalisierung genutzt. Der Off-Kommentar stellt eine Frage in den Raum, welche die Passanten beantworten sollen (Seq. 1, 2, 3ff.).

Fachbegriffe werden sowohl im Off-Kommentar als auch in den Interviews kaum genutzt und, falls doch, sofort erklärt. Beispielsweise wird die Bedeutung der Hormone Testosteron und Östrogen für den menschlichen Körper nicht nur sprachlich erklärt, sondern ihre Ausschüttung und damit verbundene Folgen in einer Spielszene sehr vereinfacht visualisiert. Die sprachliche Gestaltung kann insgesamt als sehr alltagsnah bezeichnet werden und besteht aus kurzen und einfachen Aussagen. Weiterhin bleibt festzuhalten, dass die Protagonisten der Inszenierungen keinerlei Text haben, da sie nur als allgemeine Beispiele dienen und nicht als individuelle Personen mit individuellen Charakterzügen betrachtet werden.

Bei der Betrachtung der verwendeten Töne und Geräusche fällt auf, dass künstliche und natürliche Geräusche in gleichem Maße eingesetzt werden. Die Quellen von Tönen und Geräuschen werden immer gezeigt. In den meisten Sequenzen gibt die Atmosphäre den Szenen keinen eigenen Akzent. O-Töne spielen aufgrund des verstärkten Einsatzes von Musik in dieser Dokumentation kaum eine Rolle.

Musik wird fast durchgängig zur Untermalung eingesetzt und zur Erzeugung bestimmter Stimmungen wie Spannung, Glück oder Ruhe genutzt. Dazu werden ein leichtes und modernes Klavier-Stück oder das Spiel eines Xylofons verwendet, deren bewusster Einsatz ebenfalls einen Beitrag zur Strukturierung der einzelnen Sequenzen leistet. Wird ein neuer Lebensabschnitt begonnen, setzt die Musik kurz aus und der Kommentar fährt alleine fort. Zusätzlich zur Klaviermusik werden an einzelnen Stellen bekannte Musikstücke aus Opern (das Blumenduett aus der Oper Lakmé, Seq. 4 gegen Ende) oder der klassischen Musikgeschichte (Die vier Jahreszeiten von Vivaldi, Seq. 5 gegen Ende) eingesetzt, die ihre Stimmung auf das Geschehen der Bildebene übertragen. Der Musikeinsatz im On findet nur an einer Stelle statt (Diskothek mit Jugendlichen, Seq. 5).

Einordnung Bei allen Aufnahmen der Dokumentation *Das Wunder Mensch* handelt es sich um extra für diesen Film hergestellte Inszenierungen, weshalb sie nicht als klassische Dokumentation verstanden werden darf. Eine Fiktionalisierung findet aber nur eingeschränkt statt. Der Einsatz von Originalaufnahmen und computergenerierten Bildern erfolgt sehr ausgewogen. Das Thema wird aus zahlreichen Blickwinkeln betrachtet und in einen größeren Zusammenhang eingebettet, in dem die einzelnen Fakten je eigenen Lebensabschnitten zugeordnet und an zahlreichen Beispielen belegt werden. Da die Protagonisten nicht im Mittelpunkt der Dokumentation stehen und ausschließlich in Spielszenen handeln sowie dokumentarische Belege weitestgehend fehlen, kann der Film auch nicht als Doku-Drama eingeordnet werden. Da die Eigenschaften einer klassischen Dokumentation überwiegen, erfolgt eine eingeschränkte Einordnung in diese Darstellungsform. Aber auch allen anderen Darstellungsformen kann der Film nicht klar zugeordnet werden.

7.3 Ergebnisse der Analyse

Eine Auswahl von vier Wissenschaftsfilmen kann selbstverständlich keinen umfassenden Überblick über alle Spielarten des Wissenschaftsfernsehens geben, dennoch zeigen sich interessante Gemeinsamkeiten bei der dramaturgischen Herangehensweise und bemerkenswerte Unterschiede in der Gestaltung, die das Spektrum der „Spielarten" von Wissenschaftsfernsehen vorzüglich beschreiben.

Narrativ-dramaturgisch Die Analyse zeigt, dass es allen Filmen gelingt, das erste und wichtigste Anliegen der Fernseh-Dramaturgie einzulösen. Sie alle generieren bei den Zuschauern in wenigen Minuten (innerhalb der ersten und zweiten Sequenz) ein Interesse gegenüber dem ausgewählten Thema und bereiten ihn darauf vor, es aus einer bestimmten Perspektive zu betrachten. Die Tonalität des Films wird jeweils klar und eine ungewisse Erwartung wird aufgebaut.

Allen Filmen liegen ein klar definierbares Thema und ein konkreter Aussagewunsch zugrunde. Die Umsetzung der Inhalte in konkrete Geschichten findet in allen Werken statt, jedoch auf unterschiedliche Art und Weise. In *Auf der Suche nach der Weltformel – Das Geheimnis der Schwerkraft* wird eine Geschichte um den Hauptprotagonisten Brian Cox aufgebaut, im Film *Armageddon – Der Einschlag* baut sich die Handlung zunächst um einen nicht-menschlichen Protagonisten, einen Kometen, auf und teilt sich im Verlauf des Films in vier parallel ablaufende Geschichten, die jeweils unterschiedliche Menschen in den Mittelpunkt stellen. Aus einer großen Anzahl an Versatzstücken, die sich mit je einem Hauptprotagonisten oder Teilaspekt auseinandersetzen, besteht *Expedition ins Gehirn: Der Einstein-Effekt*. Diese werden um ein Thema herum angeordnet und ihre Verbindung dramaturgisch begründet. Als verbindende Elemente dienen hier jeweils ein Experiment und eine zu lösende Aufgabe, die an einen Protagonisten gestellt wird, die über den Verlauf des Films immer wieder aufgegriffen und weitergeführt werden. Als Hauptfigur steht der menschliche Körper im Mittelpunkt von *Das Wunder Mensch – Unser Körper in Zahlen*. Eine Ausdifferenzierung in Persönlichkeiten im Sinne von Protagonisten findet nicht statt. Alle Filme weisen Narrationsfaktoren auf, welche die Umsetzung der Inhalte in Storys erleichtern. Menschliche und emotionale Aspekte werden durch die Faktoren Kuriosität, Ungewöhnliches, Konfliktreichtum, Sympathie, Sex und Liebe sowie wissenschaftlicher Fortschritt eingebracht. Die Informationen, die transportiert werden sollen, werden in keinem der Filme durch die Narrationsfaktoren überlagert.

Zwei der Werke bedienen sich der Ausdrucksmittel fiktionaler Filme. In *Auf der Suche nach der Weltformel – Das Geheimnis der Schwerkraft* wird implizit mit Gestaltungsmitteln eines Westerns gearbeitet und in *Armageddon – Der Einschlag* bereits durch die Gestaltung des Titels ein Verweis auf einen Kino-Spielfilm gegeben. Es wird gezielt mit den Erwartungen der Zuschauer gespielt. Im Gegensatz zum Spielfilm kommt es beim Zerstörungsversuch des Kometen in der Dokumentation jedoch zu keinem Happy End. Dafür überleben alle Protagonisten der Spielszenen, damit diese im Zusammenspiel mit ihren jeweils eigenen Konflikten die Handlung vorantreiben können. Die Bilder und Geschichten der Folgen des Kometeneinschlags besitzen große Ähnlichkeit mit Bildern aus fiktionalen Katastrophenfilmen.

Bis auf die Erzählform der Verschwörung finden alle anderen Erzählformen Verwendung. Hinsichtlich der Erzählmodi gilt Ähnliches, da allen Filmen zunächst klar der beobachtende Erzählmodus zugeordnet werden kann, aber dieser im Handlungsverlauf durch einen partizipierenden, teils fiktionalen, beobachtenden oder poetischen Modus ergänzt wird.

Die erste Sequenz kann bei allen Sendungen als Exposition oder Einleitung bezeichnet werden, in der alle folgenden Handlungsorte und Protagonisten eingeführt werden. Die Ausdifferenzierung der (Charakter-) Eigenschaften und die genaue Positionierung der Protagonisten werden im Verlauf der jeweiligen Filme Schritt für Schritt vorgenommen. Die Personalisierung spielt in diesem Zusammenhang immer eine große Rolle, sei es, dass man sich mit dem Forscher, der auf der Suche nach Antworten ist, identifiziert oder mit Persönlichkeiten aus dem Alltag, deren Schicksale zwar nicht immer als allgemeingültig gelten können, aber durchaus auf die Lebensumwelt der Rezipienten übertragbar sind.

In zwei der vier Werke wird die Dramaturgie um mehr oder weniger definierbare Konflikte aufgebaut. Brian Cox steht in *Auf der Suche nach der Weltformel – Das Geheimnis der Schwerkraft* vor der Lösung eines Rätsels, welches er nur mithilfe anderer Wissenschaftler lösen kann. Allerdings gelangt der Film nie zu einem Höhepunkt und beantwortet nicht alle gestellten Fragen. Sie besteht damit aus kleinen, aneinandergereihten Spannungsbögen.

In *Armageddon – Der Einschlag* werden neben dem Hauptkonflikt (Komet gegen Menschheit) weitere Nebenkonflikte der Protagonisten ausgebaut, die mit den Auswirkungen eines Kometeneinschlages zusammenhängen. Diese sind zwar alle rein fiktiv, basieren aber auf wissenschaftlichen Annahmen und Hypothesen. In *Expedition ins Gehirn: Der Einstein-Effekt* und *Das Wunder Mensch – Unser Körper in Zahlen*, kann kein zentraler Konflikt identifiziert werden. In *Expedition ins Gehirn: Der Einstein-Effekt* liegt jedoch partiell eine „schafft er es oder schafft er es nicht" Fragestellung, indem einer der die Gruppenfigur der Savants repräsentierenden Protagonisten in drei Tagen ein sieben Meter breites Bild aus dem Gedächtnis zeichnen soll.

Die dramaturgische Strukturierung spielt eine große Rolle. Es wird aber nicht immer versucht, den Themen eine übergreifende klassisch-geschlossene Struktur zu geben, die auf eine vollständige Auflösung hinausläuft. So bleibt beispielsweise in der BBC-Sendung das Geheimnis um die Schwerkraft ungelöst oder es bleiben in *Expedition ins Gehirn: Der Einstein-Effekt* die tatsächlichen und grundlegenden Auslöser für bestimmte Begabungen ungeklärt. Im dramaturgischen Sinn ist hier also die Lösung offen. Da für den Zuschauer aber klar und nachvollziehbar ist, warum und wovon die letztendliche Antwort in der Zukunft wohl abhängen wird, ist das dennoch ein befriedigendes Ende, und der Blick des Zuschauers auf die Fragestellung des Films hat sich verändert. Das ist für die Publikumszufriedenheit entscheidend und daher genau so wirkungsvoll, wie die kleine aber klare Lösung in *Expedition ins Gehirn: Der Einstein-Effekt,* an dessen Ende nach drei Tagen erzählter Zeit das sieben Meter breite Bild steht.

Da die Filme aber nur den aktuellen Stand der Wissenschaft wiedergeben können, irritiert das Fehlen einer klaren Lösung den Zuschauer nicht. Auch ohne eine komplette Auflösung kann er in diesen Fällen sein Unwissen durch Wissen ersetzen.

Eine chronologische Struktur weist *Das Wunder Mensch – Unser Körper in Zahlen* auf. Das fortschreitende Alter eines menschlichen Körpers und aufeinanderfolgende Lebensabschnitte bilden die Basis als gefundene Struktur. Ein Beispiel für eine erfundene Struktur bietet *Auf der Suche nach der Weltformel,* da erst durch die Vorgehensweise des Protagonisten dem Thema (Warum existiert die Schwerkraft und wie wirkt sie) eine Struktur verliehen wird.

Visuell Der überwiegenden Anzahl der Filme gelingt es auf bemerkenswerte Weise, mit einfachen visuellen Mitteln und der schlichten Demonstrationen einiger Experimente, komplizierte Sachverhalte vereinfacht darzustellen.

Viele Visualisierungsmöglichkeiten der Wissenschaften werden genutzt: Teleskop- oder Mikroskopaufnahmen sowie von Computertomografen und Ultraschallgeräten erzeugte Bilder. Extra computergenerierte Bilder werden nur an Stellen eingesetzt, an denen keine andere Form der Visualisierung möglich ist. Dies gilt für Animationen ebenso wie für computergenerierte Trickbilder.

Eine Ausnahme bildet *Armageddon*. Hier finden, begründet durch die Fiktionalität des dargestellten Sachverhalts, zahlreiche Mischungen aus Originalaufnahmen, Spielszenen und computergenerierten Tricks und Bildern ihren Einsatz. Auch Archivaufnahmen werden aus diesem Grund nur marginal verwendet. Demonstrationen an Modellen und Experimente spielen in dieser Dokumentation kaum eine Rolle, ganz im Gegensatz zu *Expedition ins Gehirn: Der Einstein-Effekt*, was massiv vom Miterleben von Experimenten lebt. Im Verlauf des Films aufgestellte Hypothesen und Annahmen werden durch sie verifiziert. Letzteres gilt auch für den Film *Auf der Suche nach der Weltformel*. Brian Cox lässt sich zudem Funktions- und Vorgehensweisen von den Wissenschaftlern, die mit den Geräten arbeiten, erklären und formuliert diese für den Rezipienten in einfache Vergleiche um.

Dreidimensionale Modelle finden keine bemerkenswerte Verwendung. Tricks wie Fast oder Slow Motion dienen entweder dazu, Zeiträume, deren ausführliche Darstellung nicht notwendig ist, zu komprimieren, Eigenschaften von Persönlichkeiten hervorzuheben oder Zeitsprünge dramaturgisch zu begründen.

Hinsichtlich der Verwendung von Spielszenen lassen sich zwei Kategorien differenzieren. *Armageddon – Der Einschlag* und *Das Wunder Mensch – Unser Körper in Zahlen* arbeiten vordergründig mit Spielszenen beziehungsweise Inszenierungen. Die beiden anderen Dokumentationen verzichten weitestgehend darauf.

Archivaufnahmen kommen überwiegend in *Auf der Suche nach der Weltformel – Das Geheimnis der Schwerkraft* zum Einsatz, da der Film das Thema in einen größtmöglichen Zusammenhang stellen will. Die Archivaufnahmen und -bilder der ersten Mondlandung oder Albert Einsteins unterstreichen zudem dramaturgisch die Aufstellung von Hypothesen und Annahmen, die der Protagonist Brian Cox macht. Sind zu einem Sachverhalt keine Archivaufnahmen vorhanden, wie beispielsweise zu der Person Isaac Newton, wird nicht versucht, diese visuellen Lücken durch Inszenierungen zu schließen.

Expedition ins Gehirn: Der Einstein-Effekt setzt auf eine visuelle Verbindung zwischen Reportage-, Dokumentations- und animierten Ebenen, indem konsequent in alle verwendeten Bildebenen Symbole integriert werden, die mit dem Thema verbunden sind. So werden Visualisierungen von Hirnströmen oder Nervenbahnen auch in Reportagebilder integriert oder in dokumentarische Einstellungen, bei-spielsweise von Dokumenten. Das sorgt für einen starken eigenständigen Look.

Auditiv Für alle hier untersuchten Filme kann festgehalten werden, dass der Off-Kommentar das dominante Element der auditiven Ebene darstellt und im beschreibenden Erzählmodus eine direkte Ansprache des Publikums durch die-sen erfolgt. In drei der vier Werke kann er als allwissender Erzähler definiert wer-den, der in erster Linie zur Informationsvermittlung, Erklärung und Einordnung der dargestellten Sachverhalte beiträgt.

In *Auf der Suche nach der Weltformel – Das Geheimnis der Schwerkraft* aber stellt der Protagonist auch gleichzeitig den Erzähler dar und ist somit sowohl als Sprecher im On als auch im Off über den Kommentar anwesend. Insgesamt han-delt es sich um eine Mischung aus dem beschreibenden, dem interaktiven und dem partizipierenden Erzählmodus.

Eine indirekte Ansprache des Zuschauers durch Figuren in Spielszenen findet in *Armageddon – Der Einschlag* statt. Ihre Aussagen werden immer durch den Off-Kommentar oder die Rede der Experten eingeordnet und begründet, weshalb hier sowohl der beschreibende als auch der beobachtende Erzählmodus zugrunde liegen. Orientierung im dargestellten Geschehen geben der auditive Off-Kom-mentar sowie auf der visuellen Ebene Texteinblendungen. Gelegentlich mutet der Film sehr poetisch an, da den Bildern viel Raum zur Entfaltung gegeben wird.

Für alle Werke gilt, dass die sprachliche Gestaltung sehr alltagsnah erfolgt und Fachausdrücke nur Verwendung finden, wenn sie unabdingbar sind. Fachbegriffe werden zudem erläutert, wenn nicht davon ausgegangen werden kann, dass sie allge-mein bekannt sind. So werden Termini wie Testosteron oder Aneurysma nicht einfach für sich stehen gelassen, sondern bildlich umschrieben. Allen Sprechern gelingt es, den Texten eine gewisse Eigendynamik zu verleihen und sie einfühlsam zu artikulieren.

In drei der vier analysierten Filme wurde sehr ausgewogen getextet, was für *Das Wunder Mensch – Unser Körper in Zahlen* nicht unbedingt gelten kann. Da dieser Film an sich mit einer unüberschaubaren Menge an Zahlen und Informati-onen arbeitet, wäre es sinnvoll gewesen, dem Zuschauer an der einen oder ande-ren Stelle mehr Gedankenpausen zu ermöglichen. Weiterhin verdoppelt der Text in diesem Film überwiegend die Bildebene. Eine Bild-Text-Schere hingegen wird in keinem der Filme verursacht. Es werden vorwiegend nützliche (Zusatz-) Infor-mationen gegeben, die sich aus der Bildebene alleine nicht erschließen lassen.

Experten-Interviews spielen für sämtliche untersuchten Filme eine große Rolle. Die interviewten Personen zeichnen sich alle durch einen hohen Sachver-stand innerhalb ihres jeweiligen Fachgebiets aus. Zu einem bestimmten Sach-verhalt kommt immer explizit ein Experte zu Wort, wobei nicht in allen Filmen gleich viel Raum für Aussagen vorgesehen ist. Besonders viel Wert auf ausführliche und zahlreiche Expertenaussagen wird in *Armageddon – Der Einschlag* und *Expedition ins Gehirn: Der Einstein-Effekt* gelegt. Im letztgenannten Film wird zudem Betroffenen und Angehörigen viel Aufmerksamkeit geschenkt, wodurch ein hoher Grad an Personalisierung vorliegt. Im Film *Auf der Suche nach der Weltformel – Das Geheimnis der Schwerkraft* kommen nur wenige Experten zu Wort, da der Hauptprotagonist Cox selbst Wissenschaftler ist. *Das Wunder Mensch – Unser Körper in Zahlen* arbeitet zwar mit zahlreichen Experten, ihnen stehen für ihre Äußerungen aber nur sehr kurze Passagen zu.

In allen Filmen wird den natürlichen Geräuschen und in erster Linie der Atmo der Vorzug gegeben. Nur für computergenerierte Bilder und Animationen, zu denen keine natürlichen Geräusche existieren, wird auf künstlich erzeugte Geräusche und Töne zurückgegriffen. Dies gilt für die Nachahmung der Geräuschkulisse, die in einem Mutterleib herrscht ebenso wie bei der Darstellung der kleinsten Teile der Materie. Weiterhin ist bekannt, dass im Weltraum, bedingt durch das Vakuum, keine Geräusche und Töne existieren können. Dennoch wird einem Kometen ein eisiges Knistern verliehen und seine Masse, die sich durch den Weltraum bewegt, durch ein dumpfes Grollen auditiv inszeniert. Der Zuschauer erwartet immer, zu den gezeigten Bildern auch entsprechende, ihm bekannte Geräusche zu hören, genauso wie er umgekehrt erwartet, die Quelle von Geräuschen identifizieren zu können. Würde ein Komet vollkommen geräuschlos durch das Weltall auf die Erde zusteuern oder ein Stern ohne Geräuschkulisse explodieren, würde man ihnen einen Teil ihrer dramaturgischen Wirkung nehmen. Dass der Rezipient diese Geräuschkulisse erwartet, ist auch durch fiktionale Spielfilme oder Fernsehserien begründet, welche Handlungen im Weltraum seit Jahren mit den genannten Geräuschen unterlegen.

Die musikalische Gestaltung hat in allen Filmen eine untermalende Funktion. Oft wird zudem versucht, an bestimmten Stellen durch Orchestermusik oder einzelne Instrumente, eine emotionale Ebene zu erzeugen, um den Zuschauer besser in das Geschehen einzubinden. Gelegentlich dient Musik auch dazu, Bewegungen zu illustrieren oder wichtige Details hervorzuheben. In drei der vier Sendungen wird zusätzlich mit Musikstücken aus der klassischen bzw. modernen Musikgeschichte gearbeitet. Im Film *Auf der Suche nach der Weltformel – Das Geheimnis der Schwerkraft* unterstreichen moderne Stücke die Persönlichkeit und verdeutlichen die Gefühle des Protagonisten Brian Cox, wohingegen in *Das Wunder Mensch – Unser Körper in Zahlen* klassische Stücke zur Intensivierung der Handlungsebene eingesetzt werden, die von sich aus nur selten Emotionen beim Rezipienten verursacht. Im Film *Expedition ins Gehirn: Der Einstein-Effekt* setzt man auf sehr mystische und Takt gebende Musikstücke, die dem Film eine entsprechende Grundstimmung verleihen.

Der Musik wird in allen Filmen eine gewisse Strukturierungsfunktion zugeschrieben. Diese findet meist jedoch nur auf der Ebene der einzelnen Sequenzen statt und dient nicht der Strukturierung des gesamten Films.

▶ **Zusammenfassung** An den untersuchten Filmen fällt auf, dass sie sich entweder mit Phänomenen an der Grenze der Vorstellungskraft und des Möglichen auseinandersetzen oder einen sehr selbstbezogenen Blick auf die Menschheit bieten. Sie entziehen sich damit dem 1:1 Darstellbaren.

Alle vier Filme haben eine ganz klare und klassische Dramaturgie, die offensichtlich nicht im Widerspruch zu modernen Erzählformen und Visualisierungen steht. Die Filme versuchen gerade nicht ihr Publikum mit Informationshappen zu versorgen, sondern tatsächlich tief, verständlich und nachvollziehbar zu erzählen. Sie nutzen insofern nicht primär filmtreibende Fragen, die zu eindeutigen Antworten führen, sondern setzen auf den Effekt, Unwissenheit durch Wissen im Zuschauer zu ersetzen. Die im sonstigen Fernsehen zuverlässigen Erzählfaktoren wie Kuriosität, Spaß und Risiko können auf diese Weise durch die Vermittlung von Wissen ersetzt werden. Das dürfte einer der den Wissenschaftssendungen gemeinsamen Wesenszüge sein. Interessant ist auch, dass alle erfolgreichen Wissenschaftsfilme Entwicklungen zeigen und durch diese Teilhabe an der jeweiligen Entwicklung einer Erkenntnis für den Zuschauer das Thema in einen größtmöglichen Zusammenhang einbetten, da Nebenaspekte nur gestreift und Irrwege verdeutlicht werden.

Um für die breite Masse als das Zielpublikum des Mediums Fernsehen noch interessanterer zu werden, müssen sich auch Wissenschaftssendungen der Mittel bedienen, die ihnen beim Publikum die größtmögliche Aufmerksamkeit zukommen lassen. Wissenschaftsfilme verwenden daher inzwischen nicht nur dem Zuschauer bekannte Dramaturgien fiktionaler Filme, sondern haben bereits eigene Varianten von Dramaturgien und Erzählformen hervorgebracht, in denen Faktizität und Fiktion immer wieder neu kombiniert werden. Reine Erzählformen, wie sie der Zuschauer aus den Spielfilmen kennt, werden zunehmend verschwinden. Die Entwicklung und Ausdifferenzierung von beispielsweise fiktionalen Dokumentationen und Fake-Dokus ist noch lange nicht abgeschlossen. Zugleich ist auch erkennbar, dass gerade das Wissenschaftsfernsehen Vorreiter dafür ist, dass sich das Verständnis der Eigenschaften klassischer Dokumentationen und Doku-Dramen verändert.

Vielleicht gilt in naher Zeit eine ganz andere Darstellungsform als klassische Dokumentation, deren Gestaltungsweisen schrittweise von den Filmemachern integriert und schließlich der Definition klassischer Dokumentationen zugeordnet werden können. So ist das bereits mit den Gestaltungsmitteln von Inszenierungen und fiktionalen Dramaturgien geschehen. In wissenschaftlichen Themenbereichen ist die klassische Dokumentation oft nicht die geeignete Darstellungsform und es ist möglich, dass sie gerade hier von anderen Formen verdrängt wird. Erkennbar ist auch die Zunahme der Umsetzung in Form von Serien und Mehrteilern. Zum einen können so Zuschauer über längere Zeiträume gebunden werden, zum anderen lassen sich Themen auf diese Weise aus zahlreichen Blickwinkeln betrachten. Diese ergeben dann ein in sich geschlossenes Bild eines Sachverhalts und steigern die Informationsleistung von Wissenschaftssendungen. Die zunehmende Spezialisierung von Fernsehprogrammen oder die zeitsouveräne Zusammenstellung von Programmen durch Zuschauer selbst verstärkt diesen Effekt zusätzlich.

Aus den Beispielen ist weiterhin der Trend zu erkennen, in Wissenschaftssendungen vor allem solche Themen zu behandeln, die in der Zukunft von Relevanz sind. Dieser Trend wird sich im Schatten von großen Zukunftsfragen, wie Bevölkerungsentwicklung, Klimawandel, Ressourcenknappheit usw., auf die man sich wissenschaftliche Antworten erhofft, noch zunehmen. Wissenschaftsformate werden in dieser Entwicklung eine zentrale Rolle spielen, da sie durch den Einbezug wissenschaftlicher Tätigkeiten und Forschungen einen fundierten aufklärerischen Beitrag leisten können. Es wird möglicherweise nicht mehr vordergründig darum gehen, mit den Mitteln der Wissenschaft die Visualisierungsleistung des Mediums Fernsehens zu erhöhen, sondern die wissenschaftlichen Tätigkeiten an sich könnten in den Vordergrund rücken.

Die Eingangsthese, dass Wissenschaftsfernsehen in besonderer Weise modern erzählt und gestaltet werden muss, da es sich üblicherweise mit gegenwärtig und künftig relevanten Themen auseinandersetzt, findet hier ihre Bestätigung.

Literatur

Hamm, Ingrid. 1985. *Inhalt und audiovisuelle Gestaltung – der Einfluß thematischer Aspekte auf die Gestaltung von Verbrauchersendungen des Fernsehens.* Nürnberg: Verlag der Kommunikationswissenschaftlichen Forschungsvereinigung.

Hickethier, Knut. 2007. *Film- und Fernsehanalyse.* 4., aktualisierte und erweiterte Aufl. Stuttgart, Weimar: J. B. Metzler.

Korte, Helmut. 2001. *Einführung in die systematische Filmanalyse,* 2. durchgesehene Aufl., Berlin: Erich Schmidt-Verlag.

Stuber, Andre. 2005. *Wissenschaft in den Massenmedien. Die Darstellung wissenschaftlicher Themen im Fernsehen, in Zeitungen und in Publikumszeitschriften.* Aachen: Shaker. Zugleich: Universität Karlsruhe, Dissertation.

Sachverzeichnis

O. Jacobs und T. Lorenz, *Wissenschaft fürs Fernsehen*, Praxiswissen Medien,
DOI: 10.1007/978-3-658-02423-9, © Springer Fachmedien Wiesbaden 2014

The manufacturer's authorised representative in the EU is Springer
Nature Customer Service Centre GmbH, Europaplatz 3, 69115 Heidelberg,
Germany. If you have any concerns regarding our products, please
contact ProductSafety@springernature.com

Printed and bound by CPI Group (UK) Ltd, Croydon, CR0 4YY

24/04/2026
02096312-0001